浙江省哲学社会科学规划一般课题"高管团队权利配置问题研究：制衡机制视角"（编号：18NDJC136YB）

国家自然科学基金青年项目"审计报告中披露关键审计事项的经济后果研究"（编号：71802177）

高管团队内部治理效应研究

路 军 著

中国原子能出版社

图书在版编目（CIP）数据

高管团队内部治理效应研究 / 路军著. — 北京：
中国原子能出版社, 2022.8
ISBN 978-7-5221-2092-8

Ⅰ.①高… Ⅱ.①路… Ⅲ.①企业内部管理 – 研究
Ⅳ.①F272.3

中国版本图书馆CIP数据核字(2022)第154905号

内容简介

本书基于代理理论和信息理论分析框架从权力配置视角考察了高管团队内部治理对企业超额在职消费、现金持有水平和风险承担行为的影响。研究发现，高管团队内部治理显著降低了企业超额在职消费和现金持有水平，同时提高了企业风险承担水平。此外，本书还借助国有企业贯彻落实"三重一大"集体决策制度提供的准自然实验机会验证了高管团队内部治理在降低企业未来股价崩盘风险方面的积极作用。相关结论说明有效的高管团队内部治理能够缓解代理冲突并降低信息不对称，对上市公司高管团队组织安排及制度设计具有一定的启示意义。

高管团队内部治理效应研究

出版发行	中国原子能出版社（北京市海淀区阜成路43号　100048）
责任编辑	王　蕾
装帧设计	河北优盛文化传播有限公司
责任校对	冯莲凤
责任印制	赵　明
印　　刷	北京天恒嘉业印刷有限公司
开　　本	710 mm×1000 mm　1/16
印　　张	16
字　　数	271千字
版　　次	2022年8月第1版　2022年8月第1次印刷
书　　号	ISBN 978-7-5221-2092-8　　定　价　88.00元

前　言

高管权力是公司治理领域的热点话题。由于高管权力往往被界定为个体执行他们意愿的能力（Hickson et al.，1971；MacMillan，1978；Pfeffer，1981 等），因此，大量文献在研究高管权力经济后果的时候都倾向于考察管理层团队中特定个体的影响力对企业经营行为和经营绩效的影响。然而，根据 Hambrick and Mason（1984）的高阶梯队理论，高管团队（非单独个体）的价值观念和认知水平影响了企业的战略选择，进而影响了企业绩效。同时，Fama（1980），Acharya（2011）等都指出企业高管团队内部存在自下而上的权力约束机制。因此，人们除了应该关注管理层团队中个体权力的经济影响，还应当重视高管团队内部的权力制衡机制。

企业是由不同代理人构成的组织，代理人之间的决策视野、成长机会、个人私利和侵占动机各不相同。基于这一分析角度，高管团队内部最高决策者之外的其他成员在公司治理中扮演了非常重要的角色。与最高决策者一样，下属高管也有自己的利益诉求，而且某些利益诉求与最高决策者并不一致。由于下属高管的努力程度直接影响了最高决策者的个人利益，因此他们能够自下而上地影响最高决策者的行为选择。Acharya（2011）将高管团队内部这种自下而上的影响机制界定为内部治理（internal govermance）。在 Acharya（2011）理论研究的基础上，Cheng（2016）从高管团队中关键下属高管自下而上地监督最高决策者的动机和能力入手，构建了高管团队内部治理指数，分析发现高管团队内部治理显著提高了企业信息披露质量。

高管团队内部治理能够缓解代理冲突并由此产生一系列的经济后果。笔者参考 Cheng（2016）的研究设计，结合中国制度背景，从高管团队内部不同主体之间的差异化利益诉求出发，基于关键下属高管监督、制衡最高决策者的动机和能力两个维度构建了中国上市公司高管团队内部治理指数，从超额在职消费、现金持有水平和风险承担三个方面考察了高管团队内部治理的经济影响。本书主要结论包括以下几点：第一，高管团队内部治理越有效，企业超额在职消费水平就越低，即高管团队内部权力制衡能够降低超额在职消费。进一步研究发现，高管团队内部治理对企业超额在职消费的抑制作用仅存在于媒体关注度较高和机构持股比例较高的企业之中，这说明高管团队内部治理作用的发挥依赖于良好的信息环境和有效的股东监督。另外，外部正式制度环境和非正式制度环境的检验表明，高管团队权力制衡对企业超额在职消费的抑制作用主要表现在市场化程度较低和社会信任水平较低地区的企业之中，这说明高管团队内部治理能够弥补外部环境的某些不足。第二，高管团队内部治理越有效，企业现金持有水平就越低，即高管团队内部治理显著降低了企业现金持有水平。通过机制检验发现，高管团队内部治理通过降低企业财务风险、减轻融资约束和缓解代理冲突等路径影响了企业现金持有决策。通过进一步的研究还发现，高管团队内部治理对企业现金持有水平的积极影响只体现在公司内外部要素市场比较发达的企业之中，具体而言，企业所在地要素市场越发达、企业自身多元化水平越高，则高管团队内部治理降低企业现金持有水平的作用就越明显。第三，高管团队内部治理效率显著提高了企业的风险承担水平。就具体影响路径而言，高管团队内部治理提高企业风险承担水平的主要路径是增加高风险直接投资，具体表现为研发投入更高、创新产出更多、资本性支出上升等。就外部环境方面，媒体关注和法律诉讼带来的外部压力、经济环境和政策方面的不确定性等负向调节了高管团队内部治理对企业风险承担的促进作用。就后续影响方面，高管团队内部治理通过提高企业风险承担水平促进了公司价值的提升。除此之外，笔者还借助中共中央办公厅、国务院办公厅联合印发的《关于进一步推进国有企业贯彻落实"三重一大"决策制度的意见》（以下简称《意见》）提供的准自然实验场景，设计双重差分模型检验了高管团队内部治理改革对国有企业未来股价崩盘风险的影响。研究发现，国有企业高管团队内部治理改革，即"三重一大"事项集体决策制度显著降低了国有企业的股价崩盘风险。进一步的研究结果表明，《意见》的实施缓解了国有企业代理冲突，限制了国有企业经理人的过度自信，提高了国有企业的信息披露质量和内部控制水平，从而导致了企业股价崩盘风险的下降。另外，国有企业"三重一大"集体决策制度在降低企业未来股价崩盘风险方面的治理作用仅体现在更多分析师跟踪、更多新闻媒体关注等外部监督水平较高的企业之中。

本书的创新与独特之处表现在以下几方面：第一，补充和拓展管理层权力方面的研究。由于对传统研究范式的遵循和计量方面的便捷性等原因，大量管理层权力方面的研究都直接把公司最高决策者（通常为 CEO）作为研究对象，而且大都采用两职兼任、持股、任期等指标表征最高决策者个体的权力，并未考虑其他高管成员权力特征对最高决策者权力的制约。笔者从权力制衡视角研究高管团队内部治理有助于人们更加全面地认识和理解高管团队权力运行机制，对传统管理层权力方面的研究是一个有益的补充和拓展。第二，这对高管团队权力运行机制进行尝试性的研究和探索。尽管现有文献对各个层面的公司治理机制都展开了研究，但目前人们对高管团队内部的制衡机制知之甚少。虽然大量文献在研究个体权力的时候意识到可能存在的权力制衡问题，但这些文献几乎都只关注了制度或者非制度因素对个体权力的影响，极少有文献直接关注权力运行过程中最重要的因素——人（这里指高管团队其他关键高管）的制衡作用。笔者结合中国国情拓展对高管团队内部治理的界定和计量，以相对严谨的研究范式揭示我国公司高管团队内部权力的运行机制、作用机理和经济影响。第三，从超额在职消费、企业持现决策、风险承担行为和未来股价崩盘风险四个方面考察了高管团队内部治理的经济后果。本书一系列的研究议题不仅有助于厘清高管团队内部治理对企业行为选择和行为后果的影响，而且有助于从高管团队内部治理视角丰富和拓展超额在职消费、企业现金持有决策、风险承担行为和股价崩盘风险领域的文献。第四，本书研究结论对上市公司高管团队组织安排及制度设计具有一定的启示意义。从权力制衡视角对高管团队内部治理问题展开研究发现，合理的团队权力配置不仅有助于约束和规范最高决策者的行为，从而缓解代理冲突、降低代理成本；而且有助于改善公司信息披露行为，从而降低信息不对称程度。相关研究成果对于高管团队组织设计、人事安排等都具有一定的指导意义。

由于笔者水平有限，所以本书难免有疏漏之处，望广大读者朋友不吝赐教，批评指正！

目　录

1 绪 论

1.1 研究背景与研究问题

西方文献较早关注了公司高管团队中的权力问题。社会学和心理学文献多将管理层权力界定为个体执行他们意愿的能力（Hickson et al.，1971；MacMillan，1978；Pfeffer，1981）。自 Finkelstein（1992）提出衡量高管权力的理论模型以来，大量文献就高管权力对企业行为选择和行为结果的影响展开了丰富的研究。Bebchuk et al.（2002）在对相关研究成果进行总结之后，系统性地阐述了管理层权力理论。如同信息不对称理论一样，管理层权力理论也向传统的最优契约假说提出了挑战。建立在 Jensen and Meckling（1976）代理理论框架下的最优契约假说认为，虽然股东和经理人之间存在代理冲突，但代表股东利益的董事会有意愿激励或监督管理层（Finkelstein，1992；Yermack，1996；Conyon and Peck，1998），保证经理人的行为决策符合股东利益最大化原则；然而管理层权力理论却并不认为公司董事会是股东利益的无私代理人（Bebchuk and Fried，2004），其指出，由于管理层权力的存在，董事会很难对高管的行为进行有效监督（Zajac and Westphal，1996；Hermalin and Weisbach，1998；Cohen et al.，2012；Coles et al.，2014）。相反，高管可以凭借其权力"俘获"董事会或影响其决策（Bebchuk et al.，2002；Bebchuk and Fried，2004），进而加剧代理冲突（权小锋等，2010）。基于这一思路，大量文献考察了高管权力对公司经营行为和经营后果的影响。

第一，国内外文献较多地关注了管理层权力对高管薪酬契约的影响。根据具体研究对象的不同，该领域文献大致可以分为四类。第一类文献重点考察了管理层权力对高管薪酬总额的影响。Lambert et al.（1993）、Core et al.（1999）、Bebchuk and Fried（2004）、卢锐（2008）、Fahlenbrach（2009）、代彬（2011）、Van Essen et al.（2015）等学者的研究都发现管理层权力越大，公司高管（主要是 CEO）的薪酬水平越高。当然，也有学者发现管理层权力并不必然提高管理者报酬，特别是在我国国有企业之中（王雄元和何捷，2012）。第二类文献在薪酬总额的基础上对高管薪酬的构成进行了研究。股权激励方面，Ryan Jr and Wiggins（2004）发现当具有利益侵占动机的 CEO 同时兼任董事长，即 CEO 拥有较大权力时，公司提供的薪酬计划中一般不太可能用股权去代替现金薪酬。在在职消费方面，树友林（2011）对我国上市公司高管在职消费研究后发现管理层权力显著提高了其在职消费水平。第三类文献重点关注了管理层权力对薪酬差距的影响。基本结论认为，管理层权力拉大了高管成员之间以及高管与普通员工之间的薪酬差距（张长征和李怀祖，2008；代彬等，2011；鲁海帆，2012；傅颀和汪祥耀，2013 等）。第四类文献重点研究了管理层权力对高管薪酬业绩相关性的影响。Bebchuk and Fried（2004）发现 CEO 权力降低了其薪酬业绩敏感性。Grinstein and Hribar（2004）发现管理层权力使其获得了更多的并购奖金，而且这与并购绩效并无关系。Morse et al.（2011）则更加明确地指出，权力较大的 CEO 有能力影响董事会的薪酬评价，使得董事会考核重点更倾向于那些表现较好的方面，而淡化那些表现差强人意的指标。国内也有大量文献关注了高管权力对其薪酬业绩相关性的影响（卢锐，2008；权小锋等，2010；方军雄，2011 等）。

第二，管理层权力对公司经营行为的影响也备受国内外文献的关注。该领域研究的基本逻辑思路是考察管理层权力带来的公司运行效率损失、行为结果的高管私利导向性以及资本市场对这些行为的反应程度。在并购行为方面，Grinstein and Hribar（2004）研究发现权力大的 CEO 更容易发起规模较大的并购；张洽和袁天荣（2013）运用中国数据也证实了 CEO 会运用其权力推动企业并购的结论。在投资效率方面，王嘉歆等（2016）研究了企业生命周期不同阶段 CEO 权力配置对投资效率的影响，发现成长期和衰退期企业 CEO 权力与投资效率显著正相关，成熟期企业 CEO 权力与投资效率显著负相关。在融资行为方面，Liu and Jiraporn（2010）研究发现 CEO 权力显著影响了公司的信用等级和债券收益；Chintrakarn et al.（2015）则发现经理人权力较大的公司的负债规模显著更小。在股利支付方面，王茂林等（2014）研究发现公司管理层权力越大，企业的现金股利支付率越低。在内部控制方面，赵息和张西栓（2013）研究发现，不同维度的高管权力对公司内部控制有效性的影响存在差异，高管的组织权力和能力权力对内控有效性会产生负向影响，而高管的所有权权力对公司内控有效性会产生正向影响；同时，赵息和许宁宁（2013）还发现公司管理层权力越大越倾向于隐瞒内部控制中存在的缺陷。在现金持有方面，杨兴全等（2014）发现管理层权力在显著提高企业现金持有水平的同时显著降低了其现金持有价值。在社会责任方面，Jiraporn and Chintrakarn（2013）研究发现 CEO权力对公司社会责任履行的影响不是单调的，具体而言，当 CEO 权力较小时，伴随其权力的增长，公司倾向于承担更多的社会责任，但当 CEO 权力增长到一定程度之后，公司在社会责任方面的投入便不再增加。

第三，大量文献考察了管理层权力对公司经营绩效的影响。一般认为，CEO 权力越大，就越不可能向其他高管妥协，从而越可能做出较为极端的决策，不管这些决策对公司而言是好的还是坏的，其直接结果都是加剧了公司业绩的波动性。基于此，Adams et al.（2005）研究发现如果 CEO 权力较大，则公司行为更多地表现为个体决策的结果，公司业绩波动大；而如果 CEO 权力较小，则公司行为更多地表现为集体决策的结果，公司业绩波动小。权小锋和吴世农（2010）以托宾 Q 和总资产收益率表征企业业绩水平，研究发现 CEO 权力强度虽能够提高企业业绩水平，但同时也会加大企业业绩波动风险，尤其是业绩横向波动风险。龚永洪和何凡（2013）也发现管理层权力能够显著提高企业的净资产收益率，在公司治理中体现一定的正面效应。韩立岩和李慧（2009）则进行了更为细致的研究，他们把样本公司划分为发生财务危机的公司和未发生财务危机的公司，发现发生财务危机的公司 CEO 权力越大，危机越严重；而正常经营的公司 CEO 权力越大，经营绩效越好。

通过对管理层权力领域文献的梳理，笔者发现，大量文献在考察管理层权力经济影响的时候都将研究重点放在了最高决策者个人权力方面，对公司内部可能存在的权力制衡机制 ①② 的关注不足。制衡指两方或者多方相互制约，但总体保持均衡的状态。在现代公司治理框架下，制衡体现在组织权力运行的各个方面。当前文献对公司制衡机制的研究主要集中在两大方面：一是公司内部主体和机制之间的制衡；二是公司外部制度和非制度安排对内部治理机制的制衡。在公司内部制衡方面，大量文献关注了公司股权制衡的经济后果（Shleifer and Vishney，1986；Bennedsen and Wolfenzon，2000；陈信元和汪辉，2004；朱红军和汪辉，2004；赵景文和于增彪，2005；徐莉萍等，2006；邓建平等，2006；刘星和刘伟，2007；陈德萍和陈永圣，2011；隋静等，2016）、公司内部控制制度对公司治理的约束作用（杨有红和胡燕，2004；杨雄胜，2006；林钟高和徐虹，2009；卢锐等，2011；赵息和许宁宁，2013）等；在公司外部制衡方面，大量文献关注了媒体监督、分析师跟踪、市场化进程、宗教等外部环境在公司治理中的制衡作用（贺建刚等，2008；仓勇涛等，2011；杨德明和赵璨，2012；醋卫华和李培功，2012；陈冬华等，2013；孔东民等，2013；李春涛等，2014；王菁和程博，2014）等。

目前仅有少数文献关注了高管团队内部权力配置问题。Acharya et al.（2011）的理论研究表明，下属高管的努力程度直接影响了上层决策者的个人福利，因此最高决策者在制定重要决策的时候会考虑关键下属高管的偏好。

---

① 本书侧重从权力制衡视角探讨高管团队权力配置效率和高管团队内部治理问题，因此所提及的高管团队权力制衡、高管团队权力配置效率和高管团队内部治理效率在本质上具有相同的指向性，后文不区分三者之间的差异。

② 国内外大量文献借助 Finkelstein（1992）的权力模型设计变量衡量 CEO 权力的大小，但这种方法只能单纯地关注 CEO 个人层面的权力，并未考虑其他高管对其权力的监督和约束。如结构权力方面，一般文献认为公司总经理和董事长两职合一代表 CEO 拥有较大的权力。不可否认，相对于那些没有兼任董事长的 CEO 而言，两职合一的 CEO 拥有的权力可能确实较大；但对于两家上市公司的两个同时兼任董事长的 CEO 而言，他们的权力却可能并不相同。如果一家公司 CEO 是高管团队中唯一一名董事会成员，而且是董事长，而另一家公司 CEO 虽然也同时兼任董事长，但其他高管也是董事会成员。那么对这两家公司而言，董事会的信息渠道不同，其他高管的权力特征也不同，所以后一家公司 CEO 影响董事会决策的能力会大大降低。在专家权力方面，如果只关注 CEO 的职称而忽略其他高管的职称，可能无法较好地体现职称本身的价值，因为高管团队中可能有人拥有与 CEO 相同甚至更高水平的职称。在所有者权力方面，如果不考虑其他高管的持股情况，CEO 持股本身就并不能完全有效地反映持股带来的影响力。其他方面权力的衡量标准也有类似情况。

Cheng et al.（2016）发现高管团队中关键下属高管对最高决策者的制衡显著改善了企业的信息环境。虽然国内专门关注高管团队内部权力制衡机制的研究起步较晚，但大量考察管理层权力的文献都指出有效的权力制衡能有效抑制高管的机会主义行为、防止高管腐败（徐细雄，2012；齐鲁光和韩传模，2015；宋建波等，2018）。曹晶等（2015）也指出管理层团队权力配置越平衡，高管攫取私利的可能性就越低。近几年，国内学者逐渐开始正视高管团队内部权力制衡问题。例如，孙郎峰等（2020）研究发现管理层团队中下级高管对上层决策者具有制衡作用；张博等（2021）研究发现，高管团队内部治理通过缓解第一类代理冲突降低了企业实际资本结构与目标资本结构之间的偏离度；隋敏和赵耀（2021）发现高管团队内部的权力制衡能够显著提高企业投资效率，而且这种效应在国有企业中更加明显。

根据前文分析可知，绝大多数国内外文献在研究管理层权力的时候都把研究对象单独地界定为最高决策者（通常是 CEO），这可能基于计量方面的便捷性和可靠性。但不可忽视的一个重要问题是，这种单独研究个人权力的方法忽视了最高决策者身边其他高管的制衡作用。从本质上讲，个体权力是无法完全表征管理层权力的。基于此，笔者将管理层权力的研究对象从单纯的个体层面扩展到其他高管，重点研究其他高管，尤其是关键下属高管[①]对最高决策者权力的制衡作用。参考 Cheng et al.（2016）的研究设计，笔者从高管团队中关键下属高管监督公司最高决策者的动机和能力两方面入手构建高管团队内部治理指数，该指数越大，高管团队内部权力制衡程度就越高，权力配置就越合理。高管团队内部权力制衡机制能够在一定程度上限制权力的过度集中，有助于缓解股东—经理人之间的代理冲突。因此，笔者以我国沪深 A 股非金融类上市公司为研究样本，从超额在职消费、企业持现行为和企业风险承担三个方面考察高管团队内部治理的经济影响。首先，适度的权力制衡会抑制高管对个人私利的追逐，降低其在职消费水平；但制衡也会诱发最高决策者对下属高管的威胁或赎买，因此并不必然降低其在职消费水平。因此，这是一个有待检验的实证问题。其次，根据代理理论和信息不对称理论，高管团队内部治理能够通过降低

---

① 关键下属高管指那些除 CEO 之外，能够对公司决策产生实质性影响的高管人员，一般指 CEO 身边能够影响其决策的几个关键人员（Finkelstein，1992；Acharya et al.，2011；Cheng et al.，2016）。

经营风险、减轻融资约束、缓解代理冲突等路径影响企业现金持有水平。再次，高管团队内部治理既可能通过激发上市公司风险承担意愿、增强上市公司风险承担能力两条路径提高企业风险承担水平；也可能会增加企业内部摩擦，提高协调成本，做出更多中庸决策，从而降低企业风险承担水平。最后，笔者借助一次国有企业决策制度改革提供的准自然实验机会考察了高管团队内部治理对企业未来股价崩盘风险的影响。

1.2　研究框架和研究思路

根据代理理论、信息不对称理论和管理层权力理论，高管团队内部权力的过度集中会加剧代理冲突和信息不对称，而有效的高管团队内部治理则会提高权力的运行效率，从而减轻代理问题和信息问题。本书从最容易受代理冲突和信息环境影响的企业行为，即超额在职消费、企业现金持有水平、企业风险承担行为和股价崩盘风险等四个维度考察高管团队内部治理的经济后果。根据前述思路，本书共分为6章，基本框架如图1-1所示。

第1章为绪论。在详细回顾管理层权力研究领域相关文献的基础上引出本书的研究重点——高管团队内部治理问题；之后，详细阐述本书的研究框架和研究思路；最后论述本研究的研究意义和可能的贡献。

第2章研究高管团队内部治理对超额在职消费的影响。首先，本书认真梳理了在职消费影响因素方面的研究，发现目前并无研究直接考察高管团队内部治理对超额在职消费的影响。其次，从直接参与决策和间接引致监督两条路径分析关键下属高管参与公司治理对企业在职消费的积极影响，并从最高决策者威胁或赎买关键下属高管等角度阐述高管团队内部治理可能存在的局限，在此基础上提出对立假设。再次，实证检验发现高管团队内部治理显著降低超额在职消费，该结论在经过一系列稳健性检验之后依旧成立。最后，从信息环境、制度环境等方面探讨高管团队内部治理对在职消费的差异化影响。

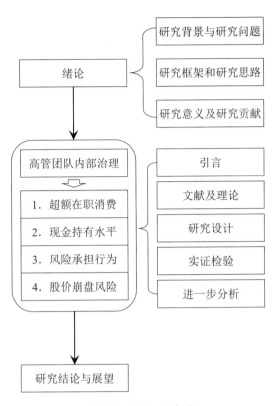

图 1-1　本书研究框架

第 3 章研究高管团队内部治理对企业现金持有水平的影响。首先,通过对文献的梳理,笔者发现目前尚未有研究探讨高管团队内部治理对企业现金持有行为的影响。其次,从降低经营风险、减轻融资约束、缓解代理冲突等三个方面分析高管团队内部治理对企业现金持有水平的可能影响,并提出研究假设。再次,实证检验结果表明,高管团队内部治理显著降低了企业现金持有水平,一系列稳健性检验继续支持这一发现。最后,对高管团队内部治理降低企业现金持有的影响机制进行讨论和分析。

第 4 章研究高管团队内部治理与企业风险承担之间的关系。首先,通过文献梳理发现,代理冲突、信息不对称及管理层权力等因素深刻地影响了企业的风险承担行为,但目前尚未有文献从权力配置角度探讨高管团队内部治理对企业风险行为的影响。其次,基于代理理论和信息不对称理论分析企业风险承担的意愿和能力,基于决策理论分析企业决策制定过程中的摩擦和妥协,从而提出对立假设。再次，主检验和一系列的稳健性检验的结果都表明，高管团队内部治理显著提高了企业的风险承担水平。最后，本章检验了高管团队内部治理提高企业风险承担水平的具体表现形式，此外，还从外部压力和环境不确定性等视角进行截面检验，并借助中介效应模型分析发现风险承担水平的提高是高管团队内部治理提高公司价值的重要路径，进一步丰富了研究发现。

第 5 章借助 2010 年中共中央办公厅和国务院办公厅联合印发《关于进一步推进国有企业贯彻落实"三重一大"决策制度的意见》提供的准自然实验场景，采用双重差分法系统地考察国有企业管理层团队集体决策制度实施对公司未来股价崩盘风险的影响。研究发现，与不受《意见》影响的非国有企业相比，国有企业的股价崩盘风险在"三重一大"[①]决策制度实施之后显著降低。在此基础上，本章还从缓解代理冲突、抑制经理人过度自信、提高信息质量、强化内部控制等路径检验了高管团队内部治理变化对公司股价崩盘风险的影响。最后本章还进一步探讨了外部监督对高管团队内部治理改善降低企业股价崩盘风险的作用，从一个新的视角拓展了高管团队内部治理经济后果方面的研究。

第 6 章为研究结论及展望。本章对本书的核心发现进行梳理和总结。在此基础上，本章对高管团队内部治理所产生的经济后果的未来研究进行展望，同时还指出高管团队内部权力制衡的影响因素也是重要的研究领域。

1.3　研究意义及研究贡献

本书研究意义与研究贡献主要体现在以下方面：

第一，对管理层权力方面的相关研究进行补充和完善。虽然 Mintzberg（1983）指出 CEO 并不必然是高管团队中最有权力的人，Finkelstein（1992）也认为企业组织中真正的当权者是 CEO 和几个关键下属高管。但出于对传统研究范式的遵循和计量方面的便捷性等原因，大量管理层权力方面的研究都直接把公司最高决策者（通常为 CEO）作为研究对象，而且大都采用两职兼任、持股、任期等指标表征最高决策者个体的权力，并未考虑其他高管成员权力特征对最高决策者权力的制约。根据 Cheng et al.（2016）的研究，高管团队中的关键下

---

① "三重一大"，即：重大事项决策、重要干部任命、重大项目投资决策、大额资金使用。

属高管具有自下而上的监督动机和监督能力，所以从权力制衡视角研究高管团队内部治理有助于人们更加全面地认识和理解高管团队权力运行机制，对传统管理层权力方面的研究是一个有益的补充和拓展。

第二，对高管团队权力运行机制进行尝试性的研究和探索。尽管现有文献对各个层面的公司治理机制都展开了相关研究，但目前人们对高管团队内部的制衡机制知之甚少（Cheng et al.，2016）。虽然大量文献在研究个体权力的时候意识到可能存在的权力制衡问题，但这些文献几乎都以内部控制有效性、机构投资者持股比例、市场化水平等公司内外部治理机制作为切入点探讨制度或者非制度因素对个体权力的影响（卢锐等，2011；赵息和张西栓，2013；Hartzell and Starks，2003；辛清泉和谭伟强，2009 等），极少有文献直接关注权力运行过程中最重要的因素——人（这里指高管团队其他关键高管）的制衡作用[①]。Cheng et al.（2016）基于国外数据的研究证明了高管团队内部权力制衡机制的存在性及相关经济后果，笔者在借鉴其研究方法的基础上结合中国国情拓展对高管团队内部治理的界定和计量，以相对严谨的研究范式从理论上揭示我国公司高管团队内部权力制衡的运行机制、作用机理和经济影响。

第三，从超额在职消费、企业持现决策、风险承担行为和未来股价崩盘风险四个方面考察高管团队内部治理的经济后果。其一，参考 Cheng et al.（2016）的研究设计构建了中国上市公司高管团队内部治理指数，遵循代理理论和信息不对称理论的分析框架检验发现，高管团队内部治理抑制超额在职消费、降低现金持有水平并提高了企业风险承担倾向；其二，借助国企决策制度改革提供的准自然实验机会，研究发现，高管团队内部治理机制改革显著降低了企业未来股价崩盘风险。一系列的研究议题不仅有助于厘清高管团队内部治理对企业行为选择和行为后果的经济影响，而且有助于从高管团队内部治理视角丰富和拓展超额在职消费、企业现金持有决策、风险承担行为和股价崩盘风险领域的文献。

第四，研究结论对上市公司高管团队组织安排及制度设计具有一定的启示意义。基于权力制衡视角对高管团队内部治理问题展开研究，合理的团队权力

---

① 这里需要说明的是，部分文献在计量管理层权力的时候考虑了股权结构、董事会独立董事比例等因素对管理层权力的限制（卢锐，2008；权小锋和吴世农，2010；权小锋等，2010；杨兴全等；2014），但这些内部机制并不能替代本书的研究重点——高管团队内部的权力制衡。

配置不仅有助于约束和规范最高决策者的行为从而缓解代理冲突、降低代理成本；而且有助于改善公司信息披露行为从而降低信息不对称程度。两者对于规范公司行为、保护投资者利益都是至关重要的。相关研究成果对于高管团队组织设计、人事安排等都具有一定的指导意义。更为重要的是，笔者结合我国国情对国有上市公司高管团队内部治理问题进行了研究 ①，相关结论为进一步深化国企改革、提高国企经营效率提供必要的政策参考。

---

① 在制度设计层面，国有企业是全民所有的；但在制度执行层面，国有企业的监督和管理需要依靠政府的国有资产管理部门，而受到监督成本和监督收益不对等、信息不对称等客观条件的限制，国有企业实质上存在着"所有者缺位"问题。股东层面监督的缺失使得国有企业的代理问题更加突出，内部管理者实际上接管了企业，从而形成了严重的"内部人控制"问题，控制企业的内部人很可能会为了获得"私利"而扭曲正常的企业行为。在这一系列情形下，在公司治理机制设计中关注企业内部人之间的制衡机制，依靠内部人之间的相互监督和制约提高公司经营效率是有现实意义的。

2 高管团队内部治理与超额在职消费

2.1 引 言

高管薪酬一直备受社会舆论和学术研究的关注，大量文献对该问题进行了广泛而深入的讨论（Fama，1980；陈冬华等，2005；Yermack，2006；方军雄，2009；辛清泉和谭伟强，2009；权小锋等，2010；Cai et al.，2011；Luo et al.，2011；褚剑和方军雄，2016；蔡贵龙等，2018，等）。总体而言，高管薪酬由显性契约薪酬和隐性福利薪酬构成。早期研究更多地对显性契约薪酬展开分析，伴随研究的逐步深入，隐性薪酬，特别是作为隐性薪酬重要组成部分的高管在职消费[①]，受到越来越多的重视。在职消费被认为是企业正常经营的需要和薪酬契约不完备的产物，具有一定的合理性（陈冬华等，2005）。然而在我国当前新兴转轨市场经济条件下，上市公司内部治理体系不完善，外部资本市场投资者保护水平不高，所以部分企业的在职消费超过了"合理水平"，使其更多地表现为高管借助其权力进行的寻租行为，是对股东利益的侵占，是一种腐败行为（徐细雄和刘星，2013；杨德明和赵璨，2014），导致了企业经营绩效的下降（卢锐等，2008）。因此，寻求有效的内部治理和外部监管机制抑制企业高管超额在职消费成为一个重要命题。

长期以来，管理层权力的经济后果受到广泛讨论。管理层权力对高管薪酬的影响至少表现在以下几方面：首先，管理层权力使高管薪酬偏离了最优值（卢锐等，2008；权小锋等，2010）；其次，管理层权力降低了高管薪酬对企业经营行为和经营业绩的敏感性（Bebchuk and Fried，2004；卢锐，2008；方军雄，2011；耿云江和王明晓，2016）；再次，管理层权力影响了高管薪酬结构，如降低了股权激励的使用（Ryan and Wiggins，2004）；最后，管理层权力提高了高管的在职消费水平，使其获得了更多的非货币私有收益（卢锐等，2008；

[①] 也有学者称之为非货币私有收益（权小锋等，2010），或隐性腐败（杨德明和赵璨，2014）。

权小锋等，2010；张铁铸和沙曼，2014；Xu et al.，2014）。总体而言，管理层权力对高管薪酬契约产生了负面影响。基于此，如何有效地约束管理层权力以提高经理人薪酬契约有效性变得至关重要。具体到高管在职消费方面，针对管理层权力约束机制的研究主要从高管特征、内部控制、媒体监督等公司内外部治理因素层面展开，如张铁铸和沙曼（2014）研究发现管理层能力能够对权力产生约束作用，降低高管在职消费；周美华等（2016）发现内部控制可以抑制管理层权力导致的腐败；耿云江和王明晓（2016）则指出媒体监督带来的外部压力能够促使管理层约束自己的行为，减少权力滥用带来的在职消费。然而作为重要组织结构和人事安排的高管团队权力制衡却长期被忽视，Cheng et al.（2016）指出，高管团队中的关键下属高管具有监督上层经理人的动机和能力，能够自下而上地约束最高决策者的行为。在我国当前上市公司整理治理水平不高、投资者保护机制不健全的现实情况下，公司股东或实际管理部门更倾向于，在组织顶层设计中引入竞争，加强权力牵制，从而通过高管之间的相互监督缓解代理问题。基于此，笔者借鉴 Cheng et al.（2016）的方法从权力制衡视角构建高管团队内部治理指数，研究了管理层内部监督机制对高管在职消费的影响。研究发现，高管团队内部治理能够显著抑制企业超额在职消费，体现出权力制衡机制缓解代理冲突的治理作用。通过进一步的研究发现，高管团队内部权力制衡对企业超额在职消费的抑制作用在媒体关注度较高和机构持股比例较高的企业中得到了更好的体现，说明权力制衡治理效果的发挥需要依赖良好的信息环境和积极的股东监督。此外，高管团队权力制衡降低超额在职消费方面的积极作用仅体现在市场化程度较低和社会信任水平较低地区的企业之中，表明高管团队权力配置机制的治理效应能够弥补外部正式制度环境和非正式制度环境的某些不足。最后，笔者还发现，高管团队中关键下属高管的监督动机和监督能力在抑制企业超额在职消费方面都发挥了积极的作用；同时高管团队权力制衡具有企业价值提升效应。

本章研究贡献主要体现在以下几方面：首先，其拓展了管理层权力方面的研究。以往研究更多地强调最高决策者个体的权力特征（Bebchuk and Fried，2004 等），其更加侧重从高管团队层面关注权力的分布和配置问题。笔者发现关键下属高管具有一定的监督功能，带来的制衡作用能够提高公司运营效率。这回应了 Acharya et al.（2011a）的理论分析，并为 Cheng et al.（2016）提供了进一步的证据。其次，其丰富了在职消费治理领域的文献。尽管现有文献从多个角度对高管在职消费的影响因素进行研究，但目前尚未有文献从权力制衡视角研究高管团队内部治理对在职消费的影响。大量文献在研究管理层权力的时候意识到可能存在的权力制衡问题，但这些文献几乎都是以内部控制有效性、机构投资者持股比例、市场化水平等公司内外部治理机制作为切入点探讨公司治理结构以及相关制度因素对管理层权力的影响（赵息和张西栓，2013；Hartzell and Starks，2003；辛清泉和谭伟强，2009 等），极少有文献直接关注权力运行过程中最重要的因素——人的制衡作用。其提供的证据说明高管团队内部治理水平能够抑制不合理的在职消费，进一步丰富在职消费影响因素方面的研究。再次，其从媒体关注、机构持股、市场化进程、社会信任水平等方面对高管团队权力制衡的治理效用进行异质性检验，对可能存在的影响路径及互补效应进行分析，有助于人们更为全面系统地理解高管团队内部治理的经济后果。最后，在实践方面，其针对高管团队权力制衡机制的研究对优化高管团队组织设计、合理配置人事资源、规范和约束最高决策者行为等都具有一定的启示意义。

2.2 管理层权力与超额在职消费

在职消费是一种隐性薪酬，具有双重理论属性，它既可能通过激励公司高管从而对公司价值产生积极影响，即在职消费的效率观；也可能作为一种代理成本对公司发展产生负面影响，即在职消费的代理观。两种观点之间不存在本质冲突，其内在逻辑层面甚至存在某种一致性，但在职消费的经济后果取决于这部分支出"是否合理"（Cai et al.，2011；王曾等，2014）。一方面，在职消费作为公司正常经营的需要和契约不完备的必然产物（陈冬华等，2005），其存在有助于提高组织运行效率并促进企业价值实现（Rajan and Wulf，2006）；另一方面，如果在职消费超过了合理区间，就会推高公司运营成本，使得在职消费引致的财务成本超过在职消费产生的绩效增量，从而降低公司价值并侵害股东权益（Yermack，2006；Cai et al.，2011；Luo et al.，2011；Xu et al.，2014；薛健等，2017）。

尽管部分文献对在职消费的效率观提供了一些理论支持及经验证据（Fama，

1980；Rajan and Wulf，2006），但更多的文献，特别是基于我国制度背景的研究，更倾向于支持在职消费的代理观，即认为在职消费作为一种代理成本有损企业价值的提升（卢锐等，2008；薛健等，2017等）。以在职消费的代理观为前提，大量文献从高管特征、公司行为、股权结构、内部治理和外部约束等方面对在职消费的诱因和治理因素进行了研究。在高管特征方面，张铁铸和沙曼（2014）、王放（2015）、卢锐（2008）、权小锋（2010）、王曾（2014）等分别从管理层能力、权力、年龄、晋升预期等角度研究了高管个人属性对在职消费行为的影响。在公司行为方面，罗宏和黄文华（2008）发现，支付现金股利能够显著降低在职消费水平。廖歆欣和刘运国（2016）指出，避税活动会增加公司经营结构和财务流程的复杂性及模糊性，提高公司内外部主体之间的信息不对称程度，进而推升在职消费水平。王化成等（2019）研究发现企业战略越激进，超额在职消费规模越大。在股权结构方面，陈冬华等（2010）发现第一大股东持股比例能够显著降低管理层在职消费水平。李艳丽等（2012）研究指出机构持股显著降低了在职消费。蔡贵龙等（2018）则发现在现阶段国企混改的大形势下，单纯的非国有股东持股并不会对高管薪酬效率的提高产生显著影响，但非国有股东向上市公司委派高管却能有效抑制高管的超额薪酬和超额在职消费。在内部治理方面，冯根福和赵珏航（2012）发现管理层持股比例与高管在职消费水平负相关，支持了 Jensen and Meckling（1976）的代理理论。陈仕华等（2014）研究认为纪委参与国有企业治理对高管超额在职消费产生了显著的抑制作用。牟韶红等（2016）发现高质量内部控制能够显著抑制高管的超额在职消费水平。代彬和彭程（2019）则发现董事会的国际化水平能够有效抑制高管在职消费水平。在外部约束方面，辛清泉和谭伟强（2009）发现市场化进程降低了国有企业的在职消费水平。翟胜宝等（2015）研究指出媒体监督能够有效缓解国有上市公司的在职消费问题。褚剑和方军雄（2016）发现政府审计能够显著抑制央企高管的超额在职消费行为。

权力是管理层执行自我意愿的能力（Finkelstein，1992）。国内外学者对管理层权力带来的经济后果的研究较为广泛，涉及高管薪酬契约方面，绝大部分文献认为管理层权力存在消极影响。由于管理层权力的存在，高管薪酬偏离了其最优值，对公司经营行为和经营绩效的反应变得不敏感（Ryan and Wiggins，2004；吕长江和赵宇恒，2008；权小锋等，2010；Bebchuk et al.，2011等）。

具体而言，管理层权力对高管薪酬契约的影响主要表现在以下方面：首先，在薪酬总额方面，卢锐等（2008）发现管理层权力越大，高管薪酬水平越高。权小锋等（2010）指出管理层权力使高管获得了更多的私有收益；其次，在薪酬业绩敏感性方面，Bebchuk and Fried（2004）指出管理层权力降低了其薪酬业绩敏感性，方军雄（2011）则发现管理层权力导致了高管和普通员工薪酬变动的非对称性；再次，在薪酬结构方面，Ryan and Wiggins（2004）发现管理层权力较大时，公司提供的薪酬计划中一般不太可能用股权代替现金薪酬；最后，在非货币性私有收益方面，管理层权力作为影响高管薪酬契约的重要因素（卢锐等，2008），显著提高了管理层的在职消费水平（卢锐等，2008；权小锋等，2010；张铁铸和沙曼，2014；Xu et al.，2014）。综上，管理层权力降低了高管薪酬契约的有效性，提高了高管的在职消费水平。因此，部分文献关注了公司内外部治理因素对管理层权力的制衡或约束作用，如张铁铸和沙曼（2014）、周美华等（2016）、耿云江和王明晓（2016）分别基于个人特征、组织环境和外部主体视角研究发现高管能力、内部控制、媒体监督等因素能够显著抑制管理层权力导致的高管超额在职消费问题。

通过对文献的梳理，得到两点启示：首先，在职消费影响因素方面的文献指出，高管个人特征（如管理层权力）、公司激进行为（如避税和扩张战略）等为高管谋求个人私利提供了机会和条件，从而导致了较高水平的在职消费。同时，较好的股权结构安排和内外部治理因素如机构持股、市场化进程、媒体监督等有助于约束高管的私利行为。然而，目前国内尚未有文献关注高管团队权力制衡对在职消费的影响。其次，管理层权力经济后果方面的文献认为，权力影响了高管薪酬契约的有效性，提高了企业的在职消费水平。现有文献侧重于从内部控制、媒体监督等角度对管理层权力潜在的约束机制进行研究，尚未直接对管理层团队内部的权力制衡机制进行探讨。综上，结合 Cheng et al.（2016）的研究，管理层团队中的关键下属高管具有自下而上监督最高决策者的动机和能力，因此，基于公司内部权力配置视角关注在职消费问题既能够对在职消费影响因素领域的文献做出补充，也能够对管理层权力方面的研究进行拓展。

2.3　高管团队权力制衡与超额在职消费

不合理在职消费产生的理论基础主要有代理理论和管理层权力理论。在股权分散、管理层持股比例较低和契约不完备的情况下，实际掌握公司经营控制权的管理层做出决策的逻辑起点不再是股东价值最大化，而是个人私利最大化。因此，公司资产可能被高管用于追求个人私利，表现为委托人与代理人之间的代理冲突（Berle and Means，1932；Jensen and Meckling，1976）。管理层权力某种程度上加剧了这种代理冲突。根据管理层权力理论，高管会借助权力进行利益寻租（Bebchuk and Fried，2004）。具体到在职消费问题，张铁铸和沙曼（2014）指出权力较大的高管有通过在职消费攫取私人利益的动机；耿云江和王明晓（2016）也认为在我国现阶段新兴转轨市场经济体制下，管理层权力极易导致高管超额在职消费，而且管理层权力越大，高管超额在职消费的代理成本就越高。

基于前述分析，管理层权力是诱发超额在职消费的重要因素。因此，大量文献指出加强对管理层权力的制衡和约束能够有效抑制超额在职消费，防范高管腐败。肖丕楚和张成君（2003）指出，公司内部管理层权力膨胀的一个重要原因是缺乏相应的制衡机制，优化公司治理结构需要从削弱管理层权力入手。方军雄（2009）也认为我国上市公司高管控制权缺乏有效的监督和制衡。徐细雄和刘星（2013）、杨德明和赵璨（2014）、牟韶红等（2016）则进一步指出优化企业内部权力配置是防范企业高管腐败的重要微观基础，只有完善监督机制，限制高管权力，"把权力关进制度的笼子里"，才能有效抑制高管隐性腐败。

一方面，根据Jensen and Meckling（1976），委托人可以通过激励或监督的方式调节或约束代理人的行为，以缓解委托人和代理人之间目标不一致的问题。考虑到管理层权力可能会加剧代理冲突，因此委托人有必要通过制度设计和干预组织权力运行监督管理层。具体而言，在职消费并非显性契约，不以书面合同为基础，而且不需要专门对外披露，因此具有天然的隐蔽性，不易受到股东和外界的监督（陈冬华等，2010；廖歆欣和刘运国，2016），因此在股东决定公司组织架构和配置经营权力的过程中，一定会注重企业内部，特别是高管之间的竞争和制约，以弥补自身监督能力的不足。另一方面，公司内部代理人之间存着竞争和相互监督（Fama and Jensen，1983），张铁铸和沙曼（2014）也指出企业内部的权力斗争是一个普遍现象，Cheng et al.（2016）发现高管团队内部的权力制衡有助于限制最高决策者的短期行为和自利行为。所以，借助高管团队内部的差异化利益诉求构建权力制衡机制以对管理层权力进行约束成为可能。笔者认为高管团队内部权力制衡机制可能通过直接的监督效应和间接的信息效应对企业超额在职消费产生影响，简单的逻辑思路如图2-1所示。下文将遵循"权力制衡—决策参与—内部监督—在职消费"和"权力制衡—信息流动—外部监督—在职消费"的思路展开论述。

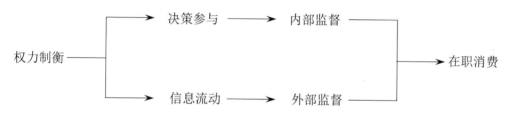

图2-1　逻辑思路图

Hambrick and Mason（1984）、Wiersema and Bantel（1992）等指出公司战略以及具体的经营方针政策大都是高管团队集体决策的结果，Graham et al.（2015）也发现只有很少一部分 CEO 和 CFO 宣称 CEO 是公司重大事项（并购、资金配置、投资等）的唯一决策者。集体决策模式说明公司高管团队中最高决策者之外的其他关键高管在公司决策形成过程中具有一定的话语权，能够影响公司的行为选择。具体到在职消费问题，笔者认为最高决策者与关键下属高管之间的权力制衡机制可能通过相互监督抑制超额在职消费①。

第一，关键下属高管具有监督最高决策者的动机。在高管之间"成本—收益"函数不完全一致的情形下，关键下属高管的个人利益诉求并不总与最高决策者一致。关键下属高管更加注重公司的长期发展和未来经营绩效（Acharya et al.，2011a；Cheng et al.，2016），原因如下：① 如 Acharya et al.（2011a）所

---

① 需要特别说明的是，关键下属高管的决策参与权可能带来组织内部的相互监督，即关键下属高管监督最高决策者，反之最高决策者受到影响之后亦会对关键下属高管行为产生影响。因为我国公司治理中存在"一把手"的权力文化和集权治理模式（徐细雄和刘星，2013），所以在分析过程中，笔者借鉴 Cheng et al.（2016）的思路，侧重分析关键下属高管对最高决策者的监督动机和监督能力。

述，部分关键下属高管未来可能会成为公司最高决策者，作为候选人，这些关键下属高管倾向于更加关注公司的长期价值，因为对公司未来价值的关注实质上就是对自身未来利益的关注；② 相对而言，关键下属高管都比较年轻，更可能处于职业生涯的上升期，因此公司经营不佳将对其未来职业规划产生不利影响，所以这些高管的眼光更加长远，不会接受以牺牲公司长期发展为代价的短期行为；③ Fama（1980）指出，公司高管成员能够从经理人市场获得的外部机会薪酬取决于公司的经营绩效，所以每一位高管都有动机监督其他高管的行为，以确保自身利益不受侵害。在职消费抑制了企业绩效的提升（Yermack，2006；卢锐等，2008；Cai et al.，2011），这更多地影响了更加重视企业未来发展的关键下属高管的个人利益，因此他们有动机干预不合理的在职消费决策，从而缓解代理冲突。

第二，关键下属高管具有监督最高决策者的能力。① 虽然最高决策者拥有名义上的最终决策权，但其他关键高管对公司决策拥有实质的影响权，因为这些高管直接从事经营业务，拥有信息方面的优势（Aghion and Tirole，1997），因此关键下属高管可以充分利用自己的信息优势监督约束董事长或总经理的行为；② 在最高决策者个人层面，Acharya et al.（2011a）的研究从理论层面证明关键下属高管的努力程度是公司现金流和最高决策个人福利的重要影响因素，所以董事长或总经理在制定重要决策的时候必然会顾及关键下属高管的偏好。如果他们不这么做，那可能影响关键下属高管的积极性，进而影响公司现金流和其个人福利。

综上，笔者认为关键下属高管的影响力能够在组织内部形成直接的监督效应，进而约束董事长或总经理的道德风险行为，抑制超额在职消费。

信息理论认为，除了剩余控制权和剩余收益权分离等因素之外，信息不对称也是代理问题产生的一个重要原因，如廖歆欣和刘运国（2016）指出隐性的在职消费依赖于信息不对称。另外，管理层权力降低了公司信息披露质量（Liu and Jiraporn，2010），这为高管追求个人私利提供了条件。那么相反地，权力的制衡可能提高公司的信息披露质量，进而抑制高管非货币性私有收益，因为杨德明和赵璨（2014）、Grinstein et al.（2017）等都指出企业信息环境的改善和营运透明度的提高能够抑制高管隐性腐败。

良好的权力制衡机制有助于公司信息的流动。一方面，高管之间的权力制衡暗含了相互监督的团队运行规则，而监督是一种重要的信息来源；另一方面，直接负责公司业务的关键下属高管本身就拥有信息方面的优势（Aghion and Tirole，1997）。上述两点共同影响了高管团队内部信息的生成和流动，而公司内部个体的信息优势又会借助外部机制强化监督效果。具体而言，良好的权力制衡结构中源自监督的信息更容易借助组织外部分析师、媒体等机制进行传播。信息的流动进一步带来多方面的行为约束。一方面，少数高管的不良行为可能危及整个高管团队的市场声誉，从而影响其职业前景。因此高管团队内部约束力会更强。另一方面，信息流通会引起股东和监管部门的关注。股东既可能通过"用手投票"的方式更换不称职的高管，也可能通过"用脚投票"的方式增加公司股价波动，向市场传递个人价值判断，从而影响高管的薪酬和工作安全性。此外，公司内部信息的流出和市场中介（分析师、媒体等）的传播可能引致监管部门的注意，从而对公司可能存在的违法违规行为进行查处（李培功和沈艺峰，2010）。无论是直接的调查、处罚还是间接的威慑作用，其都能约束管理层的自利行为。综上，无论是公司内部还是公司外部，"权力制衡—信息流动—外部监督—行为约束"的逻辑都是可行的，高管团队权力制衡可能通过信息效应引致外部监督进而对在职消费行为产生抑制作用。

基于前述分析，本章提出以下假设：

假设1：在其他条件相同时，高管团队权力制衡能够有效抑制企业超额在职消费。

不可否认的是，尽管笔者基于直接的监督效应和间接的信息效应两条路径分析了高管团队权力制衡在抑制超额在职消费方面的积极影响，但是正如Cheng et al.（2016）所指出的那样，关键下属高管也可能被董事长或总经理控制从而不能对其产生监督作用。第一，关键下属高管担心自己被降职或者被辞退，从而没有胆量对最高决策者进行监督，特别是在我国比较集权化的公司治理模式下，这种效应可能比较突出；第二，最高决策者对其继任者的提名权也使得关键下属高管不愿意质疑其上级领导。如此一来，关键下属高管体现的可能不是制衡效应，而是服从效应。这将导致无论是直接的决策参与还是间接的信息传递都将受到负面影响，更可能的情况是关键下属高管基于自身工作安全性及个人福利报酬等方面的顾虑而彻底被最高决策者俘获，这不仅无法抑制在职消费水平，反而会纵容最高领导或者选择与其合谋，从而进一步推高公司的在职消费水平。除此之外，如果高管团队内部权力的制衡陷入无序状态，由权力制衡演变为权力争斗，同样会降低公司的运营效率。

结合上述分析，笔者提出与假设1相对立的假设：

假设2：在其他条件相同时，高管团队权力制衡机制并不会降低企业超额在职消费水平。

2.4 研究设计

2.4.1 样本选择与数据来源

由于2006年我国财政部颁布了新会计准则，为了保证财务数据的一致性和可比性，所以该部分内容笔者选取2007—2017年A股上市公司进行实证研究。结合现有文献的做法（权小锋等，2010；Luo et al.，2011；王曾等，2014；褚剑和方军雄，2016；Cheng et al.，2016等），笔者对初始样本进行了如下筛选：① 剔除金融行业上市公司观测值；② 剔除ST、*ST类上市公司观测值；③ 剔除董事长发生变更的上市公司观测值；④ 剔除其他变量存在缺失的观测值。该部分内容所需数据主要来自CSMAR、WIND和CNRDS等数据库或数据服务平台。为了消除极端值的影响，笔者对所有连续变量按照上下1%进行了winsorize处理。

2.4.2 变量设计

2.4.2.1 在职消费的衡量

目前高管在职消费的度量方法主要有两种。一是陈冬华等（2005）、卢锐等（2008）使用的直接法，即从财务报表附注信息中提取并汇总与在职消费相关的具体科目金额，以此衡量高管在职消费水平；二是权小锋等（2010）、Luo et al.（2011）、王曾等（2014）、褚健和方军雄（2016）等使用的间接法，该方法采用实际在职消费超过由一系列经济因素决定的预期在职消费的金额衡量企业超额在职消费水平。笔者试图厘清高管团队权力制衡与企业不合理在职消费之间的关系，因此使用超额在职消费更加适宜[1]。具体而言，采用模型（1）估计正常的在职消费：

$$\frac{\text{PERKS}_t}{\text{ASSETS}_{t-1}} = \beta_0 + \beta_1 \frac{1}{\text{ASSETS}_{t-1}} + \beta_2 \frac{\Delta \text{SALE}_t}{\text{ASSETS}_{t-1}} + \beta_3 \frac{\text{PPE}_t}{\text{ASSETS}_{t-1}} + \beta_4 \frac{\Delta \text{INV}_t}{\text{ASSETS}_{t-1}} \quad (1)$$
$$+ \beta_5 \text{LNEMPLOYEE} + \varepsilon_t$$

其中，PERKS_t 为本年在职消费数据，等于管理费用中扣除董事、监事和高管薪酬等明显不属于在职消费项目后的金额；ASSET_{t-1} 为上年年末资产总计；ΔSALE_t 为本年营业收入的变化额，PPE_t 为本年年末固定资产净值，INV_t 为本年年末存货净额，LNEMPLOYEE_t 为本年企业雇佣的员工总数的自然对数。在充分考虑年度、行业差异性的基础上使用模型（1）估算每个观测值正常的在职消费水平，该观测值实际在职消费与正常在职消费的差额即为超额在职消费，记为 UNPERKS。

2.4.2.2 基于权力制衡的高管团队内部治理指数的构建

参考 Cheng et al.（2016）的研究设计，笔者从高管团队中关键下属高管监督公司最高决策者的动机和能力两方面构建高管团队内部治理指数。

第一，最高决策者的界定。对于董事长和总经理在公司发展过程中的影响力，不同学者的认识有所不同（李焰等，2011）。叶祥松（2003）指出英美等国家的企业董事长只是充当董事会召集人的角色，而我国企业董事长是公司管理权的核心承担者，处于公司权力结构的顶端。姜付秀等（2009）也指出我国上市公司的董事长更像发达国家上市公司中的 CEO，在上市公司经营决策中的影响力更大。在实证研究方面，卢锐等（2008）在界定管理层权力的时候充分考虑了董事长的权力特征；姜付秀等（2017）指出董事长拥有公司内部最高决策权力，非家族成员担任家族企业董事长将引致更高的代理成本；权小锋等（2019）也认为董事长的职位权力更能影响企业的财务决策，因为他们发现董事长的从军经历对企业盈余管理存在显著影响，而 CEO 从军经历的作用不明显。基于上述研究，笔者将董事长界定为最高决策者[2]。

---

[1]　为了保证本章结论的可靠性，在稳健性检验中，笔者也使用陈冬华（2005）的方法衡量在职消费。

[2]　为了提高文章结论的稳健性，笔者还将董事长和总经理同时界定为公司最高决策者，重新构建高管团队内部治理指数，结论不变。

第二，关键下属高管的界定。根据 Finkelstein（1992）和 Acharya et al.（2011a）等人的研究，并非高管团队中的每个人都有动机和能力监督约束最高领导者的行为和决策，因此需要对关键高管进行界定。企业组织中真正的当权者是总经理和几个关键下属高管（Finkelstein，1992），而关键下属高管指那些除最高决策者之外，能够对公司生产经营产生实质性影响的高管人员，一般指高管团队中能够影响公司决策的几个关键人员（Acharya et al.，2011a；Cheng et al.，2016 等）。借鉴 Cheng et al.（2016）的研究设计，笔者将高管团队中除董事长之外薪酬排名前 2 位和前 3 位的高管界定为关键下属高管[①]，因为薪酬水平反映了个体的重要性程度，大部分情况下也反映了其话语权。

第三，高管团队内部治理指数的计算。① 监督动机。对关键下属高管而言，无论是职业发展方面的顾虑还是经济利益方面的追求，他们最大的收益都是未来潜在收益。关键下属高管未来预期收益越大，越关心自身声誉和公司未来价值，因此越有动机监督和约束最高决策者。Gibbons and Murphy（1992）指出，高管年龄越大，其对未来职业生涯的预期和要求越低。相反地，Cheng et al.（2016）则强调，关键下属高管越年轻，其未来收益比重越大，从而越有动机维护自身的职业声誉，故而以关键下属高管的未来工作时间衡量其监督动机是合理的。参考 Cheng et al（2016）的研究设计，笔者以关键下属高管距离退休的平均年龄作为权力制衡动机的替代变量。具体而言，以"60 − 关键下属高管平均年龄"衡量关键下属高管的制衡动机[②]，以 EXE_HRZ 表示，该值越大，关键下属高管未来期望报酬越高，因此监督最高决策者的动机也越强烈。② 监督能力。Bebchuk et al.（2011）指出最高决策者与下属高管之间的薪酬比例反映了其在高管团队中的权力，因此，公司高管团队中关键下属高管平均薪酬与最高决策者薪酬之比同样也能反映出这些高管对最高决策者的影响力（Cheng et al.，2016）。因此，以关键下属高管平均薪酬与董事长的薪酬比作为关键下

---

① 在稳健性检验中，笔者还将关键下属高管的范围拓展至薪酬排名前 4 位和前 5 位的高管，结论不变。

② 为了更加切合我国实际，笔者还结合关键下属高管的性别单独计算他们距离退休的年限（男性退休年龄 60 岁，女性退休年龄 55 岁），在此基础上加权计算关键下属高管的未来职业生涯预期。

属高管制衡能力的替代变量[①]，以 EXE_PAYR 表示，该值越大，关键下属高管的影响力越大。③ 基于权力制衡的高管团队内部治理指数。同样借鉴 Cheng et al.（2016）的处理方法，将 EXE_HRZ 和 EXE_PAYR 进行标准化处理，然后再将标准化后的数据相加得到高管团队内部治理指数，以 IN_G 表示，该值越大，高管团队权力制衡程度越高，高管团队内部治理水平也越高[②]。

2.4.2.3　控制变量

根据相关文献（权小锋等，2010；Luo et al.，2011；褚剑和方军雄，2016；Cheng et al.，2016 等），笔者从高管个人特征、企业财务指标、公司治理情况和企业基本属性等方面选取了相关控制变量。在高管个人特征方面，根据 Cheng et al.（2016），笔者控制了最高决策者职业时限预期，因为最高权力拥有者的职业时限预期会影响其行为选择[③]；在公司财务指标方面，笔者控制了公司规模、总资产收益率、资产负债率、销售收入增长率等变量；在公司治理特征方面，笔者控制了第一大股东持股比例、董事会规模、董事会独立性、两职合一、高管薪酬、高管持股等变量；在企业基本属性方面，笔者控制了公司成立年限、是否国有企业等变量；此外，笔者还控制了年度和行业虚拟变量。变量定义和具体度量详见表 2-1。

表 2-1　变量说明

变量符号	变量定义
UNPERKS	超额在职消费，根据模型（1）计算
IN_G_S	高管团队内部治理指数，基于 2 位关键下属高管制衡动机和制衡能力计算
IN_G_L	高管团队内部治理指数，基于 3 位关键下属高管制衡动机和制衡能力计算
CH_HRZ	董事长职业时限预期，60 - 董事长年龄

---

① 需要说明的是，尽管国企和非国企之间的薪酬体系不同（陈冬华等，2005），但借鉴 Cheng et al.（2016）的方法构建的高管团队内部治理指标本身并不涉及不同类型企业之间高管薪酬的比较，而更多地反映组织内部高管团队成员之间薪酬比例所蕴含的个体权力、地位或话语权的差异。同时，由于该指标设计的前提是对关键高管进行了界定，因此其又与一般含义的高管团队薪酬差距反映出不同的经济实质。

② 值得说明的是，在后文进一步检验中笔者还直接将制衡动机和制衡能力纳入分析框架，进一步甄别具体作用机理。

③ 在后文稳健性检验中，笔者还进一步控制了董事长性别、薪酬和持股等个人特征变量，本章结论不发生变化。

变量符号	变量定义
SIZE	公司规模，总资产的自然对数
ROA	总资产收益率，年末净利润 ÷ 公司总资产
LEV	资产负债率，年末负债总额 ÷ 公司总资产
GROW	销售收入增长率，销售收入变动额 ÷ 基期销售收入
FIRST	第一大股东持股比例
BOARD	董事会规模，董事会人数加 1 的自然对数
INDR	董事会独立性，董事会独立董事人数 ÷ 董事人数
DUAL	两职合一，董事长总经理两职合一取 1，否则取 0
MPAY	高管薪酬，高管前三名薪酬总额的自然对数
MSHR	高管持股，高管持股数量 ÷ 公司总股数
AGE	公司成立年限，报告期年份与公司成立年份之间的年数
SOE	国有企业标识，国有企业取 1，否则取 0
IND	行业虚拟变量，根据行业情况设置虚拟变量
YEAR	年度虚拟变量，根据年度情况设置虚拟变量

2.4.3 实证模型

为了检验本章前文假设，参考权小锋等（2010）、Luo et al.（2011）、褚剑和方军雄（2016）等构建模型（2）。根据前文分析，笔者最关注的变量为 α_1。

$$UNPERKS = \alpha_0 + \alpha_1 IN\_G + \alpha_2 CH\_HRZ + \alpha_3 SIZE + \alpha_4 ROA + \alpha_5 LEV + \alpha_6 GROW$$
$$+ \alpha_7 FIRST + \alpha_8 BOARD + \alpha_9 INDR + \alpha_{10} DUAL + \alpha_{11} MPAY + \alpha_{12} MSHR \quad （2）$$
$$+ \alpha_{13} AGE + \alpha_{14} SOE + IND + YEAR + \varepsilon$$

2.5 实证分析与稳健性检验

2.5.1 描述性统计

表 2-2 是本章主要变量的描述性统计结果。超额在职消费 UNPERKS 的均值和中位数分别为 0.0004 和 −0.0034，这与本章超额在职消费度量方法的理论预期相一致。其标准差为 0.0276，说明不同企业间超额在职消费水平存在差

异。另外，本章 UNPERKS 计算结果与相关文献（王化成等，2019 等）一致。基于不同数量关键下属高管计算的高管团队内部治理指数数据分布与 Cheng et al.（2016）基本一致，不同公司之间的高管团队内部治理指数存在较大差异，这为笔者研究权力制衡经济后果提供了条件。平均而言，董事长年龄约为 53 岁，接近退休。本章其他控制变量的描述性结果与现有文献的一致性较高，不再一一赘述。

表 2-2 描述性统计

变量	样本数	均值	中位数	标准差	最小值	最大值
UNPERKS	13 797	0.0004	−0.0034	0.0276	−0.0563	0.1027
IN_G_S	13 797	−0.0121	−0.1560	1.4243	−2.7408	8.8661
IN_G_L	13 797	−0.0151	−0.1576	1.4254	−2.7735	8.9554
CH_HRZ	13 797	7.5074	8.0000	7.1869	−11.0000	24.0000
SIZE	13 797	21.8303	21.6891	1.1434	19.4955	25.7823
ROA	13 797	0.0433	0.0392	0.0496	−0.1455	0.2001
LEV	13 797	0.4151	0.4092	0.2056	0.0465	0.8859
GROW	13 797	0.2040	0.1367	0.4035	−0.5636	2.5807
FIRST	13 797	0.3344	0.3156	0.1413	0.0889	0.7496
BOARD	13 797	2.2498	2.3026	0.1731	1.7918	2.7726
INDR	13 797	0.3725	0.3333	0.0530	0.3077	0.5714
DUAL	13 797	0.3162	0.0000	0.4650	0.0000	1.0000
MPAY	13 797	14.1179	14.1167	0.7142	12.2549	16.0263
MSHR	13 797	0.1565	0.0099	0.2129	0.0000	0.7032
AGE	13 797	15.9449	15.0000	5.1631	5.0000	32.0000
SOE	13 797	0.2898	0.0000	0.4537	0.0000	1.0000

2.5.2 回归结果分析

为了从权力制衡视角考察高管团队内部治理对企业超额在职消费的影响，笔者对模型（2）进行了回归分析，结果如表 2-3 所示。由于笔者在计算 UNPERKS 的时候已经考虑了行业和年度因素，因此笔者同时报告了未控制行业、年度变量的回归结果（第 1、3 列）和控制了行业年度变量（第 2、4 列）的回归结果。由表 2-3 可知，无论是基于 2 位关键下属高管计算的高管团队内部治理指数 IN_G_S 还是基于 3 位关键下属高管计算的高管团队内部治理指数 IN_G_L，其系数均在 1% 水平显著为负。这说明，高管团队权力制衡能够发挥较好的公司治理功能，抑制企业的超额在职消费水平，更多地支持了本章假设 1，即高管团队的权力制衡表现出治理效应而非服从效应。Cheng et al.（2016）指出关键下属高管的监督动机和监督能力能够有效约束公司最高决策者的行为，并基于真实盈余管理视角验证高管团队中这种制衡机制的存在。本章结论进一步回应了 Cheng et al.（2016）的研究。

表 2-3　高管团队内部治理与企业超额在职消费

变量	（1） UNPERKS	（2） UNPERKS	（3） UNPERKS	（4） UNPERKS
IN_G_S	−0.0665*** （0.017）	−0.0513*** （0.017）		
IN_G_L			−0.0643*** （0.017）	−0.0489*** （0.017）
CH_HRZ	0.0159*** （0.003）	0.0159*** （0.003）	0.0161*** （0.003）	0.0161*** （0.003）
SIZE	−0.6801*** （0.029）	−0.7254*** （0.030）	−0.6807*** （0.029）	−0.7256*** （0.030）
ROA	6.1009*** （0.626）	6.4575*** （0.648）	6.1024*** （0.626）	6.4585*** （0.648）
LEV	0.9238*** （0.149）	0.9272*** （0.159）	0.9236*** （0.149）	0.9260*** （0.159）
GROW	−0.2746*** （0.080）	−0.2715*** （0.081）	−0.2744*** （0.080）	−0.2715*** （0.081）
FIRST	−0.4217*** （0.163）	−0.5525*** （0.164）	−0.4229*** （0.163）	−0.5544*** （0.164）
BOARD	−0.0245 （0.159）	0.0407 （0.162）	−0.0254 （0.159）	0.0399 （0.162）
INDR	−0.5887 （0.480）	−0.5436 （0.479）	−0.5889 （0.480）	−0.5434 （0.479）
DUAL	−0.1389*** （0.052）	−0.1259** （0.052）	−0.1376*** （0.052）	−0.1246** （0.052）
MPAY	1.0846*** （0.040）	1.1070*** （0.041）	1.0839*** （0.040）	1.1064*** （0.041）

续表

变量	（1）	（2）	（3）	（4）
	UNPERKS	UNPERKS	UNPERKS	UNPERKS
MSHR	0.0495	0.0528	0.0510	0.0544
	（0.123）	（0.127）	（0.123）	（0.127）
AGE	−0.0040	−0.0089*	−0.0040	−0.0089*
	（0.005）	（0.005）	（0.005）	（0.005）
SOE	0.3610***	0.3405***	0.3580***	0.3382***
	（0.058）	（0.060）	（0.058）	（0.061）
CONS	−0.7239	0.2169	−0.7006	0.2350
	（0.711）	（0.747）	（0.712）	（0.747）
IND	No	Yes	No	Yes
YEAR	No	Yes	No	Yes
Obs	13 797	13 797	13 797	13 797
Adj. R^2	0.0875	0.0926	0.0874	0.0925

注：***、**、*分别表示 1%、5% 和 10% 的显著性水平；括号内为稳健性标准误。

2.5.3 稳健性检验

2.5.3.1 针对解释变量的稳健性检验

第一，《中华人民共和国劳动法》规定，男职工退休年龄为 60 周岁，女干部退休年龄为 55 周岁。前文界定关键下属高管制衡动机的时候简化以"60 — 关键下属高管平均年龄"衡量。在稳健性检验中，结合关键下属高管的性别重新计算了制衡动机变量，在此基础上生成新的高管团队内部治理指数 IN_G_S_6055 和 IN_G_L_6055。为严谨性起见，笔者还根据董事长性别重新生成了董事长职业时限预期变量 CH_HRZ_6055。对模型（2）的重新分析如表 2-4 所示。根据表 2-4，IN_G_S_6055 和 IN_G_L_6055 至少在 5% 水平显著为负，表明高管团队内部治理可以有效降低企业超额在职消费水平。

表 2-4 解释变量稳健性检验（考虑性别—退休年龄差异）

变量	（1）	（2）	（3）	（4）
	UNPERKS	UNPERKS	UNPERKS	UNPERKS
IN_G_S_6055	−0.0519***	−0.0374**		
	（0.017）	（0.017）		

续表

变量	（1）UNPERKS	（2）UNPERKS	（3）UNPERKS	（4）UNPERKS
IN_G_L_6055			−0.0545***	−0.0396**
			（0.017）	（0.017）
CH_HRZ_6055	0.0160***	0.0161***	0.0163***	0.0163***
	（0.003）	（0.003）	（0.003）	（0.003）
SIZE	−0.6774***	−0.7237***	−0.6785***	−0.7242***
	（0.029）	（0.030）	（0.029）	（0.030）
ROA	6.0979***	6.4690***	6.1032***	6.4697***
	（0.626）	（0.648）	（0.626）	（0.648）
LEV	0.9153***	0.9217***	0.9178***	0.9225***
	（0.149）	（0.159）	（0.149）	（0.159）
GROW	−0.2790***	−0.2756***	−0.2783***	−0.2751***
	（0.080）	（0.081）	（0.080）	（0.081）
FIRST	−0.4240***	−0.5562***	−0.4223***	−0.5546***
	（0.163）	（0.164）	（0.163）	（0.164）
BOARD	−0.0160	0.0501	−0.0176	0.0480
	（0.159）	（0.162）	（0.159）	（0.162）
INDR	−0.5787	−0.5313	−0.5833	−0.5355
	（0.480）	（0.479）	（0.480）	（0.479）
DUAL	−0.1387***	−0.1255**	−0.1386***	−0.1253**
	（0.052）	（0.052）	（0.052）	（0.052）
MPAY	1.0831***	1.1052***	1.0830***	1.1052***
	（0.040）	（0.041）	（0.040）	（0.041）
MSHR	0.0457	0.0477	0.0487	0.0506
	（0.123）	（0.127）	（0.123）	（0.127）
AGE	−0.0037	−0.0088*	−0.0038	−0.0088*
	（0.005）	（0.005）	（0.005）	（0.005）
SOE	0.3643***	0.3441***	0.3608***	0.3411***
	（0.058）	（0.060）	（0.058）	（0.061）
CONS	−0.7798	0.1825	−0.7536	0.1989
	（0.710）	（0.746）	（0.711）	（0.746）
IND	No	Yes	No	Yes
YEAR	No	Yes	No	Yes
Obs	13 797	13 797	13 797	13 797
Adj. R^2	0.0872	0.0924	0.0872	0.0925

第二，Thompson（1967）指出，尽管公司高管数量不少，但真正对生产经营决策有决定权的只是一部分高管。因此，在计算高管团队内部治理指数的时候，将董事长以外薪酬最高的前 2 位和前 3 位高管界定为关键下属高管。为了

保证本章结论不受关键下属高管人数的影响，将关键下属高管范围扩大至董事长以外薪酬最高的前4位和前5位高管，在此基础上重新计算了高管团队内部治理指数，回归分析结果如表2-5所示。重新计算的解释变量IN_G_S和IN_G_L全部在1%水平显著，再次支持前文结论。

表2-5 解释变量稳健性检验（关键下属高管人数界定）

变量	（1） UNPERKS	（2） UNPERKS	（3） UNPERKS	（4） UNPERKS
IN_G_S	−0.0628*** （0.017）	−0.0471*** （0.017）		
IN_G_L			−0.0651*** （0.017）	−0.0502*** （0.017）
CH_HRZ	0.0163*** （0.003）	0.0162*** （0.003）	0.0164*** （0.003）	0.0164*** （0.003）
SIZE	−0.6805*** （0.029）	−0.7254*** （0.030）	−0.6812*** （0.029）	−0.7262*** （0.030）
ROA	6.1022*** （0.626）	6.4580*** （0.648）	6.1072*** （0.626）	6.4624*** （0.648）
LEV	0.9192*** （0.149）	0.9224*** （0.159）	0.9201*** （0.149）	0.9239*** （0.159）
GROW	−0.2738*** （0.080）	−0.2712*** （0.081）	−0.2732*** （0.080）	−0.2705*** （0.081）
FIRST	−0.4246*** （0.163）	−0.5564*** （0.164）	−0.4258*** （0.163）	−0.5567*** （0.163）
BOARD	−0.0266 （0.159）	0.0390 （0.162）	−0.0249 （0.159）	0.0397 （0.162）
INDR	−0.5831 （0.480）	−0.5386 （0.479）	−0.5837 （0.479）	−0.5399 （0.479）
DUAL	−0.1369*** （0.051）	−0.1239** （0.052）	−0.1374*** （0.051）	−0.1245** （0.052）
MPAY	1.0836*** （0.040）	1.1062*** （0.041）	1.0840*** （0.040）	1.1067*** （0.041）
MSHR	0.0480 （0.123）	0.0524 （0.127）	0.0521 （0.123）	0.0557 （0.127）
AGE	−0.0041 （0.005）	−0.0089* （0.005）	−0.0042 （0.005）	−0.0090* （0.005）

变量	（1）UNPERKS	（2）UNPERKS	（3）UNPERKS	（4）UNPERKS
SOE	0.3564***（0.059）	0.3370***（0.061）	0.3545***（0.059）	0.3349***（0.061）
CONS	−0.6969（0.712）	0.2370（0.747）	−0.6924（0.712）	0.2439（0.747）
IND	No	Yes	No	Yes
YEAR	No	Yes	No	Yes
Obs	13 797	13 797	13 797	13 797
Adj. R^2	0.0873	0.0925	0.0874	0.0926

第三，根据前文分析，在充分借鉴相关文献研究设计的基础上，将董事长界定为最高决策者，研究了董事长之外关键下属高管对董事长的监督和约束能力。然而不可忽视的一个问题是，如果董事长持有大量股权，这将导致计算的高管团队内部治理指数有偏差，原因有以下几点：① 股权代表了更高层级的话语权；② 股权弱化了货币薪酬的信息含量。为了缓解这一潜在问题的影响，通过两种方式对董事长持股水平进行了限制。表 2-6 报告的是根据样本中位数筛选出的董事长持股比例较低的观测值的分析结果。表 2-7 报告的是董事长持股为 0 的观测值的回归结果。可见，无论在董事长持股比例较低的子样本中还是在董事长完全不持股的子样本中，IN_G_S 和 IN_G_L 的系数均在 1% 水平显著为负，说明最高决策者持股水平并不影响本章主要结论。

表 2-6　解释变量稳健性检验（董事长持股比例较低样本）

变量	（1）UNPERKS	（2）UNPERKS	（3）UNPERKS	（4）UNPERKS
IN_G_S	−0.1354***（0.021）	−0.1310***（0.022）		
IN_G_L			−0.1255***（0.021）	−0.1239***（0.021）

续表

变量	（1） UNPERKS	（2） UNPERKS	（3） UNPERKS	（4） UNPERKS
CH_HRZ	0.0225*** （0.004）	0.0203*** （0.004）	0.0227*** （0.004）	0.0206*** （0.004）
SIZE	−0.6960*** （0.037）	−0.7067*** （0.038）	−0.6972*** （0.037）	−0.7080*** （0.038）
ROA	6.1163*** （0.844）	6.2687*** （0.857）	6.1004*** （0.845）	6.2610*** （0.858）
LEV	0.6017*** （0.199）	0.4994** （0.212）	0.5977*** （0.199）	0.4970** （0.212）
GROW	−0.4048*** （0.106）	−0.4077*** （0.110）	−0.4043*** （0.106）	−0.4071*** （0.110）
FIRST	−0.1049 （0.223）	−0.2467 （0.223）	−0.1101 （0.222）	−0.2505 （0.223）
BOARD	0.1004 （0.215）	0.0648 （0.219）	0.1018 （0.215）	0.0642 （0.219）
INDR	−0.2208 （0.690）	−0.1386 （0.694）	−0.1994 （0.691）	−0.1197 （0.694）
DUAL	−0.3848*** （0.077）	−0.3616*** （0.078）	−0.3807*** （0.077）	−0.3581*** （0.077）
MPAY	1.0599*** （0.054）	1.0949*** （0.056）	1.0586*** （0.054）	1.0938*** （0.056）
MSHR	1.6202*** （0.528）	1.8784*** （0.561）	1.6372*** （0.527）	1.8914*** （0.560）
AGE	−0.0103* （0.006）	−0.0091 （0.007）	−0.0105* （0.006）	−0.0092 （0.007）
SOE	0.3551*** （0.069）	0.2858*** （0.072）	0.3512*** （0.069）	0.2804*** （0.072）
CONS	−0.3105 （0.919）	0.3793 （0.948）	−0.2736 （0.920）	0.4232 （0.949）
IND	No	Yes	No	Yes
YEAR	No	Yes	No	Yes
Obs	7151	7151	7151	7151

续表

变量	（1）	（2）	（3）	（4）
	UNPERKS	UNPERKS	UNPERKS	UNPERKS
Adj. R^2	0.1035	0.1091	0.1027	0.1086

表 2-7　解释变量稳健性检验（董事长不持股样本）

变量	（1）	（2）	（3）	（4）
	UNPERKS	UNPERKS	UNPERKS	UNPERKS
IN_G_S	−0.1197*** （0.023）	−0.1001*** （0.023）		
IN_G_L			−0.1127*** （0.022）	−0.0953*** （0.022）
CH_HRZ	0.0251*** （0.005）	0.0237*** （0.005）	0.0255*** （0.005）	0.0241*** （0.005）
SIZE	−0.5152*** （0.044）	−0.5449*** （0.045）	−0.5165*** （0.044）	−0.5460*** （0.045）
ROA	5.1465*** （0.962）	4.9946*** （0.969）	5.1206*** （0.962）	4.9763*** （0.969）
LEV	0.6185*** （0.223）	0.4883** （0.233）	0.6147*** （0.223）	0.4853** （0.233）
GROW	−0.4088*** （0.113）	−0.4081*** （0.117）	−0.4078*** （0.113）	−0.4073*** （0.117）
FIRST	−0.2103 （0.256）	−0.3820 （0.252）	−0.2116 （0.256）	−0.3838 （0.252）
BOARD	−0.0042 （0.240）	−0.1647 （0.239）	−0.0078 （0.241）	−0.1692 （0.240）
INDR	−0.6495 （0.817）	−0.3365 （0.832）	−0.6181 （0.818）	−0.3069 （0.832）
DUAL	−0.3186*** （0.089）	−0.2724*** （0.088）	−0.3173*** （0.089）	−0.2714*** （0.088）
MPAY	0.8936*** （0.061）	0.9830*** （0.064）	0.8924*** （0.061）	0.9823*** （0.064）
MSHR	0.8226 （0.730）	1.3970* （0.754）	0.8463 （0.726）	1.4201* （0.750）

续表

变量	（1）	（2）	（3）	（4）
	UNPERKS	UNPERKS	UNPERKS	UNPERKS
AGE	0.0035 （0.007）	0.0086 （0.008）	0.0034 （0.007）	0.0086 （0.008）
SOE	0.4243*** （0.078）	0.3359*** （0.081）	0.4203*** （0.078）	0.3315*** （0.082）
CONS	−1.7942* （1.073）	−1.1271 （1.140）	−1.7521 （1.075）	−1.0927 （1.141）
IND	No	Yes	No	Yes
YEAR	No	Yes	No	Yes
Obs	5184	5184	5184	5184
Adj. R^2	0.0773	0.0954	0.0767	0.0950

第四，为了进一步保证本章高管团队内治理指数的稳健性，笔者还构建了高管薪酬赫芬达尔指数。HHI 指数越大，薪酬分布越集中，HHI 指数越小，薪酬分布越分散。需要说明的是，HHI 指数并不区分主体，即如果 HHI 指数较大，人们就无法确定薪酬向最高决策者集中，还是向关键下属高管集中。为了避免这一缺陷，首先从样本中筛选出关键下属高管平均薪酬大于董事长薪酬的样本，在此基础上计算的 HHI 指数越大，薪酬越发向关键下属高管集中，也即制衡效果越好。结果如表 2-8 所示，IN_G_S_HHI 和 IN_G_L_HHI 至少在 5% 水平显著为负，再次支持前文结论。

表2-8　解释变量稳健性检验（高管团队内部治理 HHI 指数）

变量	（1）	（2）	（3）	（4）
	UNPERKS	UNPERKS	UNPERKS	UNPERKS
IN_G_S_HHI	−2.3073*** （0.885）	−1.8183** （0.878）		

变量	（1）UNPERKS	（2）UNPERKS	（3）UNPERKS	（4）UNPERKS
IN_G_L_HHI			−4.0760*** （1.264）	−3.5342*** （1.249）
SIZE	−0.6746*** （0.056）	−0.7458*** （0.059）	−0.6760*** （0.056）	−0.7472*** （0.059）
ROA	7.3587*** （1.158）	8.3007*** （1.190）	7.2865*** （1.154）	8.2276*** （1.187）
LEV	1.3403*** （0.285）	1.6688*** （0.310）	1.3387*** （0.284）	1.6664*** （0.310）
GROW	−0.1546 （0.151）	−0.1563 （0.151）	−0.1539 （0.151）	−0.1552 （0.152）
FIRST	−0.3397 （0.319）	−0.6074* （0.316）	−0.3474 （0.319）	−0.6131* （0.316）
BOARD	0.3686 （0.308）	0.2792 （0.312）	0.3644 （0.308）	0.2737 （0.312）
INDR	0.9498 （0.982）	0.5449 （0.980）	0.9521 （0.982）	0.5430 （0.980）
DUAL	0.1088 （0.113）	0.1481 （0.113）	0.1183 （0.113）	0.1552 （0.112）
MPAY	1.0526*** （0.080）	1.1203*** （0.080）	1.0649*** （0.080）	1.1332*** （0.080）
MSHR	0.7328*** （0.250）	0.7574*** （0.254）	0.7138*** （0.249）	0.7402*** （0.253）
AGE	0.0048 （0.009）	0.0020 （0.009）	0.0045 （0.009）	0.0020 （0.009）
SOE	0.0404 （0.116）	−0.0606 （0.122）	0.0237 （0.116）	−0.0774 （0.122）
CONS	−1.3215 （1.399）	−0.0833 （1.484）	−1.1672 （1.396）	0.1044 （1.479）
IND	No	Yes	No	Yes
YEAR	No	Yes	No	Yes
Obs	4078	4078	4078	4078
Adj. R^2	0.0832	0.1095	0.0839	0.1102

2.5.3.2 针对被解释变量的稳健性检验

前文使用了权小锋等（2010）和 Luo et al.（2011）的方法计算企业超额在职消费水平。进一步地讲，本章参考陈冬华等（2005）和卢锐等（2008）的方法，以办公费、差旅费、业务招待费、通信费、出国学习费、董事会费、小车费和会议费这八项费用之和除以营业收入衡量高管在职消费水平，记为PERKS2[①]。表2-9报告了相关回归结果。首先，解释变量系数全部为负；其次，当控制行业虚拟变量时，IN_G_S系数边际显著（$p \approx 14.5\%$），其余情况下解释变量至少在5%水平显著。总体而言，本章认为更换被解释度量方法之后本章结论依旧成立。

表2-9 被解释变量稳健性检验

变量	（1）	（2）	（3）	（4）
	PERKS2	PERKS2	PERKS2	PERKS2
IN_G_S	−0.0405*** （0.016）	−0.0234a （0.016）		
IN_G_L			−0.0542*** （0.018）	−0.0375** （0.019）
CH_HRZ	0.0063* （0.004）	0.0066** （0.003）	0.0069* （0.004）	0.0072** （0.003）
SIZE	−0.2981*** （0.032）	−0.3774*** （0.033）	−0.3009*** （0.031）	−0.3792*** （0.033）
ROA	−2.8750*** （0.878）	−1.5468* （0.884）	−2.8684*** （0.878）	−1.5509* （0.884）
LEV	−1.6322*** （0.184）	−1.4701*** （0.196）	−1.6250*** （0.183）	−1.4663*** （0.195）
GROW	−0.1646** （0.074）	−0.2504*** （0.082）	−0.1623** （0.074）	−0.2480*** （0.082）
FIRST	−0.7571*** （0.149）	−1.0174*** （0.151）	−0.7481*** （0.147）	−1.0072*** （0.150）

---

① 考虑到费用支出的行业特征，参考廖歆欣等（2019）的做法，采用行业中位数对在职消费水平进行了调整。

变量	（1）PERKS2	（2）PERKS2	（3）PERKS2	（4）PERKS2
BOARD	0.2869**（0.141）	0.4889***（0.142）	0.2821**（0.141）	0.4823***（0.142）
INDR	1.1427**（0.446）	1.1276**（0.444）	1.1307**（0.448）	1.1144**（0.446）
DUAL	0.0139（0.058）	0.0099（0.059）	0.0115（0.058）	0.0075（0.058）
MPAY	0.2309***（0.047）	0.1240***（0.048）	0.2324***（0.047）	0.1258***（0.047）
MSHR	0.3310***（0.127）	0.1548（0.129）	0.3337***（0.126）	0.1585（0.129）
AGE	0.0460***（0.005）	0.0237***（0.005）	0.0458***（0.005）	0.0238***（0.005）
SOE	−0.4018***（0.058）	−0.3142***（0.064）	−0.4092***（0.059）	−0.3214***（0.066）
CONS	3.1990***（0.702）	4.6998***（0.699）	3.2479***（0.705）	4.7301***（0.702）
IND	No	Yes	No	Yes
YEAR	No	Yes	No	Yes
Obs	13201	13201	13201	13201
Adj. R^2	0.0553	0.0829	0.0556	0.0831

注 a: $p \approx 14.5\%$。

2.5.3.3　增加控制变量

前文在选取董事长个人特征层面控制变量时仅仅将董事长职业时限预期纳入模型。这主要基于两点考虑，第一，本章严格参考了 Cheng et al.（2016）的模型设计；第二，纳入过多董事长个人层面控制变量会导致本章观测值的减少，为了尽可能多地选择可行样本，权衡之后笔者未控制其他变量。在稳健性检验中，将董事长性别、受教育水平、薪酬和持股纳入回归模型之中，结果如表2-10所示，本章结论不发生变化。

表2-10 稳健性检验之增加控制变量

变量	（1）UNPERKS	（2）UNPERKS	（3）UNPERKS	（4）UNPERKS
IN_G_S	−0.0824*** （0.023）	−0.0565** （0.024）		
IN_G_L			−0.0761*** （0.024）	−0.0481** （0.024）
CM_GDR	−0.1954* （0.105）	−0.2031* （0.105）	−0.1945* （0.105）	−0.2026* （0.105）
CM_EDU	0.2128*** （0.027）	0.2222*** （0.027）	0.2127*** （0.027）	0.2221*** （0.027）
CM_PAY	−0.0376 （0.047）	−0.0274 （0.047）	−0.0304 （0.047）	−0.0172 （0.047）
CM_SHR	0.4776 （0.366）	0.2842 （0.366）	0.4683 （0.366）	0.2758 （0.365）
CH_HRZ	0.0093*** （0.004）	0.0100*** （0.004）	0.0095*** （0.004）	0.0101*** （0.004）
SIZE	−0.7285*** （0.031）	−0.8015*** （0.032）	−0.7290*** （0.031）	−0.8016*** （0.032）
ROA	6.6246*** （0.684）	7.0834*** （0.708）	6.6212*** （0.685）	7.0811*** （0.708）
LEV	1.1248*** （0.157）	1.1981*** （0.168）	1.1228*** （0.157）	1.1960*** （0.168）
GROW	−0.2542*** （0.090）	−0.2527*** （0.092）	−0.2538*** （0.090）	−0.2530*** （0.092）
FIRST	−0.2372 （0.181）	−0.3621** （0.180）	−0.2365 （0.181）	−0.3627** （0.180）
BOARD	0.0096 （0.178）	0.1434 （0.181）	0.0058 （0.178）	0.1426 （0.181）
INDR	−0.5635 （0.526）	−0.4358 （0.526）	−0.5647 （0.527）	−0.4342 （0.526）
DUAL	−0.1382** （0.055）	−0.1188** （0.055）	−0.1367** （0.055）	−0.1173** （0.055）
MPAY	1.1355*** （0.058）	1.1495*** （0.060）	1.1281*** （0.058）	1.1395*** （0.060）
MSHR	−0.3295 （0.265）	−0.2573 （0.270）	−0.3232 （0.264）	−0.2522 （0.269）
AGE	−0.0031 （0.005）	−0.0089* （0.005）	−0.0029 （0.005）	−0.0088* （0.005）

变量	（1）	（2）	（3）	（4）
	UNPERKS	UNPERKS	UNPERKS	UNPERKS
SOE	0.1891***	0.1833***	0.1872***	0.1836***
	（0.065）	（0.067）	（0.065）	（0.067）
CONS	−0.7444	0.3205	−0.7193	0.3312
	（0.776）	（0.812）	（0.779）	（0.814）
IND	No	Yes	No	Yes
YEAR	No	Yes	No	Yes
Obs	11618	11618	11618	11618
Adj. R^2	0.0998	0.1090	0.0996	0.1088

2.5.3.4 内生性问题

考虑到本研究议题可能面临的内生性，进行了3项补充检验，以缓解内生性问题之影响。

第一，本章结论可能面临遗漏变量引致的内生性问题。尽管从高管个人特征、企业财务状况、公司治理结构等方面对影响超额在职消费的因素进行了控制，但本章依旧无法穷尽被解释变量的影响因素。因此，通过固定效应模型对可能存在的不随时间变化的不可观测变量进行控制，以缓解遗漏变量导致的内生性问题，回归结果如表2-11所示。根据表2-11，本章全部解释变量至少在10%水平显著为负，同样支持高管团队内部治理，即权力制衡，能够有效降低企业超额在职消费水平的结论。

表2-11 内生性问题之固定效应

变量	（1）	（2）	（3）	（4）
	UNPERKS	UNPERKS	UNPERKS	UNPERKS
IN_G_S	−0.0598***	−0.0484***		
	（0.016）	（0.016）		

续表

变量	（1）	（2）	（3）	（4）
	UNPERKS	UNPERKS	UNPERKS	UNPERKS
IN_G_L			−0.0442***	−0.0316*
			（0.017）	（0.017）
CH_HRZ	0.0092**	0.0099**	0.0093**	0.0099**
	（0.004）	（0.004）	（0.004）	（0.004）
SIZE	−0.3288***	−0.3081***	−0.3293***	−0.3079***
	（0.044）	（0.044）	（0.044）	（0.044）
ROA	0.0291	0.3536	0.0187	0.3452
	（0.449）	（0.443）	（0.449）	（0.443）
LEV	1.1438***	1.0892***	1.1474***	1.0910***
	（0.166）	（0.164）	（0.166）	（0.164）
GROW	−0.1984***	−0.1573***	−0.1991***	−0.1579***
	（0.039）	（0.038）	（0.039）	（0.038）
FIRST	−0.7337***	−1.3432***	−0.7367***	−1.3473***
	（0.274）	（0.274）	（0.274）	（0.274）
BOARD	0.3937**	0.4058**	0.3958**	0.4082**
	（0.191）	（0.188）	（0.191）	（0.188）
INDR	−0.2867	−0.6749	−0.2847	−0.6739
	（0.519）	（0.511）	（0.519）	（0.512）
DUAL	−0.0848	−0.0961*	−0.0812	−0.0925*
	（0.053）	（0.052）	（0.053）	（0.052）
MPAY	0.4604***	0.4440***	0.4567***	0.4405***
	（0.048）	（0.048）	（0.048）	（0.048）
MSHR	−1.4245***	−1.5168***	−1.4259***	−1.5173***
	（0.213）	（0.212）	（0.213）	（0.212）
AGE	−0.0039	0.2081***	−0.0030	0.2124***
	（0.010）	（0.067）	（0.010）	（0.067）
SOE	−0.2623	−0.2908*	−0.2571	−0.2866*
	（0.166）	（0.165）	（0.166）	（0.165）
CONS	0.0688	−0.7270	0.1099	−0.7423
	（1.038）	（1.309）	（1.038）	（1.310）
IND	No	Yes	No	Yes
YEAR	No	Yes	No	Yes
FIRM	Yes	Yes	Yes	Yes
Obs	13797	13797	13797	13797
R^2	0.0230	0.0605	0.0224	0.0600

第二，借鉴 Lemmon and Lins（2003）、钟宇翔等（2017）的处理方法，将解释变量滞后一期，以应对可能面临的互为因果内生性问题。表 2-12 报告了相关回归结果，可见，滞后的 IN_G_S 和 IN_G_L 变量至少在 5% 水平显著为负，实证结果同样支持前文结论。

表 2-12　内生性问题之解释变量滞后

变量	（1） UNPERKS	（2） UNPERKS	（3） UNPERKS	（4） UNPERKS
$IN\_G\_S_{t-1}$	−0.0614*** （0.020）	−0.0473** （0.021）		
$IN\_G\_L_{t-1}$			−0.0657*** （0.020）	−0.0517** （0.020）
CH_HRZ	0.0192*** （0.004）	0.0194*** （0.004）	0.0197*** （0.004）	0.0198*** （0.004）
SIZE	−0.7453*** （0.034）	−0.7862*** （0.035）	−0.7471*** （0.034）	−0.7874*** （0.035）
ROA	6.8953*** （0.730）	7.1455*** （0.760）	6.9022*** （0.729）	7.1485*** （0.760）
LEV	0.8935*** （0.171）	0.8914*** （0.183）	0.8982*** （0.172）	0.8946*** （0.183）
GROW	−0.3460*** （0.094）	−0.3468*** （0.096）	−0.3440*** （0.094）	−0.3453*** （0.096）
FIRST	−0.5501*** （0.190）	−0.6979*** （0.190）	−0.5466*** （0.190）	−0.6944*** （0.190）
BOARD	0.0515 （0.180）	0.1018 （0.185）	0.0515 （0.180）	0.1007 （0.185）
INDR	−0.0787 （0.550）	0.0020 （0.550）	−0.0793 （0.550）	−0.0001 （0.550）
DUAL	−0.1292** （0.059）	−0.1130* （0.060）	−0.1297** （0.059）	−0.1134* （0.060）
MPAY	1.0465*** （0.046）	1.0709*** （0.047）	1.0468*** （0.046）	1.0711*** （0.047）
MSHR	0.3074** （0.144）	0.2931** （0.149）	0.3097** （0.144）	0.2955** （0.149）
AGE	−0.0057 （0.005）	−0.0083 （0.006）	−0.0057 （0.005）	−0.0082 （0.006）
SOE	0.3625*** （0.069）	0.3484*** （0.071）	0.3570*** （0.069）	0.3434*** （0.071）

续表

变量	（1）	（2）	（3）	（4）
	UNPERKS	UNPERKS	UNPERKS	UNPERKS
CONS	0.9291 （0.814）	1.7701** （0.854）	0.9594 （0.814）	1.7948** （0.854）
IND	No	Yes	No	Yes
YEAR	No	Yes	No	Yes
Obs	10 106	10 106	10 106	10 106
Adj. R^2	0.0974	0.1030	0.0975	0.1031

第三，为进一步应对互为因果导致的内生性问题，借鉴 Cheng et al.（2016）的处理方法，选用高管团队内部治理指数的年度—行业均值作为本章解释变量的工具变量进行两阶段最小二乘回归。同年度同行业的高管团队权力配置平均水平正向影响企业个体特质，但这一均值并不会对个体企业在职消费产生影响，因此是一个较为理想的工具变量。表 2-13 报告了 2SLS 的回归分析结果。弱工具变量检验 F 值远大于相关临界值，拒绝存在弱工具变量的原假设。工具变量与解释变量在 1% 水平显著正相关，这符合本章的预期。在控制了可能存在的内生性问题之后，IN_G_S 和 IN_G_L 至少在 10% 水平显著为负，再次说明高管团队内部治理能够显著抑制企业超额在职消费。

表2-13　内生性之2SLS

变量	（1）	（2）	（3）	（4）
	IN_G_S	UNPERKS	IN_G_L	UNPERKS
IV_IN_G_S	0.1350*** （0.016）			
IN_G_S		−0.3629** （0.169）		
IV_IN_G_L			0.1460*** （0.017）	
IN_G_L				−0.2646* （0.159）

续表

变量	（1） IN_G_S	（2） UNPERKS	（3） IN_G_L	（4） UNPERKS
CH_HRZ	0.0249*** （0.002）	0.0240*** （0.005）	0.0292*** （0.002）	0.0226*** （0.006）
SIZE	−0.1059*** （0.015）	−0.7581*** （0.035）	−0.1165*** （0.015）	−0.7506*** （0.035）
ROA	−0.2771 （0.294）	6.3830*** （0.653）	−0.2665 （0.291）	6.4087*** （0.651）
LEV	0.2849*** （0.085）	1.0198*** （0.168）	0.2776*** （0.085）	0.9880*** （0.166）
GROW	0.1656*** （0.036）	−0.2194** （0.089）	0.1754*** （0.035）	−0.2341*** （0.088）
FIRST	0.6945*** （0.096）	−0.3307 （0.204）	0.6931*** （0.095）	−0.4015** （0.198）
BOARD	−0.3570*** （0.088）	−0.0757 （0.175）	−0.3907*** （0.088）	−0.0482 （0.174）
INDR	−0.8074*** （0.239）	−0.7975 （0.500）	−0.8443*** （0.238）	−0.7272 （0.498）
DUAL	−0.2221*** （0.023）	−0.1950*** （0.065）	−0.2060*** （0.023）	−0.1690*** （0.062）
MPAY	0.1399*** （0.022）	1.1504*** （0.047）	0.1344*** （0.022）	1.1354*** （0.046）
MSHR	0.1746*** （0.059）	0.1049 （0.132）	0.2128*** （0.057）	0.0992 （0.133）
AGE	−0.0001 （0.003）	−0.0086* （0.005）	0.0004 （0.003）	−0.0086* （0.005）
SOE	−0.3178*** （0.035）	0.2376*** （0.083）	−0.3803*** （0.035）	0.2536*** （0.087）
CONS	1.0689*** （0.392）	0.5931 （0.786）	1.4464*** （0.392）	0.5879 （0.797）
IND	Yes	Yes	Yes	Yes
YEAR	Yes	Yes	Yes	Yes
Obs	13797	13797	13797	13797
Cragg–Donald Wald F		145.7757		161.8089

2.6 拓展性分析

2.6.1 作用渠道：信息环境及股东监督

2.6.1.1 信息环境——媒体关注

媒体是一种有效的信息中介，能够缓解信息不对称问题（Miller，2006；Bushee et al.，2010），抑制危害股东利益行为的发生（Dyck et al.，2008）。李培功和沈艺峰（2010）指出，在我国现阶段转型经济体制下，媒体发挥着重要的公司治理功能。大量经验研究证实了媒体监督在规范高管薪酬契约和约束高管私有收益方面的积极作用。Dyck and Zingales（2004）发现媒体能有效降低控制权的私人收益；杨德明和赵璨（2014）发现媒体监督能够抑制国有上市公司高管薪酬过高的问题，促使高管薪酬趋于合理；翟胜宝等（2015）则发现，媒体监督能够抑制高管的在职消费行为。

一方面，媒体监督发挥作用的主要路径是降低企业内外部主体之间的信息不对称程度。媒体通过搜集、筛选、包装、传播等方式向社会公众和企业利益相关方传递信息，进一步地，这些信息会引起股东、债权人、监管部门甚至司法机构的关注并影响他们的行为选择。另一方面，结合前文分析，高管团队的权力制衡有助于私有信息的流动。因此，在媒体关注度较高的企业中，高管团队权力制衡的信息效应路径更容易得到发挥，即权力制衡引致的信息流动借助媒体传播产生声誉效应和监督效应，从而更好地约束高管行为，降低高管自利倾向。综上，高管团队权力制衡对超额在职消费的抑制效用在媒体关注程度较高的企业中表现得更为明显。

根据上述分析，基于媒体监督视角检验管理层权力制衡对企业超额在职消费的影响。媒体关注数据来自 CNRDS 数据服务平台，以年度媒体报道中提及上市公司次数衡量媒体关注程度。当该值大于年度—行业中位数时，界定为媒体关注度较高组；反之则界定为媒体关注度较低组。表 2-14 报告的回归结果表明，高管团队权力制衡的超额在职消费抑制效应仅体现在媒体关注较高的样本中，这说明媒体关注是关键下属高管发挥监督效应的重要外部依赖路径。

表2-14 高管团队内部治理与企业超额在职消费（信息环境）

变量	（1）	（2）	（3）	（4）
	MEDIA（H）	MEDIA（L）	MEDIA（H）	MEDIA（L）
IN_G_S	−0.0949***	−0.0164		
	（0.023）	（0.025）		
IN_G_L			−0.0907***	−0.0162
			（0.023）	（0.024）
CH_HRZ	0.0087*	0.0181***	0.0089*	0.0182***
	（0.005）	（0.004）	（0.005）	（0.004）
SIZE	−0.9257***	−0.5082***	−0.9261***	−0.5083***
	（0.042）	（0.048）	（0.042）	（0.048）
ROA	7.2188***	4.2842***	7.2244***	4.2832***
	（0.923）	（0.890）	（0.923）	（0.890）
LEV	0.8148***	0.9571***	0.8123***	0.9567***
	（0.238）	（0.212）	（0.238）	（0.212）
GROW	−0.2886**	−0.3315***	−0.2894**	−0.3313***
	（0.113）	（0.118）	（0.113）	（0.118）
FIRST	−0.4049*	−0.5990***	−0.4085*	−0.5992***
	（0.237）	（0.224）	（0.237）	（0.224）
BOARD	0.0356	−0.0704	0.0368	−0.0712
	（0.228）	（0.230）	（0.228）	（0.230）
INDR	0.6139	−1.7623***	0.6089	−1.7608***
	（0.677）	（0.664）	（0.677）	（0.664）
DUAL	−0.0710	−0.1589**	−0.0684	−0.1586**
	（0.078）	（0.067）	（0.078）	（0.067）
MPAY	1.1637***	1.0425***	1.1621***	1.0424***
	（0.059）	（0.055）	（0.059）	（0.055）
MSHR	0.2410	0.0302	0.2442	0.0307
	（0.205）	（0.157）	（0.205）	（0.157）
AGE	−0.0133*	−0.0014	−0.0132*	−0.0014
	（0.007）	（0.007）	（0.007）	（0.007）
SOE	0.1826**	0.5068***	0.1780**	0.5059***
	（0.088）	（0.084）	（0.088）	（0.084）
CONS	3.7523***	−3.2455***	3.7915***	−3.2393***
	（1.063）	（1.163）	（1.064）	（1.163）
IND	Yes	Yes	Yes	Yes
YEAR	Yes	Yes	Yes	Yes
系数差异检验	0.0206		0.0270	
Obs	6862	6910	6862	6910
Adj. R^2	0.1254	0.0820	0.1252	0.0820

2.6.1.2 股东监督——机构持股

第一，根据前文分析，关键下属高管对最高决策者的监督和约束作用可能通过信息机制发挥作用，即在高管团队内部治理水平较高的公司，内部信息更容易向外部传播，从而引起利益相关者的关注；第二，机构投资者对信息较为敏感，能够借助相关信息发挥积极的治理作用，如李艳丽（2012）发现，机构投资者能够较好地监督管理层以降低高管的非货币私有收益。因此可以预期，在机构持股比例较高的企业中，高管团队内部治理带来的信息流动能够更好地表现出治理效应，更为有效地抑制企业超额在职消费。为了对此进行检验，将样本按照机构持股比例中位数划分为高机构持股组和低机构持股组，分别以INSTSHR（H）和INSTSHR（L）表示，然后使用模型（2）进行分组检验，结果如表 2-15 所示。根据表 2-15，高管团队内部治理对企业超额在职消费的抑制作用只在机构持股比例较高的样本中显著，而且组间系数差异通过了相关检验。该结论与本章的分析相符，说明积极的股东监督是高管团队权力制衡治理效用得以发挥的重要保障。

表 2-15 高管团队内部治理与企业超额在职消费（股东监督）

变量	（1） INSTSHR（H）	（2） INSTSHR（L）	（3） INSTSHR（H）	（4） INSTSHR（L）
IN_G_S	−0.0997*** （0.023）	0.0001 （0.024）		
IN_G_L			−0.1030*** （0.023）	0.0089 （0.024）
CH_HRZ	0.0018 （0.005）	0.0299*** （0.004）	0.0023 （0.005）	0.0297*** （0.004）
SIZE	−0.8591*** （0.041）	−0.5679*** （0.045）	−0.8606*** （0.041）	−0.5668*** （0.045）
ROA	10.6518*** （0.965）	1.5599* （0.878）	10.6526*** （0.965）	1.5650* （0.878）
LEV	1.4217*** （0.233）	0.4762** （0.215）	1.4223*** （0.233）	0.4739** （0.215）
GROW	−0.3729*** （0.127）	−0.2353** （0.106）	−0.3736*** （0.127）	−0.2365** （0.106）
FIRST	−0.8518*** （0.248）	−0.1069 （0.230）	−0.8466*** （0.248）	−0.1132 （0.230）
BOARD	−0.1264 （0.247）	0.2456 （0.207）	−0.1323 （0.247）	0.2491 （0.207）

变量	（1）	（2）	（3）	（4）
	INSTSHR（H）	INSTSHR（L）	INSTSHR（H）	INSTSHR（L）
INDR	0.3761 （0.721）	-0.9717 （0.627）	0.3576 （0.721）	-0.9648 （0.627）
DUAL	-0.0564 （0.080）	-0.1959*** （0.066）	-0.0540 （0.080）	-0.1941*** （0.066）
MPAY	1.0467*** （0.058）	1.1114*** （0.057）	1.0475*** （0.058）	1.1104*** （0.057）
MSHR	0.4547* （0.267）	0.1682 （0.160）	0.4554* （0.267）	0.1678 （0.160）
AGE	-0.0150** （0.007）	-0.0013 （0.007）	-0.0151** （0.007）	-0.0013 （0.007）
SOE	0.3973*** （0.079）	0.2715*** （0.092）	0.3876*** （0.079）	0.2750*** （0.092）
CONS	4.1183*** （1.055）	-3.8951*** （1.061）	4.1638*** （1.057）	-3.9143*** （1.062）
IND	Yes	Yes	Yes	Yes
YEAR	Yes	Yes	Yes	Yes
系数差异检验	$p = 0.0029$		$p = 0.0008$	
Obs	6894	6903	6894	6903
Adj. R^2	0.1195	0.0847	0.1196	0.0847

2.6.2 环境差异：正式制度及非正式制度

2.6.2.1 *正式制度——市场化程度*

微观治理机制和宏观制度环境都会对高管腐败行为产生重要影响（陈信元等，2009），然而笔者更加关心的一个问题是作为微观治理机制的高管团队权力制衡对企业超额在职消费的抑制作用在不同的宏观制度环境下会不会存在差异。市场化水平较高地区企业的公司治理水平较高，同时企业信息也更加透明，因此代理问题也会受到约束。辛清泉和谭伟强（2009）研究发现，伴随市场化水平的提高，高管薪酬业绩敏感性逐步上升，而薪酬契约有效性的提高会导致高管隐性收益的下降。因此预期，在市场化水平较高的地区，显性收益在高管收益体系中处于主导地位，因而高管团队内部治理对非货币私有收益的抑制作用并不明显；相反地，在市场化水平较低的地区，企业高管隐性收益占比较大，高管团队权力制衡的治理作用表现得更为突出。

为了检验上述判断，以样本所在地市场化指数^①的年度中位数为基准，将样本划分为高市场化水平组和低市场化水平组，并在此基础上进行分组检验。根据表 2-16 报告的结果，高管团队内部治理对企业超额在职消费的影响主要体现在市场化水平较低地区的上市公司中。这说明，高管团队权力配置机制是外部制度建设的有效替代，能够弥补制度环境的不足。

表 2-16 高管团队内部治理与企业超额在职消费（市场化进程）

变量	（1）	（2）	（3）	（4）
	MKT（H）	MKT（L）	MKT（H）	MKT（L）
IN_G_S	0.0007 （0.028）	−0.0904*** （0.021）		
IN_G_L			0.0014 （0.028）	−0.0869*** （0.021）
CH_HRZ	0.0186*** （0.005）	0.0112*** （0.004）	0.0186*** （0.005）	0.0115*** （0.004）
SIZE	−0.6697*** （0.046）	−0.7365*** （0.040）	−0.6697*** （0.046）	−0.7368*** （0.040）
ROA	7.0520*** （0.967）	5.9217*** （0.869）	7.0523*** （0.967）	5.9149*** （0.870）
LEV	1.1751*** （0.241）	0.7204*** （0.213）	1.1751*** （0.241）	0.7160*** （0.213）
GROW	−0.4103*** （0.114）	−0.1574 （0.114）	−0.4104*** （0.114）	−0.1574 （0.114）
FIRST	−0.6721*** （0.248）	−0.5578** （0.221）	−0.6725*** （0.248）	−0.5604** （0.221）
BOARD	0.5665** （0.256）	−0.3403* （0.206）	0.5668** （0.256）	−0.3349 （0.206）
INDR	−0.5046 （0.766）	−0.4231 （0.611）	−0.5044 （0.766）	−0.4150 （0.611）
DUAL	−0.1657** （0.076）	−0.1502** （0.070）	−0.1657** （0.076）	−0.1476** （0.070）
MPAY	1.0066*** （0.064）	1.1180*** （0.054）	1.0066*** （0.064）	1.1171*** （0.054）
MSHR	0.2584 （0.195）	−0.1886 （0.165）	0.2580 （0.195）	−0.1856 （0.165）

---

① 2007 年数据来自《中国市场化指数——各地区市场化相对进程 2011 年报告》；2008—2016 年数据来自《中国分省份市场化指数报告（2018）》；2017 年数据由 2016 年数据替代。

变量	（1）	（2）	（3）	（4）
	MKT（H）	MKT（L）	MKT（H）	MKT（L）
AGE	−0.0053	−0.0112*	−0.0053	−0.0112*
	（0.007）	（0.007）	（0.007）	（0.007）
SOE	0.1444	0.5728***	0.1447	0.5684***
	（0.096）	（0.078）	（0.096）	（0.078）
CONS	−1.3854	1.5949*	−1.3871	1.6022*
	（1.163）	（0.968）	（1.165）	（0.969）
IND	Yes	Yes	Yes	Yes
YEAR	Yes	Yes	Yes	Yes
系数差异检验	$p = 0.0094$		$p = 0.0109$	
Obs	6033	7764	6033	7764
Adj. R^2	0.0910	0.1078	0.0910	0.1076

2.6.2.2 非正式制度——社会信任

社会信任作为一种非常重要的非正式制度深刻地影响着个体和企业的行为选择（Hardin，1996 等）。从个体行为角度看，由于信任是大量重复博弈的结果，所以恪守诚实守信的价值观是行为主体的理性选择。对公司高管而言，保持诚信意味着更高效率地履行受托责任，坚持股东价值最大化的行为准则，减少个人私利，降低代理成本。从信息传递角度看，在社会信任水平较高的地区，一方面企业自身的信息披露质量较高（Chen et al.，2016），另一方面诚信的社会环境提供了更多的信息传播渠道。两方面都有利于降低信息不对称。所以，如果上市公司所在地社会信任程度较高，那么高管团队制衡抑制企业超额在职消费的监督路径和信息路径都会受到限制。因此，笔者预期，权力制衡在降低高管非货币私有收益方面的积极作用只体现在社会信任水平较低地区的企业之中。

基于上述分析，采用张维迎和柯荣住（2002）的数据衡量我国各地区的信任程度，将样本划分为高社会信任组和低社会信任组，运用模型（2）进行分组回归。表 2-17 结果显示，本章解释变量 IN_G_S、IN_G_L 的系数仅在社会信任水平较低的样本组中显著为负，而在社会信任水平较高的样本组中并不显著。这说明，高管团队内部治理对企业超额在职消费的抑制效应仅仅体现在社会信任水平较低地区的上市公司之中，意味着高管团队权力的合理配置能够缓解某些非正式制度环境的缺陷。

表2-17　高管团队内部治理与企业超额在职消费（社会信任）

变量	（1）TRUST（H）	（2）TRUST（L）	（3）TRUST（H）	（4）TRUST（L）
IN_G_S	−0.0052（0.023）	−0.1248***（0.025）		
IN_G_L			−0.0106（0.022）	−0.1140***（0.025）
CH_HRZ	0.0183***（0.004）	0.0077（0.005）	0.0185***（0.004）	0.0080（0.005）
SIZE	−0.7333***（0.040）	−0.6834***（0.047）	−0.7337***（0.040）	−0.6819***（0.048）
ROA	8.1080***（0.842）	4.1174***（1.028）	8.1064***（0.842）	4.0957***（1.030）
LEV	1.1686***（0.212）	0.4894**（0.245）	1.1699***（0.213）	0.4737*（0.245）
GROW	−0.3552***（0.099）	−0.1326（0.137）	−0.3543***（0.099）	−0.1313（0.137）
FIRST	−0.6256***（0.214）	−0.5314**（0.256）	−0.6222***（0.215）	−0.5388**（0.256）
BOARD	0.1385（0.216）	−0.0479（0.246）	0.1347（0.216）	−0.0399（0.247）
INDR	−0.2285（0.637）	−0.7414（0.728）	−0.2360（0.637）	−0.7132（0.729）
DUAL	−0.1893***（0.065）	−0.1415*（0.083）	−0.1904***（0.065）	−0.1373*（0.083）
MPAY	1.2028***（0.056）	0.8871***（0.062）	1.2032***（0.056）	0.8847***（0.062）
MSHR	0.1048（0.165）	−0.5076***（0.195）	0.1066（0.165）	−0.5036***（0.195）
AGE	−0.0104*（0.006）	−0.0056（0.008）	−0.0105*（0.006）	−0.0053（0.008）
SOE	0.0678（0.084）	0.7053***（0.088）	0.0650（0.084）	0.7004***（0.088）
CONS	−1.3080（1.036）	2.7906**（1.108）	−1.2951（1.036）	2.7714**（1.109）

续表

变量	（1）	（2）	（3）	（4）
	TRUST（H）	TRUST（L）	TRUST（H）	TRUST（L）
IND	Yes	Yes	Yes	Yes
YEAR	Yes	Yes	Yes	Yes
系数差异检验	$p = 0.0004$		$p = 0.0019$	
Obs	8156	5641	8156	5641
Adj. R^2	0.1063	0.0975	0.1063	0.0966

2.6.3 细化分析：制衡动机还是制衡能力？

在构建高管团队内部治理指标时借鉴 Cheng et al.（2016）提出的方法，从关键下属高管监督最高决策者的动机和能力两方面选取指标并进行标准化处理。虽然笔者发现动机和能力综合作用的结果表现了积极的公司治理效应，然而该结论并未直接回答权力制衡动机和权力制衡能力各自的作用。从理论上讲，动机和能力是相辅相成的，有动机无能力或有能力无动机都不会形成真正的制衡。为了更加清晰地呈现关键下属高管监督动机和监督能力的影响，直接将前文构建的 EXE_HRZ 变量和 EXE_PAYR 变量纳入模型（2），替代内部治理综合指标 IN_G，回归结果如表 2-18 所示。

根据表 2-18，EXE_HRZ（2）、EXE_PAYR（2）、EXE_HRZ（3）、EXE_PAYR（3）至少在 10% 水平显著为负。关键下属高管职业时限预期越长，公司超额在职消费水平越低；关键下属高管平均薪酬越接近董事长薪酬，公司超额在职消费水平越低。该结论从更为细致的层面反映了关键下属高管的主动性和话语权在影响最高决策者行为选择方面的作用。

表 2-18　权力制衡动机、权力制衡能力与企业超额在职消费

变量	（1）UNPERKS	（2）UNPERKS	（3）UNPERKS	（4）UNPERKS
EXE_HRZ（2）	−0.0133*** （0.005）	−0.0088* （0.005）		
EXE_PAYR（2）	−0.0244*** （0.009）	−0.0213** （0.009）		
EXE_HRZ（3）			−0.0149*** （0.005）	−0.0095* （0.005）
EXE_PAYR（3）			−0.0253*** （0.010）	−0.0219** （0.010）
CH_HRZ	0.0159*** （0.003）	0.0159*** （0.003）	0.0162*** （0.003）	0.0160*** （0.003）
SIZE	−0.6803*** （0.029）	−0.7252*** （0.030）	−0.6811*** （0.029）	−0.7254*** （0.030）
ROA	6.1022*** （0.626）	6.4574*** （0.648）	6.1044*** （0.626）	6.4589*** （0.648）
LEV	0.9241*** （0.149）	0.9270*** （0.159）	0.9242*** （0.149）	0.9258*** （0.159）
GROW	−0.2744*** （0.080）	−0.2719*** （0.082）	−0.2741*** （0.080）	−0.2720*** （0.082）
FIRST	−0.4224*** （0.163）	−0.5514*** （0.164）	−0.4240*** （0.163）	−0.5535*** （0.164）
BOARD	−0.0250 （0.159）	0.0421 （0.162）	−0.0265 （0.159）	0.0414 （0.162）
INDR	−0.5885 （0.480）	−0.5437 （0.479）	−0.5888 （0.480）	−0.5432 （0.479）
DUAL	−0.1381*** （0.052）	−0.1274** （0.052）	−0.1363*** （0.052）	−0.1258** （0.052）
MPAY	1.0842*** （0.040）	1.1077*** （0.041）	1.0833*** （0.040）	1.1069*** （0.041）
MSHR	0.0508 （0.123）	0.0501 （0.127）	0.0533 （0.123）	0.0520 （0.127）
AGE	−0.0041 （0.005）	−0.0088* （0.005）	−0.0041 （0.005）	−0.0088* （0.005）
SOE	0.3601*** （0.059）	0.3422*** （0.061）	0.3561*** （0.059）	0.3401*** （0.061）
CONS	−0.5110 （0.727）	0.3398 （0.758）	−0.4554 （0.732）	0.3703 （0.763）
IND	No	Yes	No	Yes

变量	（1）	（2）	（3）	（4）
	UNPERKS	UNPERKS	UNPERKS	UNPERKS
YEAR	No	Yes	No	Yes
Obs	13797	13797	13797	13797
Adj. R^2	0.0874	0.0925	0.0873	0.0925

2.6.4 价值效应：高管团队内部治理是否带来企业价值提升

基于企业超额在职消费视角研究了高管团队权力制衡机制在公司治理中的积极作用。一方面，高管团队中的关键下属高管能够自下而上地监督和约束最高决策者，降低代理成本，提高公司运营效率；另一方面权力的制衡也可能影响公司决策效率，致使企业无法及时把握投资机会，并带来内部交易成本的增加。因此，高管团队内部治理对企业价值的影响路径并不单一。为了厘清高管团队内部治理与企业价值之间的关系是更多地支持"优化公司治理的价值提升效应"还是更多地支持"推升内部交易成本的价值降低效应"，借鉴余明桂等（2013）的研究设计对该问题进行了检验。

表2-19报告了相关结果。根据表2-19，在控制了一系列前期财务、市场指标和行业、年度虚拟变量之后，滞后一期的高管团队内部治理指数与企业价值指标（TOBINQ变化值）至少在10%水平显著正相关。这说明高管团队内部治理机制越有效，未来企业价值的提升就越明显，意味着总体而言高管团队内部的内部治理能够表现出较好的企业价值提升效应。

表2-19 内部治理与企业价值

变量	（1）	（2）	（3）	（4）
	△ TOBINQ	△ TOBINQ	△ TOBINQ	△ TOBINQ
$IN\_G\_S_{t-1}$	0.0151a （0.011）	0.0147* （0.009）		
$IN\_G\_L_{t-1}$			0.0232** （0.011）	0.0196** （0.009）

续表

变量	（1）△ TOBINQ	（2）△ TOBINQ	（3）△ TOBINQ	（4）△ TOBINQ
$SIZE_{t-1}$	−0.2885*** （0.017）	−0.2789*** （0.017）	−0.2867*** （0.017）	−0.2781*** （0.017）
ROA_{t-1}	1.0412** （0.415）	1.3681*** （0.360）	1.0374** （0.415）	1.3709*** （0.360）
LEV_{t-1}	−0.8712*** （0.090）	−0.4396*** （0.081）	−0.8757*** （0.090）	−0.4417*** （0.081）
$GROW_{t-1}$	−0.0490 （0.048）	0.0925** （0.041）	−0.0517 （0.048）	0.0909** （0.041）
$TOBINQ_{t-1}$	−0.4410*** （0.013）	−0.3822*** （0.014）	−0.4412*** （0.013）	−0.3825*** （0.014）
$LISTAGE_{t-1}$	0.0080*** （0.003）	0.0099*** （0.002）	0.0082*** （0.003）	0.0101*** （0.002）
CONS	7.7877*** （0.354）	5.4613*** （0.356）	7.7513*** （0.354）	5.4434*** （0.357）
IND	No	Yes	No	Yes
YEAR	No	Yes	No	Yes
Obs	9557	9557	9557	9557
Adj. R^2	0.2661	0.5098	0.2663	0.5099

注 a: $p \approx 15.5\%$。

2.7　本章小结

Cheng et al.（2016）指出尽管现有文献对各个层面的公司治理机制都展开了相关研究，但目前人们对高管团队内部的制衡机制知之甚少，所以对该制衡机制的研究具有一定的必要性。同时，高管在职消费一方面降低了企业绩效，损害了企业价值；另一方面又具有隐蔽性，不易受到股东和外界的监督（卢锐等，2008；陈冬华等，2010；廖歆欣和刘运国，2016）。因此，笔者基于代理理论和管理层权力理论研究了高管团队内部治理对企业超额在职消费的影响。

在根据 Cheng et al.（2016）从关键下属高管的监督动机和监督能力两方面指标构建高管团队内部治理指数的基础上，研究得出以下结论：高管团队内部治理水平越高，企业超额在职消费就越低，即高管团队内部治理抑制了企业超额在职消费。通过进一步的研究发现，高管团队内部治理对企业超额在职消费的抑制作用只存在于媒体关注度较高和机构持股比例较高的企业之中，这说明高管团队权力制衡的治理效应依赖于良好的信息环境和有效的股东监督。另外，高管团队内部治理机制能够缓解外部正式制度环境和非正式制度环境的不足，表现为只有在位于市场化程度较低和社会信任水平较低地区的企业中，高管团队内部治理才能有效地抑制企业超额在职消费。除此之外，笔者还发现，关键下属高管对公司最高决策者的监督动机和监督能力都与企业超额在职消费水平显著负相关，而且高管团队内部治理能够提高企业价值。

本章拓展了现有文献中关于管理层权力经济后果和在职消费影响因素方面的研究。管理层权力方面的研究大多聚焦于经理人的绝对权力，并未充分考虑下属高管，特别是关键下属高管的制衡作用。研究发现，高管团队中关键下属高管有动机也有能力监督公司最高决策者，从而为管理层权力方面的研究提供了一种新思路。代理理论指出，监督是降低代理成本的一种重要手段。基于此，大量文献从控股股东、机构投资者、媒体监督、内部控制等角度分析了监督机制在缓解代理冲突中的作用，而高管团队内部的监督机制尚未受到重视。笔者从权力配置视角研究了高管团队内部监督机制在抑制超额在职消费方面的治理效用，对相关文献做出了有益的补充。此外，本章研究结论对于完善上市公司组织设计和优化高管团队人事安排也具有一定的启示意义。

3 高管团队内部治理与企业现金持有

3.1 引　言

Brander and Lewis（1986）指出财务决策具有战略后果，能够影响公司的竞争优势。现金持有决策作为企业最重要的财务决策之一，直接体现了公司的财务和经营战略（Opler et al.，1999），决定了企业产品市场竞争优势的获取（陆正飞和韩非池，2013；刘慧龙等，2019），并最终影响了公司的生存和发展（Buam et al.，2006；廖理和肖作平，2009）。然而，截至目前，学术界对企业为何持有现金及其规模如何确定等重要问题并未达成共识。一方面，信息不对称和交易摩擦的存在影响了企业从外部募集资金的来源、规模和成本，使得企业无法及时、足额且低成本地获得融资。所以持有现金能够满足企业日常交易、投资及投机性需求。另一方面，企业持有现金需要承担相应的管理和机会成本，另外根据 Jensen（1986）的自由现金流假说，经理人倾向于将公司富余现金流用于增加私人收益，如在职消费或对 NPV 为负的项目进行投资等。因此，企业持现动机和持现规模的影响因素具有多样性和复杂性。为了更加全面地理解企业的持现行为，人们需要将权衡理论、代理理论等置于同一逻辑分析框架之中，以更好地甄别公司内外部制度、文化和治理因素在影响公司财务决策中的具体作用和机理路径。

现有文献从经营特征、公司治理、高管特质、股权安排及股东保护、行业特点、经济发展与经济政策、法治建设、政治因素等方面对企业现金持有决策的影响因素展开了广泛而深入的探讨。特别是公司治理机制领域，一方面，权力配置方面的研究表明，经理人有动机利用其可支配的现金资源为自己谋取私利（Jensen，1986），管理层权力提高了公司的现金持有水平（杨兴全等；2014）；另一方面，无论是基于权衡理论的研究还是基于代理理论的研究，大量文献都认为公司治理水平越高，企业现金持有水平越低（辛宇和徐莉萍，2006；廖理和肖作平，2009 等）。然而，当前文献尚未专门从权力制衡视角关注高管团队内部治理机制对企业现金持有行为的影响。

高管团队权力制衡机制是一项有效的组织结构设计和重要的人事制度安排。无论是西方的股份制公司还是我国的国有企业，企业内部的权力斗争都是一种普遍现象（张维迎，2013）。Cheng et al.（2016）指出，高管团队成员的利益诉求并不一致，个体之间差异化的"成本—收益"函数使得关键下属高管具有监督上层经理人的动机和能力。在当前我国上市公司整体治理效率不高、投资者保护机制不健全的现实情境下，公司股东或者实际管理部门更倾向于在组织顶层设计中引入个体之间的相互竞争，加强权力牵制，通过高管之间的相互监督提高公司运营效率。高管团队权力制衡作为一种公司治理机制可能通过以下路径影响企业现金持有行为。第一，企业面临的财务风险，特别是未来现金流波动风险越高，企业越有动机持有大量现金（Kim et al.，1998；Opler et al.，1999；Acharya et al.，2007；Han and Qiu，2007；Bates et al.，2009；祝继高和陆正飞，2009），因为现金可以降低公司经营风险，保障经理人职位安全（Elyasiani and Zhang，2015）。高管团队内部关键下属高管对最高决策者的监督和约束能够深刻影响公司决策的制定和实施过程（Cheng et al.，2016），有效避免高管团队中"一言堂"式的行为逻辑，降低公司经营行为的个人特色和极端化倾向，使企业行为选择更多地表现为集体决策的结果。集体决策模式使得企业决策过程汇集了更多的信息，做出了更多的权衡，从而体现了更多的理性特征。这将有效提高企业运营效率并降低企业经营风险，从而降低企业基于交易性动机和预防性动机的持现水平。第二，企业持有流动资产，特别是现金的一个重要原因是信息不对称使得企业无法及时、足额、低成本地从外部募集资金，以把握有利的投资机会（Kim et al.，1998；Opler et al.，1999等）。信息不对称深刻地影响着企业的现金持有决策（Dittmar et al.，2003），而建立在信息不对称基础之上的融资约束更是对企业现金持有行为产生了直接的影响（Almeida et al.，2004；Faulkender and Wang，2006）。高管团队权力制衡作为一种较为科学合理的公司治理机制能够提高企业信息披露质量（Cheng et al.，2016），降低信息不对称程度。因此，高管权力的合理配置能够在一定程度上提高企业融资能力，缓解融资约束，进而降低企业基于预防性动机的持现水平（Opler et al.，1999）。第三，现金的流动性最强，因此也最容易被经理人侵占，用以谋取个人私利（Jensen，1986；Myers and Rajan，1998等）。Blanchard et al.（1994）、Dittmar et al.（2003）、辛宇和徐莉萍（2006）、杨兴全（2014）、刘井建（2017）等学者的研究都发现，代理冲突是公司现金持有水平的重要决定因素。一方面，关键下属高管更加注重公司的长期发展和未来经营绩效（Acharya et al.，2011a；Cheng et al.，2016）；另一方面关键下属高管具有自下而上监督最高决策者的动机和能力（Cheng et al.，2016）。因此，高管团队权力制衡能够有效抑制代理冲突，降低企业基于代理动机的现金持有水平。

　　基于以上分析，借鉴 Cheng et al.（2016）的方法构建高管团队内部治理指数，基于 2007—2017 年中国上市公司数据实证检验了高管团队权力配置对企业现金持有行为的影响。研究发现，高管团队内部治理能够有效降低企业现金持有水平。对相关机制的检验表明，高管团队内部治理通过降低财务风险、缓解融资约束和抑制代理冲突等路径影响了企业的现金持有决策。通过进一步的检验发现，公司内外部经营环境要素配置水平影响了高管团队内部治理对企业现金持有行为抑制作用的发挥。此外，分指标的检验还发现，关键下属高管的制衡动机和制衡能力都显著降低了公司现金持有水平。最后，高管团队权力配置在降低企业现金持有水平的同时提高了公司价值。

3.2　企业现金持有水平的影响因素

　　根据对相关文献的梳理，目前企业现金持有影响因素方面的研究主要涵盖宏观经济、政治、法律制度及环境、中观行业竞争及成长性，微观企业股权安排、公司治理、经营特征与高管特质等方面。

　　在宏观方面，经济周期、法律环境、投资者保护水平等都对企业现金持有决策产生了显著影响，如 Dittmar et al.（2003）的跨国研究发现投资者保护水平越低，企业现金持有水平越高；Almeida et al.（2004）发现在经济下行时期，受到融资约束的企业倾向于持有更多的现金。国内学者也对现金持有的宏观影响因素进行了广泛的研究和探讨。第一，在经济周期方面，江龙和刘笑松（2011）发现企业在经济衰退时期会持有更多现金，表现为较高的现金—现金流敏感性。第二，在经济政策方面，祝继高和陆正飞（2009）研究发现紧缩的货币政策会促使企业持有更多的现金以更好地应对外部融资风险；陆正飞和韩非池（2013）指出受产业政策支持的企业因为拥有更好的发展机会，因此现金持有水平较高。第三，在政策稳定性方面，王红建等（2014）、李凤羽和史永东（2016）基于不同政策环境指标的研究发现，政策不确定性会促使企业持有更多现金。第四，在政府行为方面，陈德球等（2011）发现公司所在地政府质量越高，企业现金持有水平越低。第五，在法制建设方面，钱雪松等（2019）指出 2007 年我国《物权法》的出台明晰了资产的产权归属，扩大了抵押担保资产的类型和范围，缓解了企业面临的融资困境，从而显著降低了固定资产占比较低的企业的现金持有水平。第六，在资本市场建设方面，董捷等（2017）发现放松卖空管制显著降低了公司的现金持有水平，说明放松卖空管制体现出了积极的治理效应；田利辉和王可第（2019）发现 2013 年中共中央组织部发布的《关于进一步规范党政领导干部在企业兼职（任职）问题的意见》所带来的上市公司政治资源的丧失导致了企业现金持有水平的提高。

在中观层面，行业特征深刻地影响了企业的现金持有行为。Haushalter et al.（2007）、韩忠雪和周婷婷（2011）的研究指出，产品市场竞争程度越高，企业的风险防范意识越强，因而持现水平越高。Gabudean（2006）的研究发现行业收益和现金流的不确定性会促使企业持有更多现金。杨兴全等（2016）的研究则发现行业成长性是影响企业现金持有决策的重要因素。

在微观层面，公司现金持有行为受到其经营特征、高管特质等因素的影响。第一，在经营特征方面，公司规模、成长性、融资约束等都会影响其现金持有水平（Opler et al.，1999；Almeida et al.，2004；Bates et al.，2009）。第二，在高管特质方面，Jain et al.（2013）发现 CEO 的创始人身份会影响企业现金持有决策；Custódio and Metzge（2014）等发现 CEO 的财务背景会对企业持现行为产生显著的影响；许楠和曹春方（2016）则发现独立董事的关系网络越强，企业的现金持有水平越低。

此外，大量文献从股权安排（Dittmar et al.，2003；Ozkan and Ozkan，2004；Kusnadi，2011；杨兴全和尹兴强，2018；李常青等，2018）、内部人持股（Chen and Chuang，2009；廖理和肖作平，2009；Neamtiu et al.，2014；Yu et al.，2015；刘井建等，2017）、董事会规模（Drobetz and Grüninger，2007；Harford et al.，2008；Chen and Chuang，2009；Lee and Lee，2009；廖理和肖作平，2009；Belghitar and Clark，2014；Neamtiu et al.，2014）、董事会独立性（Ozkan and Ozkan，2004；Harford et al.，2008；Chen and Chuang，2009；Lee and Lee，2009；廖理和肖作平，2009；Kusnadi，2011；Belghitar and Clark，2014）、董事长与总经理两职兼任（Ozkan and Ozkan，2004；Drobetz and Grüninger，2007；

Lee and Lee，2009；廖理和肖作平，2009；Kusnadi，2011；Gill and Shah，2012）等角度研究了公司治理对公司现金持有行为的影响。

在公司股权安排和股权结构方面，Dittmar et al.（2003）、Ozkan and Ozkan（2004）、Kusnadi（2011）等在研究中都关注了家族持股对企业现金持有行为的影响，如 Dittmar et al.（2003）发现家族控制并未对企业现金持有决策产生显著作用；而 Ozkan and Ozkan（2004）的研究则指出，家族控制企业持有更多的现金。除此之外，还有学者基于我国国有企业混合所有制改革和上市公司股权质押等现实制度背景探讨了特殊股权安排对企业现金持有行为的影响。杨兴全和尹兴强（2018）发现国企混改影响了公司的现金持有水平，具体而言，国企股权融合度越高，企业现金持有量越多。李常青等（2018）的研究则发现控股股东股权质押比例对上市公司现金持有水平的影响是非单调的，具体而言，企业现金持有水平先是伴随股权质押比例提高而降低，体现为大股东的掏空效应；超过临界值之后伴随股权质押比例的提高而提高，体现为控制权风险转移的规避效应。在内部人持股方面，Chen and Chuang（2009）基于纳斯达克高科技上市公司的研究发现，CEO 持股对公司现金持有水平产生了正向影响，这符合利益一致性假说的预期。Harford et al.（2008）、廖理和肖作平（2009）、Yu et al.（2015）等的结论与 Chen and Chuang（2009）一致。而 Neamtiu et al.（2014）的研究并未发现 CEO 持股对企业现金持有决策存在显著影响。刘井建等（2017）甚至发现，股权激励能够降低代理成本，从而通过抑制投资和限制在职消费两条路径降低了公司的现金存量。在董事会规模方面，关于董事会人数如何影响企业现金持有行为，当前文献并未得出一致结论。第一，Lee and Lee（2009）基于亚洲五国的研究发现规模较小的董事会能够有效缓解董事之间的搭便车问题，使得董事会的监督更为有效，从而显著降低了企业的现金持有水平。Chen and Chuang（2009）、廖理和肖作平（2009）得出了类似的结论，认为董事会规模越大，企业现金持有水平越高。第二，Belghitar and Clark（2014）发现董事会规模与企业现金持有水平显著负相关，他们指出这意味着董事会规模越大，其对经理人的监督效率越高。第三，Drobetz and Grüninger（2007）、Harford et al.（2008）、Neamtiu et al.（2014）的研究并未发现董事会规模显著影响企业现金持有决策的经验证据。在董事会独立性方面，大量文献发现董事会独立性越强，其监督经理人的能力越强，公司现金持有水平越低

（Ozkan and Ozkan，2004；Lee and Lee，2009；Kusnadi，2011）。然而也有部分文献研究指出，公司非执行董事或者独立董事比例越高，企业现金持有量越多。如 Belghitar and Clark（2014）发现非执行董事比例与公司现金持有水平显著正相关，他们指出这可能由非执行董事缺乏有效监督管理层的技能所致；Chen and Chuang（2009）基于纳斯达克高科技上市公司的研究也发现，独立董事对公司现金持有具有正向影响。除此之外，亦有部分研究发现董事会独立性并未显著影响公司现金持有决策（Harford et al.，2008；廖理和肖作平，2009）。在两职兼任方面，尽管部分文献并未发现企业董事长和总经理（或 CEO）两职合一对企业现金持有水平产生了显著的影响（Ozkan and Ozkan，2004；廖理和肖作平，2009），但更多的文献指出，两职合一提高了企业现金持有水平（Drobetz and Grüninger，2007；Gill and Shah，2012），而两职分离则会有效降低企业现金持有水平（Lee and Lee，2009）。

通过对公司现金持有决策的宏观、中观和微观层面，特别是公司治理方面影响因素的梳理，笔者发现：第一，作为一项重要的流动性决策，公司外部和公司自身的诸多因素都对企业现金持有行为产生了深刻的影响；第二，关于影响公司现金持有的公司治理机制的研究主要集中在股权安排、高管持股、董事会特征等方面，而且目前尚未得出较为可信的一致性结论；第三，虽有部分文献从两职兼任角度探讨了高管权力对企业现金持有行为的影响，而且大部分文献倾向于支持杨兴全等（2014）的研究结论，即高管权力提高了企业现金存量，然而目前尚未有文献从权力制衡视角对高管团队内部治理影响企业现金持有行为的结果和渠道进行检验。基于此，借鉴 Cheng et al.（2016）的研究设计，运用中国上市公司数据探讨高管团队内部治理对企业现金持有行为的影响及其背后的作用机制。

3.3 高管团队内部治理与企业现金持有决策

3.3.1 高管团队内部权力制衡

Hambrick and Mason（1984）、Wiersema and Bantel（1992）等指出公司战略以及具体的经营方针政策大都是高管团队集体决策的结果，Graham et al.（2015）

也发现只有很少一部分 CEO 和 CFO 宣称 CEO 是公司重大事项（并购、资金配置、投资等）的唯一决策者。集体决策模式说明公司高管团队中最高决策者之外的其他关键高管在公司决策形成过程中具有一定的话语权，能够影响公司的行为选择。具体到流动性决策问题，笔者认为最高决策者与关键下属高管之间的权力制衡机制可能通过提升公司治理效率影响企业现金持有行为。

第一，关键下属高管具有监督最高决策者的动机。在高管之间"成本—收益"函数不完全一致的情形下，关键下属高管的个人利益诉求并不总与最高决策者一致。关键下属高管更加注重公司的长期发展和未来经营绩效（Acharya et al., 2011a; Cheng et al., 2016），原因有以下几点：① 如 Acharya et al.（2011a）所述，部分关键下属高管未来可能会成为公司最高决策者，作为候选人，这些关键下属高管更加关注公司的长期价值，因为对公司未来价值的关注实质上就是对自身未来利益的关注；② 相对而言，关键下属高管都比较年轻，更可能处于职业生涯的上升期，因此公司经营不佳将对其未来职业规划产生重要不利影响，所以这些高管的眼光更加长远，不会接受以牺牲公司长期发展为代价的短期行为；③ Fama（1980）指出，公司高管成员能够从经理人市场获得的外部机会薪酬取决于公司的经营绩效，所以每一位高管都会有动机监督其他高管的行为，以确保自身利益不受侵害。

第二，关键下属高管具有监督最高决策者的能力。① 虽然最高决策者拥有名义上的最终决策权，但其他关键高管对公司决策拥有实质的影响权，因为这些高管直接从事经营业务，拥有信息方面的优势（Aghion and Tirole，1997），因此关键下属高管可以充分利用自己的信息优势监督约束董事长或总经理的行为；② 在最高决策者个人层面，Acharya et al.（2011a）的研究从理论层面证明关键下属高管的努力程度是公司现金流和最高决策个人福利的重要影响因素，所以董事长或总经理在制定重要决策的时候必然会顾及关键下属高管的偏好。如果他们不这么做，那可能影响关键下属高管的积极性，进而影响公司现金流和其个人福利。

综上，笔者认为关键下属高管的影响力能够在组织内部形成直接的监督效应，进而提高公司决策水平和公司治理效率，从风险、融资和代理冲突等方面影响企业现金持有水平。

3.3.2 高管团队权力制衡与公司现金持有水平

企业可能基于交易性动机、预防性动机、代理动机等而持有现金资产（Bates et al.，2009）。交易性动机指企业为了满足采购、生产、经营等日常交易活动而持有现金（Baumol，1952；Miller and Orr，1966 等）。预防性动机指企业为了应对不利冲击或者为了抓住投资机会而持有现金（Opler et al.，1999；Almeida et al.，2004；Han and Qiu，2007；Acharya et al.，2007；Bates et al.，2009 等）。代理动机则指企业经理人为了达到侵占公司现金资源以满足个人私利的目的而倾向于促使企业留存现金（Jensen，1986；Dittmar et al.，2003；Harford et al.，2008）。下文，将结合企业持现动机分析其流动性决策。

Ozkan and Ozkan（2004）等研究指出，治理水平较低的企业倾向于持有较多的现金，类似地，辛宇和徐莉萍（2006）、廖理和肖作平（2009）等基于中国制度背景的研究也发现公司治理水平越高，其现金持有水平越低。然而现阶段关于影响企业现金持有决策的公司治理因素的研究要么使用综合性指标度量公司治理水平，要么检验一些传统治理指标如控制权安排、董事会规模及特征等的经济影响，对具体公司治理机制的讨论和分析尚不充分和全面。第一，杨兴全等（2014）指出，管理层权力越大，企业的现金持有水平越高，因为管理层有动机和能力通过影响公司现金持有决策追求个人私利；第二，Dittmar et al.（2003）的研究表明股东有动机限制企业持有的能够被经理人自由支配的现金，在公司经理人权力较大的情境下，股东的这种动机更加强烈；第三，公司内部代理人之间存着竞争和相互监督（Fama and Jensen，1983），张维迎（2013）也指出，无论在西方的股份制公司还是在我国的国有企业，企业内部的权力斗争都是一种普遍现象，Cheng et al.（2016）的研究发现高管团队成员之间的利益诉求并不完全一致，不同的"成本—收益"函数促使关键下属高管具有监督上层决策者的动机和能力，因此高管团队内部治理机制，即权力制衡机制能够有效约束经理人的行为。综上，笔者认为公司内部约束经理人权力的治理机制能够影响公司的现金持有行为。具体而言，高管团队权力制衡能够通过降低经营风险、缓解融资约束和抑制代理冲突等路径影响公司现金持有决策。

3.3.2.1 经营风险降低路径

现金可以降低公司经营风险，保障经理人职位安全（Opler et al.，1999；Elyasiani and Zhang，2015 等），因此企业面临的不确定性和财务风险越大，其现金持有水平越高（Kim et al.，1998；Opler et al.，1999；Acharya et al.，2007；Han and Qiu，2007；Bates et al.，2009；祝继高和陆正飞，2009）。管理层团队中关键下属高管与最高决策者的利益诉求存在差异，在合理的组织结构中，他们有动机也有能力监督和约束最高决策者的行为（Cheng et al.，2016）。关键下属高管对公司决策制定和实施过程的参与使得公司行为选择更多地体现出集体决策特征。集体决策模式使得企业决策过程汇集了更多的信息、顾及了更多利益相关者的权益，从而有效避免决策的个人主义特征和极端化倾向，表现得更为理性、全面和科学。决策水平的提高无疑将提高企业经营、筹资和投资水平，这有助于企业经营风险的降低。未来不确定性的降低一方面使得企业能够较好地预测现金流波动，提高现金资源配置效率；另一方面又能降低企业对未来不利情况的顾虑。因此企业基于交易性动机和预防性动机而储备现金资源的动机受到有效抑制，考虑到企业持有现金需要承担机会成本和管理成本，在未来经营风险下降的前提下，其现金持有水平将会下降。

3.3.2.2 融资约束缓解路径

经典的 MM 理论假设资本市场是完美的，不存在交易成本，因此企业的投资决策和融资决策相互独立。相应地，企业也就没有必要为了满足未来投资或其他需求而持有现金资源。然而，现实中的市场并不完美，一系列交易成本的存在向传统 MM 理论的预期提出了挑战。资本市场中普遍存在的信息不对称问题使得企业无法及时、足额、低成本地从外部募集资金以把握有利的投资机会，因此企业选择持有现金以更好地满足自身的经营和投资需求（Kim et al.，1998 等）。正如 Opler et al.（1999）所指出的那样，信息不对称影响了企业对外募集资金的能力，如果企业不持有足够的流动性资产，那就无法及时抓住机会，对盈利性项目进行投资。信息问题对企业现金持有决策产生了深刻的影响（Dittmar et al.，2003），而建立在信息问题基础之上的融资约束问题更是直接地影响了企业的现金持有水平（Almeida et al.，2004；Faulkender and Wang，2006）。Cheng et al.（2016）的研究发现，高管团队中关键下属高管对最高决策者的监督和约束能够有效抑制企业的盈余管理行为，提高企业信息质量，降低信息不对称程度。进一步地讲，企业信息环境的改善有助于降低外部资金提供者面临的不确定性，从而缓解企业的融资约束。由于融资约束促使企业持有更多的现金（Almeida et al.，2004；Faulkender and Wang，2006 等），那么可以预期，高管团队治理效率提高带来的融资约束的缓解能够降低企业的现金持有水平。

3.3.2.3 代理冲突抑制路径

Jensen（1986）指出，与外部融资相比，内部融资能够有效降低资本市场的监督，因此自由现金流很容易被经理人侵占，所以企业高额持现很可能是经理人自利行为的一种表现。Myers and Rajan（1998）、Opler et al.（1999）的研究也都指出，现金资源的配置很容易受到高管决策的影响，极易成为高管追求私利的工具。大量研究证实了企业持现的代理动机（Blanchard et al.，1994；Dittmar et al.，2003 等）。基于我国制度背景的研究，辛宇和徐莉萍（2006）、杨兴全等（2014）都指出代理成本是公司现金持有水平的重要决定因素；刘井建等（2017）指出，代理问题导致的现金持有水平过高在我国上市公司中更为普遍，因为经理人面临的公司内部监督和约束较少，公司外部接管市场压力不足。可见，国内外大量研究证实了代理冲突在影响企业现金持有中的作用。而另一方面，Amess et al.（2015）指出，如果代理问题导致了公司的高额持现，那么缓解代理问题的公司治理机制就能够减少公司现金持有量。

根据 Jensen（1986），经理人对现金的偏爱主要体现在两个方面，一是经理人可以直接利用公司现金为自己谋取福利，如过度投资或在职消费等；二是公司高额持现可以使经理人避免外部融资带来的监督和约束，从而增加其对公司资源的自主支配权。高管团队内部关键下属高管与最高决策者之间利益诉求的不同使得管理层成员之间存在某种制衡关系（Cheng et al.，2016）。高管团队内部治理提高了管理层成员之间的相互监督和相互制约能力，这一方面能够限制经理人对公司资源的侵占动机，减少经理人基于个人私利对公司资源的占用；另一方面能够有效替代某些情况下外部监督的不足，从而抑制经理人持现的自利动机。基于此，笔者认为有效的高管团队权力配置带来的代理冲突的缓解能够降低企业现金持有水平。

基于前述分析，提出以下假设：

限定其他条件，高管团队内部治理能够有效降低企业现金持有水平。

3.4　研究设计

3.4.1　样本选择与数据来源

2006 年我国财政部颁布了新会计准则，为了保证财务数据的一致性和可比性，笔者选取 2007—2017 年 A 股上市公司进行实证研究。结合现有文献的做法（陆正飞和韩非池，2013；杨兴全等，2016；杨兴全和尹兴强，2018），笔者对初始样本进行了如下筛选：① 剔除金融行业上市公司观测值；② 剔除 ST、*ST 类上市公司观测值；③ 剔除其他变量存在缺失的观测值。笔者所需数据主要来自 CSMAR、WIND 等数据库。为了消除极端值的影响，笔者对所有连续变量按照上下 1% 进行了 Winsorize 处理。

3.4.2　变量定义

3.4.2.1　现金持有水平的衡量

借鉴 Dittmar et al.（2003）、Haushalter et al.（2007）、杨兴全等（2016）和李常青等（2018）的研究设计，可以现金比率衡量企业现金持有水平。具体而言，现金比率 = 期末现金及现金等价物 ÷（期末资产总额 − 期末现金及现金等价物）[①]。

3.4.2.2　基于权力制衡的高管团队内部治理指数的构建

参考 Cheng et al.（2016）的研究设计，从高管团队中关键下属高管监督公司最高决策者的动机和能力两方面构建高管团队内部治理指数。

第一，最高决策者的界定。对于董事长和总经理在公司发展过程中的影响力，不同学者的认识有所不同（李焰等，2011）。叶祥松（2003）指出英美等国家的企业董事长只是充当董事会召集人的角色，而我国企业董事长是公司管理权的核心承担者，处于公司权力结构的顶端。姜付秀等（2009）也指出我国上

[①]　为了保证文章结论的可靠性，在稳健性检验中笔者还采取了以下几点措施：① 借鉴 Harford et al.（2008），采用行业调整的现金比率衡量企业现金持有水平；② 借鉴辛宇和徐莉萍（2006）、钱雪松等（2019），以货币资金占非货币资金总资产比重衡量企业现金持有水平。

市公司的董事长更像发达国家上市公司中的 CEO，在上市公司经营决策中的影响力更大。在实证研究方面，姜付秀等（2017）指出董事长拥有公司内部最高决策权力，非家族成员担任家族企业董事长将引致更高的代理成本；权小锋等（2019）也认为董事长的职位权力更能影响企业的财务决策，因为他们发现董事长的从军经历对企业盈余管理存在显著影响，而 CEO 从军经历的作用不明显。基于上述研究，将董事长界定为最高决策者[①]。

第二，关键下属高管的界定。根据 Finkelstein（1992）和 Acharya et al.（2011a）等人的研究，并非高管团队中的每个人都有动机和能力监督约束最高领导者的行为和决策，因此需要对关键高管进行界定。企业组织中真正的当权者是总经理和几个关键下属高管（Finkelstein，1992），而关键下属高管指那些除最高决策者之外，能够对公司生产经营产生实质性影响的高管人员，一般指高管团队中能够影响公司决策的几个关键人员（Acharya et al.，2011a；Cheng et al.，2016 等）。借鉴 Cheng et al.（2016）的研究设计，将高管团队中除董事长之外薪酬排名前 3 位和前 4 位的高管界定为关键下属高管[②]，因为薪酬水平反映了个体的重要性程度，大部分情况下也反映了其话语权。

第三，高管团队内部治理指数的计算。① 监督动机。对关键下属高管而言，无论是职业发展方面的顾虑还是经济利益方面的追求，他们最大的收益都是未来潜在收益。关键下属高管未来预期收益越大，越关心自身声誉和公司未来价值，因此越有动机监督和约束最高决策者。Gibbons and Murphy（1992）指出，高管年龄越大，对未来职业生涯的预期和要求越低。相反地，张维迎（2013）和 Cheng et al.（2016）则强调，关键下属高管越年轻，未来收益比重越大，从而越有动机维护自身的职业声誉，故而以关键下属高管的未来工作时间衡量其监督动机是合理的。参考 Cheng et al.（2016）的研究设计，笔者以关键下属高管距离退休的平均年龄作为权力制衡动机的替代变量。具体而言，以"60—关

---

① 为了提高文章结论的稳健性，笔者还将总经理界定为公司最高决策者，重新构建高管团队内部治理指数，本章结论不变。

② 需要说明的是，笔者将除董事长之外薪酬最高的前 2—5 位高管界定为关键下属高管，所有主要结论均不发生变化。在稳健性检验中，笔者还将关键下属高管的范围缩小至薪酬排名前 2 位的高管和扩大至薪酬排名前 5 位的高管，结论不变。

键下属高管平均年龄"衡量关键下属高管的制衡动机①，以 EXE_HRZ 表示，该值越大，关键下属高管未来期望报酬越高，因此监督最高决策者的动机也越强烈。② 监督能力。Bebchuk et al.（2011）指出最高决策者与下属高管之间的薪酬比例反映了其在高管团队中的权力，因此，公司高管团队中关键下属高管平均薪酬与最高决策者薪酬之比同样也能反映出这些高管对最高决策者的影响力（Cheng et al.，2016）。因此，以关键下属高管平均薪酬与董事长薪酬的比作为关键下属高管制衡能力的替代变量②，以 EXE_PAYR 表示，该值越大，关键下属高管的影响力越大。③ 高管团队内部治理指数。同样借鉴 Cheng et al.（2016）的处理方法，笔者将 EXE_HRZ 和 EXE_PAYR 进行标准化处理，然后再将标准化后的数据相加得到高管团队内部治理指数③，以 IN_G 表示，该值越大，高管团队内部治理程度越高④。

3.4.2.3 控制变量的选择

参照已有研究（杨兴全等，2016；杨兴全和尹兴强，2018；Cheng et al.，2016），从最高决策者个人特征、企业经营指标和行为特征以及公司基本属性等方面选取了相关控制变量。在高管个人特征方面，根据 Cheng et al.（2016），笔者控制了最高决策者职业时限预期，因为最高权力拥有者的职业时限预期会影响其行为选择，另外笔者还控制了最高决策者性别、薪酬和持股比例等指标；在企业经营指标和行为特征方面，笔者控制了公司规模、总资产收益率、资产负债率、销售收入增长率、营运资本、现金流、资本投资和股利水平等变量；在企业基本属性方面，笔者控制了公司上市时间；此外，笔者还控制了年度和行业虚拟变量。变量定义和具体度量详见表 3–1。

---

① 为了更加切合我国实际，笔者还结合关键下属高管的性别单独计算他们距离退休的年限（男性退休年龄60岁，女性退休年龄55岁），在此基础上加权计算关键下属高管的未来职业生涯预期。
② 需要说明的是，尽管国企和非国企之间的薪酬体系不同，但借鉴 Cheng et al.（2016）方法构建的高管团队内部治理指标本身并不涉及不同类型企业之间高管薪酬的比较，而更多地反映组织内部高管团队成员之间薪酬比例所蕴含的个体权力、地位或话语权的差异。同时，由于该指标设计的前提是对关键高管进行了界定，因此其又与一般含义的高管团队薪酬差距反映出了不同的经济实质。
③ 该指标设计思路与陆正飞和韩非池（2013）在衡量企业相对现金持有水平和相对产品市场增长时的研究设计思路一致。
④ 值得说明的是，在后文的进一步检验中，还直接将制衡动机和制衡能力纳入分析框架，以甄别具体作用机理。

表 3-1　变量说明

变量符号	变量定义
CASH_H	现金及现金等价物余额 ÷ 非现金资产
IN_G_S	高管团队内部治理指数，基于 3 位关键下属高管制衡动机和制衡能力计算
IN_G_L	高管团队内部治理指数，基于 4 位关键下属高管制衡动机和制衡能力计算
CH_HRZ	最高决策者职业时限预期，60 - 最高决策者年龄
CH_GDR	最高决策者性别虚拟变量，女性取 1；男性取 0
CH_PAY	最高决策者薪酬，最高决策者薪酬总额加 1 的自然对数
CH_SHR	最高决策者持股比例，最高决策者持股 ÷ 公司总股数
SIZE	公司规模，总资产的自然对数
ROA	总资产收益率，年末净利润 ÷ 公司总资产
LEV	资产负债率，年末负债总额 ÷ 公司总资产
GROW	销售收入增长率，销售收入变动额 ÷ 基期销售收入
NWC	营运资本，净营运资本 ÷ 非现金资产
CFO	现金流，经营活动产生的现金流量净额 ÷ 非现金资产
CAPEX	资本投资，资本支出 ÷ 非现金资产
DIV	股利水平，年度现金股利总额 ÷ 非现金资产
LISTAGE	上市时间，财报截止日期与上市日期之间的天数 ÷360
IND	行业虚拟变量，根据行业情况设置虚拟变量
YEAR	年度虚拟变量，根据年度情况设置虚拟变量

3.4.3　实证模型

为了检验本章假设，参考 Dittmar et al.（2003）、杨兴全等（2016）、杨兴全和尹兴强（2018）等构建模型（1）。

$$UNPERKS = \alpha_0 + \alpha_1 IN\_G + \alpha_2 CH\_HRZ + \alpha_3 CH\_GDR + \alpha_4 CH\_PAY + \alpha_5 CH\_SHR$$
$$+ \alpha_6 SIZE + \alpha_7 ROA + \alpha_8 LEV + \alpha_9 GROW + \alpha_{10} NWC + \alpha_{11} CFO + \alpha_{12} CAPEX$$
$$+ \alpha_{13} DIV + \alpha_{14} LISTAGE + IND + YEAR + \varepsilon$$

（1）

IN_G 包含 IN_G_S 和 IN_G_L 两个指标，笔者最关注的变量为 α_1，根据前文分析，α_1 应该显著为负。

3.5 实证分析与稳健性检验

3.5.1 描述性统计

表 3-2 报告了本章相关变量的描述性统计结果。第一，企业现金持有水平的均值为 0.2571，中位数为 0.151，说明数据整体左偏，数据整体分布和特征值与王红建等（2014）、杨兴全等（2016）和李常青等（2018）基本一致。第二，基于 3（4）位关键下属高管计算的高管团队内部治理指标数据均值为 0，符合本章计量方法的预期，IN_G 数据分布与 Cheng et al.（2016）基本一致，不同公司之间的高管团队内部治理指数存在差异，为本章研究内部治理经济后果提供了条件。第三，其他控制变量的描述性结果均在合理范围内，且与现有文献一致性较高，不再一一赘述。

表 3-2　描述性统计

	COUNT	MEAN	MEDIAN	SD	MIN	MAX
CASH_H	15513	0.2571	0.1510	0.3332	0.0093	2.4379
IN_G_S	15513	−0.0000	−0.1327	1.4042	−2.7666	8.7928
IN_G_L	15513	−0.0000	−0.1364	1.4053	−2.7526	9.1611
CH_HRZ	15513	7.8851	8.0000	7.2532	−11.0000	25.0000
CH_GDR	15513	0.0534	0.0000	0.2249	0.0000	1.0000
CH_PAY	15513	13.0251	13.1064	0.9677	0.6931	15.1213
CH_SHR	15513	0.0890	0.0002	0.1426	0.0000	0.5480
SIZE	15513	21.8660	21.7169	1.1781	19.4335	25.8471
ROA	15513	0.0413	0.0379	0.0519	−0.1688	0.1987
LEV	15513	0.4216	0.4160	0.2080	0.0471	0.9016
GROW	15513	0.2128	0.1326	0.4712	−0.5856	3.3481
NWC	15513	0.3338	0.2614	0.4378	−0.4294	2.6087
CFO	15513	0.0553	0.0491	0.1004	−0.2314	0.4329
CAPEX	15513	0.0730	0.0545	0.0762	−0.1013	0.3438
DIV	15513	0.0184	0.0086	0.0284	0.0000	0.1718
LISTAGE	15513	9.1645	7.4583	6.3117	0.7472	24.1972

3.5.2　回归结果分析

表 3-3 列示了高管团队内部治理影响企业现金持有水平的实证检验结果。总体而言，无论是否控制年度和行业虚拟变量，高管团队内部治理指标的系数都在 1% 水平显著为负，该结论验证了前文假设。这也说明，高管团队内部治理指数越大，即关键下属高管对最高决策者的监督越有效，企业现金持有水平越低。由于企业高额持现不仅需要承担管理成本和机会成本，还可能面临现金被经理人侵占而导致的代理成本，因此笔者有理由相信，高管团队内部权力制衡作为一种有效的公司治理机制在一定程度上提高了企业的流动性管理效率。本章结论回应了 Cheng et al.（2016）的研究，从企业持现行为角度验证了高管团队权力制衡积极的公司治理效应。

在控制变量方面，CH_HRZ 系数显著为正，说明最高决策者越年轻，企业现金持有水平越高。这可能与年轻经理人的风险厌恶态度有关，因为现金能够降低企业经营风险（Opler et al.，1999；Elyasiani and Zhang，2015）；CH_GDR 系数显著为正，说明董事长为女性的企业的现金持有水平较高，该结论与女性的风险规避倾向相吻合；CH_SHR 系数显著为负，说明经理人持股能够缓解代理冲突，从而降低了企业现金持有水平，与刘井建等（2017）研究结论一致；其他控制变量的回归结果与现有文献基本一致，此处不予赘述。

表 3-3　高管团队内部治理与企业现金持有水平

变量	（1）CASH_H	（2）CASH_H	（3）CASH_H	（4）CASH_H
IN_G_S	−0.0060***（0.001）	−0.0052***（0.001）		
IN_G_L			−0.0061***（0.001）	−0.0054***（0.001）
CH_HRZ	0.0012***（0.000）	0.0008***（0.000）	0.0012***（0.000）	0.0008***（0.000）
CH_GDR	0.0132*（0.008）	0.0185**（0.008）	0.0132*（0.008）	0.0185**（0.008）
CH_PAY	−0.0138***（0.002）	−0.0069***（0.002）	−0.0139***（0.002）	−0.0070***（0.002）

续表

变量	（1）CASH_H	（2）CASH_H	（3）CASH_H	（4）CASH_H
CH_SHR	−0.0594***	−0.0184*	−0.0596***	−0.0185*
	（0.010）	（0.010）	（0.010）	（0.010）
SIZE	−0.0145***	−0.0076***	−0.0145***	−0.0076***
	（0.002）	（0.002）	（0.002）	（0.002）
ROA	−0.6934***	−0.7622***	−0.6931***	−0.7619***
	（0.047）	（0.047）	（0.047）	（0.047）
LEV	0.3933***	0.4073***	0.3930***	0.4070***
	（0.013）	（0.014）	（0.013）	（0.014）
GROW	0.0009	0.0035	0.0010	0.0036
	（0.005）	（0.004）	（0.005）	（0.004）
NWC	0.6944***	0.7196***	0.6945***	0.7197***
	（0.008）	（0.008）	（0.008）	（0.008）
CFO	0.7027***	0.6503***	0.7026***	0.6501***
	（0.023）	（0.022）	（0.023）	（0.022）
CAPEX	0.5242***	0.4174***	0.5242***	0.4174***
	（0.022）	（0.022）	（0.022）	（0.022）
DIV	1.3365***	1.2051***	1.3358***	1.2048***
	（0.095）	（0.087）	（0.095）	（0.087）
LISTAGE	0.0030***	0.0040***	0.0030***	0.0040***
	（0.000）	（0.000）	（0.000）	（0.000）
CONS	0.2496***	0.0291	0.2509***	0.0309
	（0.040）	（0.041）	（0.040）	（0.041）
IND	No	Yes	No	Yes
YEAR	No	Yes	No	Yes
Obs	15513	15513	15513	15513
Adj. R^2	0.7638	0.7942	0.7638	0.7943

注：***、**、* 分别表示1%、5%和10%的显著性水平；括号内为稳健性标准误。

3.5.3 稳健性检验

3.5.3.1 最高决策者持股的影响

根据前文分析，在充分借鉴相关文献的基础上，将董事长界定为最高决策者，研究了董事长之外关键下属高管对董事长的监督和约束能力。然而不可忽视的一个问题是，如果董事长持有大量股权，那么其将导致计算的高管团队内部治理指标有偏差，原因有以下几点：第一，股权代表了更高层级的话语权，正如 Fama and Jensen（1983）所言，当持股比例较高时，管理者会拥有直接的投票权和广泛的影响力；第二，股权弱化了货币薪酬的信息含量。尽管笔者的研究设计控制了董事长持股情况，但为了进一步缓解这一潜在问题的影响，通过两种方式对董事长持股水平进行了限制：① 以样本中位数为判断基准，选择董事长持股比例较低的观测值，探究这部分样本中高管团队内部治理对企业现金持有行为的影响，回归结果如表3-4第（1）、（2）列所示；② 还进一步选择董事长持股比例为0的观测值，针对该子样本的回归结果如表3-4第（3）、（4）列所示。由表3-4结果可见，无论在董事长持股比例较低的子样本中还是在董事长完全不持股的子样本中，IN_G_S 和 IN_G_L 的系数均在 1% 水平显著为负，说明最高决策者持股水平并未影响本章基本结论。

表3-4　高管团队内部治理与企业现金持有水平（限制最高决策者持股之影响）

变量	董事长持股比例较低子样本		董事长不持股子样本	
	（1）	（2）	（3）	（4）
IN_G_S	−0.0045***（0.001）		−0.0063***（0.002）	
IN_G_L		−0.0047***（0.001）		−0.0062***（0.002）
CH_HRZ	0.0011***（0.000）	0.0011***（0.000）	0.0012***（0.000）	0.0012***（0.000）
CH_GDR	0.0190（0.012）	0.0192*（0.012）	0.0118（0.014）	0.0120（0.014）
CH_PAY	−0.0061***（0.002）	−0.0063***（0.002）	−0.0088***（0.003）	−0.0088***（0.003）
SIZE	−0.0102***（0.002）	−0.0103***（0.002）	−0.0151***（0.003）	−0.0152***（0.003）
ROA	−0.5027***（0.070）	−0.5034***（0.070）	−0.4320***（0.081）	−0.4333***（0.081）
LEV	0.3431***（0.020）	0.3427***（0.020）	0.3376***（0.023）	0.3369***（0.023）
GROW	−0.0020（0.006）	−0.0019（0.006）	−0.0005（0.007）	−0.0005（0.007）

续表

变量	董事长持股比例较低子样本		董事长不持股子样本	
	（1）	（2）	（3）	（4）
NWC	0.6437***	0.6439***	0.6394***	0.6395***
	（0.014）	（0.014）	（0.017）	（0.017）
CFO	0.5751***	0.5747***	0.5527***	0.5521***
	（0.031）	（0.031）	（0.035）	（0.035）
CAPEX	0.2588***	0.2591***	0.2405***	0.2407***
	（0.033）	（0.033）	（0.040）	（0.040）
DIV	1.0768***	1.0775***	1.0644***	1.0652***
	（0.124）	（0.124）	（0.142）	（0.142）
LISTAGE	0.0029***	0.0029***	0.0023***	0.0023***
	（0.000）	（0.000）	（0.000）	（0.000）
CONS	0.1088**	0.1119**	0.2562***	0.2569***
	（0.053）	（0.054）	（0.064）	（0.065）
IND	Yes	Yes	Yes	Yes
YEAR	Yes	Yes	Yes	Yes
Obs	8263	8263	6372	6372
Adj. R^2	0.6981	0.6981	0.6886	0.6886

3.5.3.2 针对解释变量的稳健性检验

第一，前文在设计高管团队内部治理指标的时候，充分借鉴 Cheng et al.（2016）的研究建议，将关键下属高管制衡动机和制衡能力变量标准化之后生成了一个综合性连续变量。为了更加直观地探讨高管团队内部治理水平高、低两组样本之间现金持有的差异，基于高管团队内部治理指标的年度—行业中位数将样本划分为两组，分别生成 IN_G_S_D 和 IN_G_L_D 两个变量，高管团队内部治理水平相对较高时取值为 1，否则取值为 0。回归结果如表 3-5 第（1）、（2）列所示，可见，高管团队内部治理水平较高的企业的现金持有水平显著低于高管团队内部治理水平较低的企业，前文基本结论继续得到支持。

第二，Thompson（1967）指出，尽管公司高管数量不少，但真正对生产经营决策有决定权的只是一部分高管。因此，前文计算高管团队内部治理指数的时候将董事长以外薪酬最高的前 3 位和前 4 位高管界定为关键下属高管。为了保证本章结论不受关键下属高管人数的影响，将关键下属高管范围缩小至董事长以外薪酬最高的前 2 位高管和扩大至董事长以外薪酬最高的前 5 位高管，在此基础上重新计算了高管团队内部治理指数，回归分析结果如表 3-5 第（3）、（4）列所示。重新计算的解释变量 IN_G_S 和 IN_G_L 全部在 1% 水平显著，再次支持前文结论。

第三，《中华人民共和国劳动法》规定，男职工退休年龄为 60 周岁，女干部退休年龄为 55 周岁。前文界定关键下属高管制衡动机的时候简化以"60 — 关键下属高管平均年龄"衡量。在稳健性检验中，笔者结合关键下属高管的性别重新计算了制衡动机变量，在此基础上生成新的高管团队内部治理指标 IN_G_S_2 和 IN_G_L_2。为严谨性起见，笔者还根据董事长性别重新生成了董事长职业时限预期变量 CH_HRZ_2。表 3-5 第（5）、（6）列呈现了重新分析的结果，可见，IN_G_S_2 和 IN_G_L_2 在 1% 水平显著为负，表明高管团队内部治理可以有效降低企业现金持有水平。

第四，前文借鉴叶祥松（2003）、姜付秀等（2009、2017）等人的研究并结合中国企业的管理实践，将董事长界定为企业最高决策者，研究了董事长之外关键下属高管对董事长的监督制衡在公司现金决策过程中发挥的积极的治理作用。在稳健性检验中，笔者进一步将总经理界定为最高决策者，遵循与前文相同的思路生成两个新的高管团队内部治理指标 IN_G_S_3 和 IN_G_L_3。为严谨性起见，将控制变量中董事长个人特征变量全部替换为总经理个人特征变量。回归结果如表 3-5 第（7）、（8）列所示，可见，在以总经理为权力来源重新生成高管团队内部治理指标之后，高管团队权力制衡依旧能够显著降低企业现金持有水平，本章结论不变。

表3-5　解释变量稳健性检验

变量	(1)	(2)	(3)	(4)	(5)	(6)	(7)	(8)
	CASH_H	CASH_H	CASH_H	CASH_H	CASH_H	CASH_H	CASH_H	CASH_H
IN_G_S_D	-0.0068*** (0.003)							
IN_G_L_D		-0.0071*** (0.003)						
IN_G_S			-0.0040*** (0.001)					
IN_G_L				-0.0056*** (0.001)				
IN_G_S_2					-0.0058*** (0.001)			
IN_G_L_2						-0.0058*** (0.001)		
IN_G_S_3							-0.0019* (0.001)	
IN_G_L_3								-0.0018* (0.001)
CH_HRZ	0.0008*** (0.000)	0.0008*** (0.000)	0.0008*** (0.000)	0.0009*** (0.000)	0.0009*** (0.000)	0.0009*** (0.000)		
CH_HRZ_2								
CH_GDR	0.0181** (0.008)	0.0182** (0.008)	0.0183** (0.008)	0.0185** (0.008)	0.0225*** (0.008)	0.0227*** (0.008)		
CH_PAY	-0.0036** (0.002)	-0.0036** (0.002)	-0.0059*** (0.002)	-0.0072*** (0.002)	-0.0074*** (0.002)	-0.0074*** (0.002)		

续表

变量	(1) CASH_H	(2) CASH_H	(3) CASH_H	(4) CASH_H	(5) CASH_H	(6) CASH_H	(7) CASH_H	(8) CASH_H
CH_SHR	-0.0190* (0.010)	-0.0189* (0.010)	-0.0192* (0.010)	-0.0180* (0.010)	-0.0184* (0.010)	-0.0187* (0.010)		
CEO_HRZ							-0.0000 (0.000)	-0.0000 (0.000)
CEO_GDR							0.0115** (0.006)	0.0115** (0.006)
CEO_PAY							-0.0093*** (0.002)	-0.0093*** (0.002)
CEO_SHR							-0.0131 (0.011)	-0.0132 (0.011)
SIZE	-0.0082*** (0.002)	-0.0082*** (0.002)	-0.0076*** (0.002)	-0.0076*** (0.002)	-0.0074*** (0.002)	-0.0074*** (0.002)	-0.0063*** (0.002)	-0.0063*** (0.002)
ROA	-0.7694*** (0.047)	-0.7692*** (0.047)	-0.7642*** (0.047)	-0.7614*** (0.047)	-0.7615*** (0.047)	-0.7614*** (0.047)	-0.7873*** (0.044)	-0.7871*** (0.044)
LEV	0.4069*** (0.014)	0.4068*** (0.014)	0.4070*** (0.014)	0.4071*** (0.014)	0.4075*** (0.014)	0.4071*** (0.014)	0.4069*** (0.013)	0.4068*** (0.013)
GROW	0.0033 (0.004)	0.0034 (0.004)	0.0033 (0.004)	0.0037 (0.004)	0.0035 (0.004)	0.0036 (0.004)	0.0030 (0.004)	0.0030 (0.004)
NWC	0.7193*** (0.008)	0.7193*** (0.008)	0.7194*** (0.008)	0.7197*** (0.008)	0.7197*** (0.008)	0.7197*** (0.008)	0.7214*** (0.008)	0.7213*** (0.008)
CFO	0.6502*** (0.022)	0.6502*** (0.022)	0.6502*** (0.022)	0.6503*** (0.022)	0.6504*** (0.022)	0.6501*** (0.022)	0.6574*** (0.022)	0.6573*** (0.022)
CAPEX	0.4152*** (0.022)	0.4149*** (0.022)	0.4163*** (0.022)	0.4174*** (0.022)	0.4179*** (0.022)	0.4178*** (0.022)	0.4300*** (0.021)	0.4299*** (0.021)

续表

变量	（1）	（2）	（3）	（4）	（5）	（6）	（7）	（8）
	CASH_H	CASH_H	CASH_H	CASH_H	CASH_H	CASH_H	CASH_H	CASH_H
DIV	1.1981***	1.1993***	1.2039***	1.2055***	1.2046***	1.2047***	1.2111***	1.2106***
	（0.087）	（0.087）	（0.087）	（0.087）	（0.087）	（0.087）	（0.087）	（0.087）
LISTAGE	0.0041***	0.0040***	0.0041***	0.0040***	0.0040***	0.0040***	0.0042***	0.0042***
	（0.000）	（0.000）	（0.000）	（0.000）	（0.000）	（0.000）	（0.000）	（0.000）
CONS	0.0052	0.0057	0.0189	0.0335	0.0305	0.0311	0.0369	0.0368
	（0.040）	（0.039）	（0.040）	（0.041）	（0.040）	（0.040）	（0.038）	（0.038）
IND	Yes	Yes	Yes	Yes	Yes	Yes	Yes	Yes
YEAR	Yes	Yes	Yes	Yes	Yes	Yes	Yes	Yes
Obs	15513	15513	15513	15513	15513	15513	15163	15163
Adj. R^2	0.7940	0.7940	0.7941	0.7943	0.7943	0.7943	0.7988	0.7988

3.5.3.3 针对被解释变量的稳健性检验

对于本章被解释变量，进一步借鉴现有文献的研究设计，采用另外两种方法度量企业现金持有水平。具体而言，第一，参照 Harford et al.（2008）、杨兴全和尹兴强（2018）、李常青等（2018），采用经年度行业均值调整的 CASH_H 衡量企业的现金持有水平，记为 IND_CASH_H；第二，借鉴辛宇和徐莉萍（2006）、钱雪松等（2019），采用货币资金占非货币资金总资产的比重衡量企业的现金持有水平，记为 CASH_H_2。回归分析结果如表 3-6 所示。根据表 3-6，更换被解释变量计量方法之后，高管团队内部治理指数依旧至少在 5% 水平显著为负，说明合理的高管团队权力配置可以降低企业现金持有水平，相关结果与前文分析一致。

表 3-6　被解释变量稳健性检验

变量	（1） IND_CASH_H	（2） IND_CASH_H	（3） CASH_H_2	（4） CASH_H_2
IN_G_S	−0.0047*** 0.001		−0.0031** 0.001	
IN_G_L		−0.0047*** 0.001		−0.0027** 0.001
CH_HRZ	0.0008*** 0.000	0.0008*** 0.000	0.0008*** 0.000	0.0008*** 0.000
CH_GDR	0.0211*** 0.008	0.0211*** 0.008	0.0204*** 0.008	0.0204*** 0.008
CH_PAY	−0.0070*** 0.002	−0.0070*** 0.002	−0.0054*** 0.002	−0.0050*** 0.002
CH_SHR	−0.0149 0.010	−0.0150 0.010	0.0048 0.010	0.0045 0.010
SIZE	−0.0064*** 0.002	−0.0065*** 0.002	−0.0060*** 0.002	−0.0061*** 0.002

续表

变量	（1）	（2）	（3）	（4）
	IND_CASH_H	IND_CASH_H	CASH_H_2	CASH_H_2
ROA	−0.7184***	−0.7183***	−0.8103***	−0.8110***
	0.048	0.048	0.049	0.049
LEV	0.3865***	0.3862***	0.4991***	0.4988***
	0.014	0.014	0.015	0.015
GROW	0.0024	0.0024	0.0032	0.0032
	0.005	0.005	0.005	0.005
NWC	0.6931***	0.6931***	0.7487***	0.7487***
	0.009	0.009	0.008	0.008
CFO	0.6280***	0.6278***	0.6482***	0.6481***
	0.022	0.022	0.022	0.022
CAPEX	0.3741***	0.3741***	0.3934***	0.3931***
	0.022	0.022	0.022	0.022
DIV	1.1681***	1.1677***	1.1949***	1.1941***
	0.089	0.089	0.084	0.084
LISTAGE	0.0036***	0.0036***	0.0036***	0.0036***
	0.000	0.000	0.000	0.000
CONS	−0.1288***	−0.1280***	−0.0605	−0.0632
	0.041	0.041	0.043	0.043
IND	Yes	Yes	Yes	Yes
YEAR	Yes	Yes	Yes	Yes
Obs	15513	15513	15513	15513
Adj. R^2	0.7383	0.7383	0.7971	0.7970

3.5.3.4 内生性问题

考虑到本研究议题可能面临的内生性，笔者进行了 4 项补充检验，以缓解内生性问题之影响。

第一，本章结论可能面临遗漏变量引致的内生性问题。尽管从高管个人特征、企业财务状况和公司基本属性等方面对影响企业现金持有的因素进行了控制，但本章依旧无法穷尽被解释变量的影响因素。因此，通过固定效应模型对可能存在的不随时间变化的不可观测变量进行控制，以缓解遗漏变量导致的内生性问题，回归结果如表 3-7 第（1）、（2）列所示。根据表 3-7，本章全部解释变量在至少 10% 水平显著为负，支持了高管团队内部治理能够有效降低企业现金持有水平的结论。

第二，借鉴杨兴全和尹兴强（2018）的处理方法，将本章解释变量滞后一期，以应对可能面临的互为因果内生性问题。表 3-7 第（3）、（4）列报告了相关回归结果，可见，滞后的 IN_G_S 和 IN_G_L 变量依旧在 1% 水平显著为负，实证结果同样支持前文结论。

第三，为进一步应对互为因果导致的内生性问题，借鉴 Cheng et al.（2016）的处理方法，选用高管团队内部治理指数的年度—行业均值作为本章解释变量的工具变量进行两阶段最小二乘法回归。同年度同行业的高管团队权力配置平均水平正向影响企业个体特质，但这一均值并不会对个体企业现金持有水平产生影响，因此是一个较为理想的工具变量。表 3-7 第（5）～（8）列报告了2SLS 的回归分析结果。弱工具变量检验 F 值远大于相关临界值，拒绝存在弱工具变量的原假设。工具变量与解释变量在 1% 水平显著正相关，符合本章的预期。在控制了可能存在的内生性问题之后，IN_G_S 和 IN_G_L 在 1% 水平显著为负，再次说明高管团队内部治理能够显著降低企业现金持有水平。

表3-7 内生性问题处理

变量	(1) CASH_H	(2) CASH_H	(3) CASH_H	(4) CASH_H	(5) IN_G_S	(6) CASH_H	(7) IN_G_L	(8) CASH_H
IN_G_S	-0.0021* (0.001)							
IN_G_L		-0.0033*** (0.001)						-0.0512*** (0.014)
IN_G_St-1			-0.0033*** (0.001)					
IN_G_Lt-1				-0.0033*** (0.001)				
IV_IN_G_S					0.6397*** (0.080)			
IV_IN_G_L							0.6318*** (0.078)	
CH_HRZ	-0.0001 (0.000)	-0.0001 (0.000)	0.0008*** (0.000)	0.0008*** (0.000)	0.0210*** (0.001)	0.0018*** (0.000)	0.0243*** (0.001)	0.0020*** (0.000)
CH_GDR	0.0083 (0.007)	0.0084 (0.007)	0.0173** (0.008)	0.0173** (0.008)	0.0689 (0.046)	0.0219*** (0.008)	0.0810* (0.045)	0.0226*** (0.008)
CH_PAY	-0.0046** (0.002)	-0.0057*** (0.002)	-0.0048*** (0.002)	-0.0048*** (0.002)	-0.7954*** (0.020)	-0.0421*** (0.012)	-0.7929*** (0.020)	-0.0437*** (0.012)
CH_SHR	-0.0415** (0.019)	-0.0415** (0.019)	-0.0130 (0.011)	-0.0132 (0.011)	0.5469*** (0.073)	0.0059 (0.013)	0.5059*** (0.073)	0.0050 (0.013)
SIZE	-0.0065** (0.003)	-0.0063** (0.003)	-0.0063*** (0.002)	-0.0063*** (0.002)	0.1080*** (0.012)	-0.0027 (0.002)	0.1031*** (0.012)	-0.0027 (0.002)
ROA	-0.4229*** (0.027)	-0.4215*** (0.027)	-0.7275*** (0.051)	-0.7270*** (0.051)	1.7339*** (0.262)	-0.6853*** (0.055)	1.7368*** (0.257)	-0.6812*** (0.055)

续表

变量	(1) CASH_H	(2) CASH_H	(3) CASH_H	(4) CASH_H	(5) IN_G_S	(6) CASH_H	(7) IN_G_L	(8) CASH_H
LEV	0.5081*** (0.012)	0.5078*** (0.012)	0.3531*** (0.015)	0.3529*** (0.015)	0.2387*** (0.077)	0.4180*** (0.015)	0.1776** (0.076)	0.4153*** (0.015)
GROW	0.0005 (0.002)	0.0005 (0.002)	0.0050 (0.005)	0.0050 (0.005)	0.1014*** (0.023)	0.0080 (0.005)	0.1115*** (0.023)	0.0087* (0.005)
NWC	0.8214*** (0.004)	0.8215*** (0.004)	0.6707*** (0.011)	0.6707*** (0.011)	0.1770*** (0.033)	0.7275*** (0.009)	0.1864*** (0.033)	0.7284*** (0.009)
CFO	0.4266*** (0.012)	0.4267*** (0.012)	0.6480*** (0.024)	0.6478*** (0.023)	−0.0295 (0.115)	0.6491*** (0.022)	−0.0596 (0.114)	0.6473*** (0.022)
CAPEX	0.1617*** (0.015)	0.1621*** (0.015)	0.3844*** (0.025)	0.3844*** (0.025)	0.7381*** (0.142)	0.4486*** (0.025)	0.7157*** (0.141)	0.4492*** (0.024)
DIV	0.8407*** (0.057)	0.8418*** (0.057)	1.1863*** (0.103)	1.1853*** (0.103)	1.1792** (0.465)	1.2569*** (0.091)	1.0911** (0.460)	1.2548*** (0.091)
LISTAGE	−0.0112 (0.010)	−0.0113 (0.010)	0.0038*** (0.000)	0.0038*** (0.000)	−0.0103*** (0.002)	0.0036*** (0.000)	−0.0120*** (0.002)	0.0035*** (0.000)
CONS	−0.0252 (0.067)	−0.0148 (0.067)	−0.0006 (0.042)	0.0001 (0.042)	7.0773*** (0.254)	0.3481*** (0.116)	7.1681*** (0.255)	0.3691*** (0.115)
IND	Yes	Yes	Yes	Yes	Yes	Yes	Yes	Yes
YEAR	Yes	Yes	Yes	Yes	Yes	Yes	Yes	Yes
Obs	15513	15513	12245	12245	15513	15513	15513	15513
Adj. R^2/R^2	0.8252	0.8253	0.7418	0.7418	0.3291	0.7712	0.3383	0.7694
CDF						97.1658		102.8694

第四，借鉴许楠和曹春芳（2016）、Cheng et al.（2016）的研究设计构建双重差分模型。其一，将样本按照年度—行业中位数划分为高权力制衡组和低权力制衡组；其二，借鉴 Cheng et al.（2016）等人的 DID 设计思路，根据样本年度权力制衡水平变化情况界定实验组和控制组。具体而言，如果样本在观测期内权力制衡水平发生过由低到高的变动①，则被界定为实验组，记为 TREAT = 1；如果样本在整个观测期间都处于低权力制衡组，则被界定为控制组，记 TREAT = 0。将实验组样本权力制衡水平发生变化之后的年度观测记为 TREAT_POST = 1，其余年度观测记为 TREAT_POST=0。在此基础上构建双重差分模型（2）：

$$CASH\_H = \beta_0 + \beta_1 TREAT\_POST + \beta_2 TREAT + CVs + IND + YEAR + \nu \quad (2)$$

笔者最关心的是 TREAT_POST 的系数 β_1，如果企业高管团队内部治理水平提高之后其现金持有水平发生了显著下降，那 β_1 应该显著为负。回归结果如表 3-8 所示。根据表 3-8，TREAT_POST 系数在 1% 水平显著为负。这意味着相对而言，企业高管内部治理水平提高之后，其现金持有量显著下降。双重差分模型的回归结果依旧支持前文结论。

表 3-8　双重差分模型

变量	（1）	（2）
	CASH_H	CASH_H
TREAT_POST	−0.0320*** （0.010）	−0.0300*** （0.009）
TREAT	0.0383*** （0.007）	0.0263*** （0.007）
CH_HRZ	0.0004 （0.000）	0.0004 （0.000）
CH_GDR	−0.0221* （0.013）	−0.0236* （0.012）

① 为了更好地观察高管团队内部治理水平变化带来的净效应，笔者仅选择那部分样本期间高管团队内部治理水平只变动过 1 次的样本作为实验组，即观测期间样本由低权力制衡组转变为高权力制衡组，且未发生其他变化。

续表

变量	（1）	（2）
	CASH_H	CASH_H
CH_PAY	0.0032	0.0046
	（0.004）	（0.004）
CH_SHR	0.0088	−0.0034
	（0.022）	（0.020）
SIZE	−0.0005	−0.0010
	（0.003）	（0.003）
ROA	−1.0512***	−1.0113***
	（0.092）	（0.088）
LEV	0.4109***	0.3760***
	（0.025）	（0.023）
GROW	−0.0003	−0.0020
	（0.007）	（0.007）
NWC	0.7348***	0.7201***
	（0.016）	（0.016）
CFO	0.7270***	0.6778***
	（0.047）	（0.043）
CAPEX	0.4444***	0.4265***
	（0.042）	（0.039）
DIV	1.1704***	1.0594***
	（0.196）	（0.180）
LISTAGE	0.0047***	0.0042***
	（0.001）	（0.000）
CONS	−0.2712***	−0.1748***
	（0.076）	（0.068）
IND	Yes	Yes
YEAR	Yes	Yes
Obs	3597	3663
Adj. R^2	0.8128	0.8242

3.6　影响机制分析

前述回归结果证实了高管团队权力制衡机制在降低企业现金持有水平方面发挥了积极的治理作用。根据前文分析，高管团队内部治理可能通过降低经营风险、缓解融资约束、抑制代理冲突三条路径影响了企业现金持有行为，接下来，将对这三种机制进行检验。

3.6.1　经营风险路径

现金是企业进行风险管理的重要工具，Opler et al.（1999）指出公司未来出现现金流短缺的风险越高，现金持有水平就越高。王红建等（2014）在研究宏观经济政策不确定性对企业现金持有行为影响的时候发现，经济政策不确定性的上升提高了企业未来盈利波动性，从而推升了企业发生财务危机的概率，进而促使企业持有更多现金。基于相关文献及前文分析，如果高管团队内部治理能够通过降低企业经营风险进而影响企业现金持有决策，那么高管团队权力制衡的这种治理效应在经营风险较大的企业中表现得更为明显[①]。

以 Alteman（1968）提出的 Z 值衡量企业财务困境风险，借鉴陆正飞和韩非池等（2013）、刘井建等（2017）的方法，将样本根据 Z 值划分为 3 组，Z 值最小的一组为高财务风险组，记为 RISK（H）；Z 值最大的一组为低财务风险组，记为 RISK（L）。分组回归和交互项检验的结果如表 3-9 所示。根据表 3-9，高管团队内部治理指标在财务风险较高的样本组中至少 10% 水平显著为负，而在财务风险较低组并未通过显著性检验；此外，高管内部治理指数与财务风险变量的交互项也在至少 10% 水平显著为负。上述结果说明当企业面临的财务风险较高时，高管内部治理机制降低企业现金持有水平的作用更为明显。借鉴周楷唐等（2017）、钟覃琳和陆正飞（2018）的分析逻辑，这意味着，当企业财务风险较高时，高管团队内部治理更容易发挥积极的公司治理作用，降低企业现金持有水平，从而验证了风险渠道。

---

① 这一机制分析逻辑与周楷唐等（2017）、钟覃琳和陆正飞（2018）一致。

表 3-9 财务风险机制

变量	（1）RISK（H）	（2）RISK（L）	（3）RISK（H&L）	（4）RISK（H）	（5）RISK（L）	（6）RISK（H&L）
IN_G_S	−0.0026* （0.001）	−0.0031 （0.002）	−0.0037* （0.002）			
IN_G_S × RISK			−0.0043* （0.002）			
IN_G_L				−0.0027** （0.001）	−0.0030 （0.002）	−0.0033 （0.002）
IN_G_L × RISK						−0.0052** （0.002）
RISK			0.0284*** （0.007）			0.0284*** （0.007）
CH_HRZ	0.0004 （0.000）	0.0009*** （0.000）	0.0008*** （0.000）	0.0004 （0.000）	0.0009*** （0.000）	0.0008*** （0.000）
CH_GDR	0.0344** （0.017）	−0.0082 （0.011）	0.0155 （0.010）	0.0343** （0.017）	−0.0081 （0.011）	0.0156 （0.010）
CH_PAY	−0.0075*** （0.002）	0.0036 （0.003）	−0.0088*** （0.002）	−0.0076*** （0.002）	0.0037 （0.003）	−0.0089*** （0.002）
CH_SHR	−0.0266 （0.016）	−0.0368** （0.015）	−0.0193 （0.013）	−0.0264 （0.016）	−0.0369** （0.015）	−0.0193 （0.013）
SIZE	−0.0059* （0.003）	−0.0113*** （0.004）	−0.0128*** （0.003）	−0.0059* （0.003）	−0.0113*** （0.004）	−0.0128*** （0.003）
ROA	−0.0035 （0.111）	−0.8876*** （0.068）	−0.7236*** （0.063）	−0.0038 （0.111）	−0.8880*** （0.068）	−0.7233*** （0.063）
LEV	0.1379*** （0.022）	0.5255*** （0.030）	0.4175*** （0.020）	0.1378*** （0.022）	0.5253*** （0.030）	0.4172*** （0.020）
GROW	0.0040 （0.008）	−0.0009 （0.007）	0.0036 （0.006）	0.0040 （0.008）	−0.0009 （0.007）	0.0037 （0.006）
NWC	0.2890*** （0.018）	0.8474*** （0.010）	0.7482*** （0.009）	0.2891*** （0.018）	0.8475*** （0.010）	0.7481*** （0.009）
CFO	0.3441*** （0.044）	0.6713*** （0.035）	0.6547*** （0.028）	0.3441*** （0.044）	0.6713*** （0.035）	0.6544*** （0.028）
CAPEX	0.0547 （0.041）	0.5215*** （0.033）	0.4144*** （0.029）	0.0546 （0.041）	0.5218*** （0.033）	0.4140*** （0.029）
DIV	1.4619*** （0.270）	0.7259*** （0.102）	1.1349*** （0.099）	1.4649*** （0.269）	0.7250*** （0.102）	1.1358*** （0.099）
LISTAGE	0.0013*** （0.000）	0.0056*** （0.001）	0.0042*** （0.000）	0.0013*** （0.000）	0.0056*** （0.001）	0.0042*** （0.000）

续表

变量	（1） RISK（H）	（2） RISK（L）	（3） RISK(H&L)	（4） RISK（H）	（5） RISK（L）	（6） RISK（H&L）
CONS	0.2450*** （0.065）	−0.1308 （0.082）	0.1431*** （0.055）	0.2459*** （0.065）	−0.1318 （0.083）	0.1453*** （0.055）
IND	Yes	Yes	Yes	Yes	Yes	Yes
YEAR	Yes	Yes	Yes	Yes	Yes	Yes
Obs	5079	5075	10154	5079	5075	10154
Adj. R^2	0.2798	0.8785	0.8194	0.2798	0.8785	0.8194

3.6.2 融资约束路径

大量研究公司现金持有水平的文献都发现一些公司内外部治理因素通过缓解融资约束降低了企业现金持有水平（陈德球等，2011；杨兴全和尹兴强，2018；许楠和曹春方，2016 等）。借鉴相关文献的做法和前文的分析，笔者认为，如果公司高管权力制衡能够通过缓解企业融资约束进而降低企业现金持有，那高管团队权力制衡的治理效应在融资约束严重的样本中表现地更为突出。以 Hadlock and Pierce（2010）提出的 SA 指数衡量企业融资约束情况。按照前文方法将样本划分为强融资约束组和弱融资约束组，分别记为 FC（H）和 FC（L）。

表 3–10 列示了分组检验和交互项回归的结果。表 3–10 结果显示，在融资约束严重的样本组中高管团队内部治理指标的系数在 1% 水平显著为负，而在融资约束较轻的上市公司中高管团队内部治理指标的系数并未通过显著性检验；此外，高管内部治理指标与企业融资约束哑变量的交乘项亦在 1% 水平显著为负。上述结果均表明，高管团队权力配置降低企业现金持有水平的治理效应仅体现在融资约束较为严重的企业之中，也即融资约束条件下高管团队权力制衡机制的治理作用能够得到更有效的发挥，这符合本章的预期，同时也支持了融资约束缓解渠道。

表3-10 融资约束机制

变量	（1）	（2）	（3）	（4）	（5）	（6）
	FC（H）	FC（L）	FC（H&L）	FC（H）	FC（L）	FC（H&L）
IN_G_S	−0.0058***	−0.0024	−0.0014			
	（0.001）	（0.002）	（0.002）			
IN_G_S × FC			−0.0086***			
			（0.002）			
IN_G_L				−0.0053***	−0.0034	−0.0021
				（0.001）	（0.002）	（0.002）
IN_G_L × FC						−0.0081***
						（0.002）
FC			0.0040			0.0042
			（0.006）			（0.006）
CH_HRZ	0.0003	0.0008**	0.0008***	0.0004	0.0009**	0.0009***
	（0.000）	（0.000）	（0.000）	（0.000）	（0.000）	（0.000）
CH_GDR	0.0416***	0.0129	0.0258***	0.0415***	0.0131	0.0258***
	（0.011）	（0.015）	（0.010）	（0.011）	（0.015）	（0.010）
CH_PAY	−0.0081***	−0.0028	−0.0089***	−0.0076***	−0.0035	−0.0093***
	（0.002）	（0.004）	（0.002）	（0.002）	（0.004）	（0.002）
CH_SHR	−0.0394*	−0.0439***	−0.0463***	−0.0398**	−0.0437***	−0.0461***
	（0.020）	（0.016）	（0.013）	（0.020）	（0.016）	（0.013）
SIZE	0.0072***	−0.0341***	−0.0099***	0.0071***	−0.0339***	−0.0100***
	（0.002）	（0.008）	（0.003）	（0.002）	（0.008）	（0.003）
ROA	−0.7006***	−0.4613***	−0.5923***	−0.7017***	−0.4612***	−0.5911***
	（0.081）	（0.078）	（0.062）	（0.082）	（0.078）	（0.062）
LEV	0.1567***	0.6024***	0.4159***	0.1564***	0.6022***	0.4158***
	（0.017）	（0.027）	（0.018）	（0.017）	（0.027）	（0.018）
GROW	0.0000	0.0062	0.0009	0.0000	0.0063	0.0010
	（0.005）	（0.013）	（0.006）	（0.005）	（0.013）	（0.006）
NWC	0.4846***	0.8173***	0.7190***	0.4847***	0.8176***	0.7192***
	（0.019）	（0.012）	（0.010）	（0.019）	（0.012）	（0.010）
CFO	0.5827***	0.6051***	0.6335***	0.5824***	0.6055***	0.6332***
	（0.037）	（0.036）	（0.027）	（0.037）	（0.036）	（0.027）
CAPEX	0.2861***	0.4585***	0.4145***	0.2846***	0.4590***	0.4141***
	（0.035）	（0.044）	（0.028）	（0.035）	（0.044）	（0.028）
DIV	1.4954***	0.7716***	1.0588***	1.4933***	0.7720***	1.0583***
	（0.153）	（0.122）	（0.101）	（0.153）	（0.122）	（0.101）
LISTAGE	0.0018***	0.0063***	0.0045***	0.0018***	0.0063***	0.0045***
	（0.000）	（0.001）	（0.000）	（0.000）	（0.001）	（0.000）

续表

变量	（1）	（2）	（3）	（4）	（5）	（6）
	FC（H）	FC（L）	FC（H&L）	FC（H）	FC（L）	FC（H&L）
CONS	−0.0854* （0.049）	0.3659** （0.176）	0.0855 （0.060）	−0.0875* （0.050）	0.3723** （0.177）	0.0913 （0.060）
IND	Yes	Yes	Yes	Yes	Yes	Yes
YEAR	Yes	Yes	Yes	Yes	Yes	Yes
Obs	5120	5117	10237	5120	5117	10237
Adj. R^2	0.5924	0.8404	0.7884	0.5922	0.8404	0.7884

3.6.3 代理成本路径

刘井建等（2017）指出，由于公司治理机制不健全，经理人面临的内部监督和约束较少，因此代理问题导致的现金持有水平过高在我国上市公司中比较普遍。高管团队中关键下属高管更加注重公司的未来发展和长期绩效（Acharya et al., 2011a；Cheng et al., 2016），因此关键下属高管参与决策能够自下而上地监督和约束最高决策者的行为，亦有助于形成相互制衡的权力运行模式。这种团队权力配置模式无疑将有助于缓解管理层与投资者之间的代理冲突，降低代理动机导致的现金持有水平。借鉴杨兴全和尹兴强（2018），从过度投资角度探讨高管团队内部治理水平影响企业现金持有行为的代理机制。参考现有文献及前文分析，笔者认为如果高管团队内部治理机制通过缓解代理冲突降低了企业的现金持有水平，那么无疑，这种效用在代理冲突较为明显，即过度投资相对严重的企业中体现得更为突出。借鉴 Richardson（2006）等使用模型（3）估计企业非效率投资水平。

$$\text{INV}_t = \gamma_0 + \gamma_1 \text{GROWTH}_{t-1} + \gamma_2 \text{LEV}_{t-1} + \gamma_3 \text{CASH}_{t-1} + \gamma_4 \text{AGE}_{t-1} + \gamma_5 \text{SIZE}_{t-1} \\ + \gamma_6 \text{RET}_{t-1} + \gamma_7 \text{INV}_{t-1} + \text{IND} + \text{YEAR} + \phi \qquad （3）$$

其中 INV 为企业第 t 年的资本投资水平，以"（构建固定资产、无形资产和其他长期资产支付的现金—处置固定资产、无形资产和其他长期资产收回的现金净额）÷平均总资产"衡量；$GROWTH_{t-1}$、LEV_{t-1}、$CASH_{t-1}$、AGE_{t-1}、$SIZE_{t-1}$、RET_{t-1}、INV_{t-1}分别表示企业第$t-1$年的成长机会、资产负债率、持现规模、上市年限、资产规模、股票收益和资本投资水平。此外，模型中还控制了行业和年度虚拟变量。按照与前文相同的处理方法，根据模型（3）的残差将样本划分为过度投资和投资不足两组，分别记为 OI 和 UI，在此基础上进行分组和交互项回归分析。结果如表 3-11 所示。根据表 3-11，在过度投资样本中，高管团队内部治理指标在 1% 水平显著为负，而在投资不足样本中，IN_G_S 系数 10% 水平显著为负，而 IN_G_L 系数未通过显著性检验；此外，高管团队内部治理指数与企业过度投资虚拟变量的交乘项至少在 5% 水平显著为负。总体而言，前述结果意味着高管团队权力制衡机制在降低企业现金持有水平方面的积极治理作用主要体现在代理冲突较为严重、过度投资水平较高的企业之中，验证了高管团队权力配置发挥作用的代理冲突抑制机制。

表 3-11　代理问题机制

变量	（1）	（2）	（3）	（4）	（5）	（6）
	OI	UI	OI&UI	OI	UI	OI&UI
IN_G_S	−0.0051*** （0.002）	−0.0039* （0.002）	−0.0030 （0.002）			
IN_G_S×OI			−0.0044* （0.002）			
IN_G_L				−0.0054*** （0.002）	−0.0032 （0.002）	−0.0023 （0.002）
IN_G_L×OI						−0.0053** （0.002）
OI			−0.0353*** （0.004）			−0.0353*** （0.004）
CH_HRZ	0.0006** （0.000）	0.0006* （0.000）	0.0006*** （0.000）	0.0006** （0.000）	0.0006* （0.000）	0.0006*** （0.000）
CH_GDR	0.0103 （0.010）	−0.0132 （0.011）	0.0002 （0.007）	0.0102 （0.010）	−0.0134 （0.011）	0.0001 （0.007）
CH_PAY	−0.0094*** （0.003）	−0.0063* （0.003）	−0.0081*** （0.002）	−0.0097*** （0.003）	−0.0057* （0.003）	−0.0079*** （0.002）
CH_SHR	−0.0100 （0.014）	−0.0179 （0.018）	−0.0077 （0.012）	−0.0095 （0.014）	−0.0185 （0.018）	−0.0077 （0.012）

续表

变量	（1）	（2）	（3）	（4）	（5）	（6）
	OI	UI	OI&UI	OI	UI	OI&UI
SIZE	−0.0037	−0.0084***	−0.0054***	−0.0037	−0.0085***	−0.0055***
	（0.002）	（0.003）	（0.002）	（0.002）	（0.003）	（0.002）
ROA	−0.8346***	−0.7305***	−0.7982***	−0.8344***	−0.7312***	−0.7986***
	（0.062）	（0.060）	（0.045）	（0.062）	（0.060）	（0.045）
LEV	0.3220***	0.4616***	0.4245***	0.3217***	0.4614***	0.4241***
	（0.022）	（0.020）	（0.015）	（0.022）	（0.020）	（0.015）
GROW	−0.0058	0.0069	−0.0006	−0.0058	0.0069	−0.0006
	（0.005）	（0.007）	（0.004）	（0.005）	（0.007）	（0.004）
NWC	0.6256***	0.7773***	0.7326***	0.6258***	0.7773***	0.7326***
	（0.017）	（0.012）	（0.010）	（0.017）	（0.012）	（0.010）
CFO	0.6319***	0.7268***	0.7018***	0.6312***	0.7269***	0.7014***
	（0.035）	（0.037）	（0.026）	（0.035）	（0.037）	（0.026）
CAPEX	0.5009***	0.6021***	0.5192***	0.5014***	0.6009***	0.5194***
	（0.032）	（0.051）	（0.027）	（0.032）	（0.051）	（0.027）
DIV	0.9634***	1.0650***	1.0936***	0.9659***	1.0635***	1.0945***
	（0.131）	（0.148）	（0.107）	（0.131）	（0.148）	（0.107）
LISTAGE	0.0031***	0.0059***	0.0044***	0.0031***	0.0059***	0.0044***
	（0.000）	（0.001）	（0.000）	（0.000）	（0.001）	（0.000）
CONS	0.0372	−0.0146	−0.0012	0.0404	−0.0206	−0.0016
	（0.051）	（0.067）	（0.042）	（0.051）	（0.067）	（0.043）
IND	Yes	Yes	Yes	Yes	Yes	Yes
YEAR	Yes	Yes	Yes	Yes	Yes	Yes
Obs	4870	4870	9740	4870	4870	9740
Adj. R^2	0.7401	0.8488	0.8175	0.7402	0.8487	0.8175

3.7 拓展性分析

3.7.1 公司内外部要素市场的影响

前文已经证实高管团队内部治理通过降低经营风险、缓解融资约束和抑制代理冲突等路径对企业现金持有行为产生了积极影响。进而笔者试图关注的一个问题是，高管团队内部治理效应的发挥是否需要依赖一定的内外部条件。大量文献指出企业现金持有水平受到公司内外部融资环境的影响（祝继高和陆正飞，2009；王红建等，2014；钱雪松等，2019），如果企业面临的融资环境较差，各种要素资源得不到有效配置，那基于融资风险规避的高持现需求可能大于公司治理机制带来的低持现效应。基于此，本章预期只有在公司内外部要素资源配置效率较高的企业中，高管团队内部治理才能有效地降低企业现金持有水平。

3.7.1.1 公司外部要素市场

为了验证外部要素市场资源配置效率差异对高管团队权力制衡公司治理效应的异质性影响，将样本按照企业所在地要素市场发育程度[①]划分为高低两组，分别记为 PRO（H）和 PRO（L），然后进行分组回归。结果报告于表 3–12 之中。由表 3–12 可知，在外部要素市场发育水平较高的样本中，高管团队内部治理指标在 1% 水平显著为负；而在外部要素市场发育水平欠佳的样本中，高管团队内部治理指标并未通过显著性检验。上述结果说明，高管团队内部治理对企业现金持有决策的积极影响只体现在外部要素市场较为发达的样本之中。这意味着，外部资源的有效配置是公司高管团队内部治理发挥作用的必要条件。

---

① 2007 年数据来自《中国市场化指数——各地区市场化相对进程 2011 年报告》；2008—2016 年数据来自《中国分省份市场化指数报告（2018）》；2017 年数据由 2016 年数据替代。

表3-12 外部要素市场分组

变量	（1）	（2）	（3）	（4）
	PRO（H）	PRO（L）	PRO（H）	PRO（L）
IN_G_S	−0.0096***	−0.0004		
	（0.002）	（0.001）		
IN_G_L			−0.0097***	−0.0006
			（0.002）	（0.001）
CH_HRZ	0.0011***	0.0005*	0.0011***	0.0005*
	（0.000）	（0.000）	（0.000）	（0.000）
CH_GDR	0.0215*	0.0116	0.0216*	0.0116
	（0.011）	（0.009）	（0.011）	（0.009）
CH_PAY	−0.0158***	0.0037	−0.0158***	0.0035
	（0.003）	（0.002）	（0.003）	（0.002）
CH_SHR	0.0094	−0.0530***	0.0086	−0.0530***
	（0.013）	（0.014）	（0.013）	（0.014）
SIZE	−0.0087***	−0.0069***	−0.0087***	−0.0069***
	（0.003）	（0.002）	（0.003）	（0.002）
ROA	−0.7894***	−0.7153***	−0.7903***	−0.7149***
	（0.077）	（0.053）	（0.077）	（0.053）
LEV	0.4259***	0.3823***	0.4251***	0.3823***
	（0.021）	（0.016）	（0.021）	（0.016）
GROW	0.0075	−0.0006	0.0076	−0.0006
	（0.007）	（0.005）	（0.007）	（0.005）
NWC	0.7376***	0.6963***	0.7377***	0.6963***
	（0.011）	（0.012）	（0.011）	（0.012）
CFO	0.6438***	0.6486***	0.6434***	0.6486***
	（0.031）	（0.029）	（0.031）	（0.029）
CAPEX	0.4391***	0.3906***	0.4389***	0.3907***
	（0.032）	（0.027）	（0.032）	（0.027）
DIV	1.3241***	1.0718***	1.3241***	1.0720***
	（0.123）	（0.121）	（0.123）	（0.121）
LISTAGE	0.0045***	0.0036***	0.0045***	0.0036***
	（0.000）	（0.000）	（0.000）	（0.000）
CONS	0.1406**	−0.0862**	0.1412**	−0.0846*
	（0.068）	（0.043）	（0.068）	（0.044）
IND	Yes	Yes	Yes	Yes
YEAR	Yes	Yes	Yes	Yes

续表

变量	（1）	（2）	（3）	（4）
	PRO（H）	PRO（L）	PRO（H）	PRO（L）
Obs	8377	7136	8377	7136
Adj. R^2	0.7989	0.7909	0.7989	0.7909

3.7.1.2 公司内部要素市场

由于多元化经营的企业可以通过构建内部资本市场对现金资源进行高效率的配置，因此为了验证内部要素市场资源配置效率差异对高管团队权力制衡治理效应的异质性影响，将样本按照营业收入行业构成[①]进行分组，划分为多元化程度较高组和多元化程度较低组。表 3-13 报告了分组回归结果。在内部要素市场发达的多元化企业中，高管团队内部治理指标在 1% 水平显著为负，表现出了较好的降低企业现金持有水平的公司治理效应，而在多元化水平较低的样本中，高管团队内部治理指标系数并未通过显著性检验。上述结果说明，有效的内部要素市场是高管团队权力制衡机制发挥积极治理作用的有效保障。

表 3-13　内部要素市场分组

变量	（1）	（2）	（3）	（4）
	DIV（H）	DIV（L）	DIV（H）	DIV（L）
IN_G_S	−0.0062*** （0.001）	−0.0033 （0.002）		
IN_G_L			−0.0068*** （0.001）	−0.0030 （0.002）
CH_HRZ	0.0011*** （0.000）	0.0001 （0.000）	0.0011*** （0.000）	0.0001 （0.000）
CH_GDR	0.0277*** （0.009）	−0.0071 （0.012）	0.0279*** （0.009）	−0.0071 （0.012）
CH_PAY	−0.0089*** （0.002）	−0.0032 （0.003）	−0.0094*** （0.002）	−0.0029 （0.003）

---

① 数据来自 WIND 数据库。

续表

变量	（1）	（2）	（3）	（4）
	DIV（H）	DIV（L）	DIV（H）	DIV（L）
CH_SHR	−0.0036	−0.0311*	−0.0037	−0.0313*
	（0.013）	（0.016）	（0.013）	（0.016）
SIZE	−0.0079***	−0.0064*	−0.0079***	−0.0064*
	（0.002）	（0.003）	（0.002）	（0.003）
ROA	−0.7268***	−0.8590***	−0.7254***	−0.8598***
	（0.059）	（0.076）	（0.059）	（0.076）
LEV	0.3740***	0.4496***	0.3738***	0.4493***
	（0.018）	（0.024）	（0.018）	（0.024）
GROW	−0.0029	0.0093	−0.0028	0.0093
	（0.004）	（0.009）	（0.004）	（0.009）
NWC	0.6888***	0.7541***	0.6889***	0.7541***
	（0.012）	（0.013）	（0.012）	（0.013）
CFO	0.5780***	0.7545***	0.5774***	0.7546***
	（0.026）	（0.038）	（0.026）	（0.038）
CAPEX	0.4256***	0.4338***	0.4262***	0.4332***
	（0.027）	（0.036）	（0.027）	（0.036）
DIV	1.3073***	0.9953***	1.3086***	0.9949***
	（0.118）	（0.137）	（0.118）	（0.137）
LISTAGE	0.0042***	0.0042***	0.0042***	0.0042***
	（0.000）	（0.001）	（0.000）	（0.001）
CONS	0.0610	−0.1199	0.0668	−0.1231
	（0.049）	（0.076）	（0.050）	（0.076）
IND	Yes	Yes	Yes	Yes
YEAR	Yes	Yes	Yes	Yes
Obs	9047	5038	9047	5038
Adj. R^2	0.7794	0.8126	0.7795	0.8126

3.7.2　细化分析：制衡动机还是制衡能力

在构建高管团队内部治理指标的时候借鉴 Cheng et al.（2016）提出的方法，从关键下属高管监督最高决策者的动机和能力两方面选取指标并进行标准化处理。虽然笔者发现动机和能力综合作用的结果表现出了积极的公司治理效应，降低了企业现金持有水平，然而该结论并未直接呈现权力制衡动机和权力制衡能力各自的作用。从理论上讲，动机和能力是相辅相成的，有动机无能力或者有能力无动机都不会形成真正的制衡。为了更加明了地理解关键下属高管监督动机和监督能力在降低企业现金持有水平方面的作用，直接将前文构建的 EXE_HRZ 变量和 EXE_PAYR 变量纳入模型（1），替代内部治理综合指标 IN_G，回归结果如表 3-14 所示。

根据表 3-14，EXE_HRZ（3）、EXE_PAYR（3）、EXE_HRZ（4）、EXE_PAYR（4）均在 1% 水平显著为负。关键下属高管职业时限预期越长，公司现金持有水平越低；关键下属高管平均薪酬越接近董事长薪酬，公司现金持有水平越低。该结论从更为细致的层面反映了关键下属高管的主动性和话语权在影响公司行为选择方面的作用。

表 3-14　制衡动机还是制衡能力

变量	（1）CASH_H	（2）CASH_H	（3）CASH_H	（4）CASH_H
EXE_HRZ（3）	−0.0009*** （0.000）	−0.0011*** （0.000）		
EXE_PAYR（3）	−0.0029*** （0.001）	−0.0019*** （0.001）		
EXE_HRZ（4）			−0.0010*** （0.000）	−0.0012*** （0.000）
EXE_PAYR（4）			−0.0031*** （0.001）	−0.0019*** （0.001）
CH_HRZ	0.0012*** （0.000）	0.0008*** （0.000）	0.0012*** （0.000）	0.0008*** （0.000）
CH_GDR	0.0132* （0.008）	0.0185** （0.008）	0.0133* （0.008）	0.0185** （0.008）
CH_PAY	−0.0161*** （0.002）	−0.0073*** （0.002）	−0.0159*** （0.002）	−0.0072*** （0.002）
CH_SHR	−0.0604*** （0.010）	−0.0187* （0.010）	−0.0606*** （0.010）	−0.0186* （0.010）
SIZE	−0.0135*** （0.002）	−0.0074*** （0.002）	−0.0136*** （0.002）	−0.0075*** （0.002）
ROA	−0.6899*** （0.047）	−0.7614*** （0.048）	−0.6899*** （0.047）	−0.7616*** （0.048）

续表

变量	（1）	（2）	（3）	（4）
	CASH_H	CASH_H	CASH_H	CASH_H
LEV	0.3919***	0.4071***	0.3917***	0.4069***
	（0.013）	（0.014）	（0.013）	（0.014）
GROW	0.0007	0.0035	0.0008	0.0036
	（0.005）	（0.004）	（0.005）	（0.004）
NWC	0.6941***	0.7196***	0.6942***	0.7197***
	（0.008）	（0.008）	（0.008）	（0.008）
CFO	0.7029***	0.6504***	0.7028***	0.6502***
	（0.023）	（0.022）	（0.023）	（0.022）
CAPEX	0.5237***	0.4175***	0.5237***	0.4175***
	（0.022）	（0.022）	（0.022）	（0.022）
DIV	1.3438***	1.2065***	1.3430***	1.2054***
	（0.095）	（0.087）	（0.095）	（0.087）
LISTAGE	0.0031***	0.0041***	0.0031***	0.0040***
	（0.000）	（0.000）	（0.000）	（0.000）
CONS	0.2740***	0.0471	0.2757***	0.0499
	（0.041）	（0.042）	（0.041）	（0.042）
IND	No	Yes	No	Yes
YEAR	No	Yes	No	Yes
Obs	15513	15513	15513	15513
Adj. R^2	0.7638	0.7942	0.7638	0.7942

3.7.3　高管团队内部治理、企业现金持有水平与公司价值

笔者基于企业现金持有行为研究了高管团队权力制衡的治理作用。一方面，回应了 Cheng et al.（2016）的研究，发现管理层团队中关键下属高管能够发挥自下而上的监督作用，提高管理层的决策效率，降低公司运营成本，减少现金持有水平；另一方面，本章结论建立在现金持有水平的降低体现了公司治理效率的提高上，企业持有现金需要承担管理成本和机会成本，然而持现行为也有助于企业防范风险和抓住投资机会。因此，高管团队权力配置在降低企业现金持有水平的同时有没有促进企业价值提升非常值得关注。

为了探讨高管团队内部治理降低企业现金持有水平的价值效应，借鉴杨兴全和尹兴强（2018）的方法对该问题进行了检验。表3-15报告了相关结果。被解释变量是企业托宾Q值；解释变量包括前一期的现金持有水平和高管团队内部治理指标及二者的交互项；控制变量的选择参考杨兴全和尹兴强（2018）。根据表3-15，高管团队内部治理指标与企业现金持有水平交互项在至少10%水平显著为正，这说明有效的管理层团队权力配置能够提高公司持现效率，显著促进企业价值的提升，也意味着前文发现的高管团队内部治理导致的企业持现水平的下降更多地表现为积极的治理效应。

表3-15 高管团队内部治理、现金持有与公司价值提升

变量	（1）TOBINQ	（2）TOBINQ	（3）TOBINQ	（4）TOBINQ
CASH_H$_{t-1}$ × IN_G_S$_{t-1}$		0.0347**（0.016）		
IN_G_S$_{t-1}$	−0.0060（0.005）	−0.0145*（0.008）		
CASH_H$_{t-1}$ × IN_G_L$_{t-1}$				0.0322*（0.017）
IN_G_L$_{t-1}$			−0.0058（0.005）	−0.0137*（0.008）
CASH_H$_{t-1}$	−0.0174（0.034）	−0.0292（0.034）	−0.0173（0.034）	−0.0301（0.033）
SIZE	0.0279**（0.012）	0.0282**（0.012）	0.0279**（0.012）	0.0281**（0.012）
ROA	1.4552***（0.231）	1.4643***（0.232）	1.4552***（0.231）	1.4644***（0.232）
LEV	−3.7555***（0.068）	−3.7580***（0.068）	−3.7558***（0.068）	−3.7580***（0.068）
GROW	−0.0333*（0.019）	−0.0337*（0.019）	−0.0332*（0.019）	−0.0336*（0.019）
PE	0.5184***（0.008）	0.5187***（0.008）	0.5184***（0.008）	0.5186***（0.008）
NWC	0.0688*（0.036）	0.0679*（0.036）	0.0687*（0.036）	0.0685*（0.036）
LISTAGE	−0.0041***（0.001）	−0.0041***（0.001）	−0.0041***（0.001）	−0.0041***（0.001）

续表

变量	（1）	（2）	（3）	（4）
	TOBINQ	TOBINQ	TOBINQ	TOBINQ
CONS	1.0890*** （0.259）	1.0866*** （0.259）	1.0896*** （0.259）	1.0889*** （0.259）
IND	Yes	Yes	Yes	Yes
YEAR	Yes	Yes	Yes	Yes
Obs	11830	11830	11830	11830
Adj. R^2	0.8965	0.8965	0.8965	0.8965

3.8　本章小结

　　以 2007—2017 年沪深 A 股上市公司为研究对象，借鉴 Cheng et al.（2016）的方法从关键下属高管监督动机和监督能力两个方面构建管理层团队内部治理指数，并在此基础上探讨了高管团队权力配置对企业现金持有行为的影响。研究得出以下结论：高管团队内部治理机制越有效，企业现金持有水平越低，即高管团队内部治理降低了企业的现金持有水平。经机制检验发现，高管团队内部治理通过降低财务风险、缓解融资约束和抑制代理冲突等路径影响了企业现金持有决策。进一步的研究还发现，高管之间的相互监督和约束机制只有在公司内外部要素市场比较发达的情形下才能发挥积极的治理作用，有效降低现金持有水平；关键下属高管对最高决策者的制衡动机和制衡能力都显著降低了企业的现金持有量；高管团队内部治理提高了企业现金持有价值，表现出良好的价值提升效应。

　　尽管现有文献对各个层面的公司治理机制都展开了相关研究，但目前人们对高管团队内部的制衡机制知之甚少，所以对该制衡机制的研究具有一定的必要性（Cheng et al.，2016），笔者回应了 Cheng et al.（2016）的研究，从企业持现角度探讨了高管团队内部治理机制的治理后果。笔者拓展了现有文献中关于管理层权力经济后果和企业持现影响因素方面的研究。第一，管理层权力方面的研究大多聚焦于经理人的绝对权力，并未充分考虑下属高管，特别是关键下属高管的制衡作用。研究发现，高管团队中关键下属高管有动机也有能力监督公司最高决策者，这为管理层权力方面的研究提供了一种新思路。第二，大量文献从公司内外部环境和治理机制角度研究了企业现金持有水平的影响因素，但目前尚未有研究直接关注高管团队内部监督机制在企业持现决策中的作用。笔者从高管团队权力配置视角研究了管理层团队内部治理在降低企业现金持有水平方面的治理效应，对相关文献做出了有益的补充。此外，本章结论对于完善上市公司组织设计和优化管理团队人事安排也具有一定的启示意义。

4 高管团队内部治理与企业风险承担水平

4.1 引　言

经济学和管理学领域文献长期以来一直关注个体企业风险行为对企业自身及宏观经济的影响。在宏观研究领域，Acemoglu and Zilibotti（1997）指出，虽然企业可以选择低风险、低收益的项目进行投资，然而相对稳定的投资回报同时也意味着长期较低的生产率水平。相反地，企业家追逐利润过程中的风险承担行为可以为经济的长期持续增长提供有力支撑（Barro，1991；Baumol et al.，2007；John et al.，2008；Faccio et al.，2011）。换句话说，虽然选择相对安全的投资机会能带来较为稳定的回报，但这也将使整个社会的生产率停留在一个较低的水平；而企业对高风险高收益项目的追逐才是经济稳定增长的根本动力。在微观研究领域，Rumelt（1974）和 Porter（1980）关注了风险承担行为对企业绩效的影响；Bromiley（1991）指出，管理层的风险承担行为对企业生存、发展和绩效都具有十分重要的意义。此外，管理层风险承担也是企业战略研究中的一个重要议题（Rumelt，1974；Porter，1980；Sitkin and Pablo，1992；Pablo et al.，1996），Acemoglu and Zilibotti（1997）发现公司风险行为在保持公司竞争优势方面发挥了重要的作用。可见，企业风险承担行为不仅有利于微观层面公司竞争能力的培育，而且推动了宏观层面经济的可持续发展。

企业风险承担行为的具体方式非常多样，如扩大再生产、产品创新战略、产品差异化战略、开拓新市场、兼并和收购等。Nakano and Nguyen（2012）指出，承担风险可能导致经营失败，可不承担风险一定无法兴旺发达，某种程度上讲，风险承担是企业成功的关键。既然风险承担对企业而言有如此之高的战略意义，那究竟哪些因素影响了企业的风险承担行为就成为非常重要的研究议题。根据所掌握的文献，企业内外部诸多因素都会对企业的风险承担倾向产生影响。在外部因素方面，法律法规（John et al.，2008；Low，2009；Bargeron et al.，2010；King and Wen，2011；Acharya et al.，2011b；Cohen and Dey，

高管团队内部治理效应研究

2013；Gormley and Matsa，2016；Koirala et al.，2020）、政府政策（Julio and Yook，2012；Caggese，2012；Ljungqvist et al.，2017；Langenmayr and Lester，2018；刘志远等，2017；张娆等，2019）、社会和文化特征（Hilary and Hui，2009；Mihet，2013；Li et al.，2013；杨瑞龙等，2017；金智等，2017；申丹琳，2019）等因素对企业风险承担行为产生了深刻影响。在内部因素方面，经理人个人特征（Serfling，2014；Roussanov and Savor，2014；张敏等，2015；Nicolosi and Yore，2015；Faccio et al.，2016；宋建波等，2017；Bernile et al.，2017；Ahmed et al.，2019；Kamiya et al.，2019；何瑛等，2019）、薪酬契约（Stulz，1985；Berger et al.，1997；Guay，1999；Smith and Guay，1999；Rajgopal and Shevlin，2002；Wright et al.，2007；Faleye et al.，2011；Chen and Ma，2011；张瑞君等，2013；Rau and Xu，2013；Guo et al.，2015；Yang and Hou，2016；Cowen et al，2016；朱琪等，2019）、所有权结构（Anderson and Reeb，2003；Miller et al.，2010；Mishra，2011；Nguyen，2011；李文贵和余明桂，2012；余明桂等，2013；Koerniadi et al.，2014；苏坤，2016；肖金利等，2018）、董事会治理（Eisenberg et al.，1998；Cheng，2008；Nakano and Nguyen，2012；Wang，2012；Koerniadi et al.，2014；Huang and Wang，2015；Huang and Wang，2015；Bernile et al.，2018；孟焰和赖建阳，2019；王凯等，2019）等因素也显著地影响了企业的风险承担行为。越来越多的文献开始关注公司治理机制对企业风险承担态度的影响。大量文献关注了管理层权力对企业风险承担行为的影响，但相关研究并未取得一致的结论。Adams et al.（2005）、权小锋和吴世农（2010）发现 CEO 权力越大，公司业绩波动性越高，而业绩波动是企业风险承担水平的重要表征（John et al.，2008）。Lewellyn and Muller-Kahle（2012）、陈本凤等（2013）、李海霞和王振山（2015）等直接验证了 CEO 权力与企业风险承担水平之间的正相关关系。与这些文献的研究结论不同的是，Pathan（2009）、位华（2012）等发现 CEO 权力越大，公司风险承担水平越低。笔者认为，这些文献在研究设计中过于强调管理层团队中个体的绝对影响力，对高管之间可能存在的权力的相互制衡关注不够。Acharya et al.（2011a）、Cheng et al.（2016）、张博等（2011）等研究都指出高管团队中最高决策者之外的其他关键高管对公司决策的制定和执行具有重要影响，基于此，笔者从管理层团队中关键下属高管监督制衡最高决策者的动机和能力两方面入

102

手构建了高管团队内部治理指数，研究高管团队权力配置对企业风险承担行为的影响。

从理论上讲，高管团队内部治理既可能提高企业风险承担水平，也可能降低企业风险承担水平。根据代理理论和信息不对称理论，经理人厌恶风险并且倾向于牺牲股东利益而追求个人私利（Jensen and Meckling，1976；Eisenhardt，1989；Hoskisson et al.，2017），因此他们的风险承担意愿不高；此外，代理冲突的存在进一步恶化了信息不对称问题，从而挤出了企业承担风险所必需的资源。高管团队内部治理可以抑制最高决策者对个人私利的追逐，缓解代理冲突，从而改善企业的信息环境，进而从风险承担的意愿和能力两个维度提高企业风险承担水平。同时，根据决策理论，关键下属高管影响力越大，企业决策的群体性特征越明显（Barber et al.，2003），管理层选择调和各方利益的妥协性方案的概率越高，公司风险承担水平越低。因此，高管团队内部治理对企业风险承担水平的影响是一个有待检验的实证问题。

笔者参考 Cheng et al.（2016）的研究设计，从高管团队内部关键下属高管监督最高决策者的动机和能力两方面入手设计高管团队内部治理综合指标，以2007—2016 年中国 A 股非金融类上市公司为研究样本考察了高管团队内部治理对企业风险承担的影响。经研究发现，高管团队内部治理效率显著提高了企业的风险承担水平。该结论在经过一系列稳健性检验之后依然成立。另外，还发现高管团队内部治理提升企业风险承担水平的主要实现路径是研发投入的提高、创新产出的增加、资本性支出的上升。经进一步的研究发现，媒体关注和法律诉讼带来的外部压力、经济环境和政策方面的不确定性负向调节了高管团队内部治理对企业风险承担的促进作用。此外，高管团队内部治理水平通过提高企业风险承担水平促进了公司价值的提升。

本章余文安排如下：第二节是文献综述，第三节是理论分析和研究假设，第四节是研究设计，第五节是实证结果及解释，第六节是影响路径分析，第七节是进一步研究，第八部分是本章小结。

4.2　企业风险承担的影响因素

企业风险承担行为不仅影响公司个体层面的经营状况，而且还会对宏观经济产生冲击。以 2008 年爆发的次贷危机为例，正是因为诸如雷曼兄弟等此类公司的不合理的风险承担行为，才导致了美国历史上最大规模的破产案，并助推了全球经济的衰退（Siepel and Nightingale，2014）。现有文献从多个角度关注了企业风险承担水平的影响因素。概括而言，这些研究大都基于 Hambrick and Mason（1984）的高阶梯队理论（Upper Echelons Theory）或 Jensen and Meckling（1976）的代理理论（Agency Theory）展开讨论 ①。

4.2.1　高管个人特质与企业风险承担

Hambrick and Mason（1984）的高阶梯队理论指出，由于环境的复杂性，经理人的决策视野受到个体认知和价值观念的影响，也就是说，在信息有限的情形下，企业高管会根据自身知识结构、价值观等对信息做出主观判断，这些判断在不同主体之间可能是异质性的。进一步地讲，基于这些判断的企业战略选择也会呈现出不同特征，并最终影响企业经营绩效。以高阶梯队理论为出发点，大量的实证研究表明，高级管理人员的个人特征、性格和偏好会影响公司层面的决策和经营后果（Malmendier et al.，2011；Cronqvist et al.，2012；Graham et al.，2013）。在企业风险承担方面，现有研究从高管性别、年龄、个性特征、生活状态、特殊经历、资源禀赋等方面探讨了经理人个体因素对企业风险行为的影响，如图 4-1 所示。

---

① 企业风险承担行为还可以用企业行为理论（The Behavioral Theory of the Firm）、前景理论（Prospect Theory）、行为代理模型（Behavioral Agency Model）等进行解释，笔者对此不做过多阐述。原因有以下几点：①虽然这些理论可以用来解释企业风险承担水平，但单纯基于这些理论解释企业风险行为的研究暂未形成较为完整的体系。具体可参考 Hoskisson et al.（2017）的文章 Managerial Risk Taking: A Multi-Theoretical Review and Future Research Agenda。② 这些理论与本章所讲的高阶梯队理论和代理理论有一定的融合和交叉。需要特别说明的是，其他理论对企业行为的解释也是不容忽视的。正如 Daily et al.（2003）所言，人们在理解组织行为的时候应该综合使用多种理论方法。

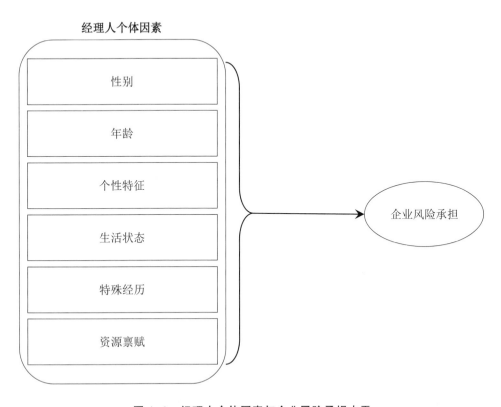

经理人个体因素

图 4-1 经理人个体因素与企业风险承担水平

① 在性别方面，Byrnes et al.（1999）指出相较于女性，男性的风险承担水平更高。Faccio et al.（2016）的实证研究发现女性 CEO 管理的公司的风险承担水平显著更低，证实了 Byrnes et al.（1999）的观点。

② 在年龄方面，Serfling（2014）发现公司经理人年龄越大，企业研发投入越少，多元化程度越高，经营杠杆越低，从而降低了企业风险承担水平。

③ 在个性特征方面，虽然 Faccio et al.（2016）证实男性经理人管理的公司的风险承担水平更高，但性别只是一种显性特征，而且性别和性格之间的关系并不是线性的。因此，Ahmed et al.（2019）、Kamiya et al.（2019）等从更为精细的高管个性特征方面展开了研究。Ahmed et al.（2019）研究了 CEO 男子气概与银行风险承担之间的关系。他们以面部宽高比例衡量 CEO 阳刚之气，发现 CEO 男子气概越强，公司行为愈发激进和冒险，银行的风险承担水平越高。类似地，Kamiya et al.（2019）基于标准普尔 1500 家非金融公司数据研究了 CEO 面部宽高比例与公司风险之间的关系，他们发现，CEO 的雄性气质越强，公司股票收益率

的波动越高、财务杠杆越高，同时越倾向于发生收购行为。除此之外，很多文献还关注了高管自信程度对企业行为的影响。Hirshleifer et al.（2012）发现 CEO 过度自信的公司的股票收益波动更高，企业创新投入也更多，这意味着 CEO 过度自信提高了企业的风险承担水平。余明桂等（2013）基于中国上市公司的研究也发现管理者过度自信程度显著提高了企业的风险承担水平。

④ 除了高管自身特征，很多文献还发现高管的生活状态会影响其行为选择，进而影响其管理或控制的公司。Roussanov and Savor（2014）发现单身 CEO 比已婚 CEO 更加偏好风险，由其管理的公司的行为也更加激进；Nicolosi and Yore（2015）发现 CEO 婚姻状况影响了其风险偏好，进而影响了企业投资方面的风险偏好。

⑤ Marquis and Tilcsik（2013）的烙印理论（Imprinting Theory）认为焦点主体为了适应特定敏感期环境而产生某种"印记"，这些"印记"会影响焦点主体的行为，而且不会伴随环境的变化而轻易消除。结合高阶梯队理论，高管特殊经历带来的"印记"对其个体行为，进而对公司行为选择的影响受到很多学者的关注。Bernile et al.（2017）发现经理人早期生活经历显著影响企业风险承担行为。具体而言，亲身经历过某些没有极端负面后果的重大灾难的经理人管理的公司的行为更为激进，而亲眼见证了某些重大灾难的极端负面后果的经理人管理的公司的行为更为保守。相关的激进和保守行为体现在公司的杠杆率、现金持有水平和并购活动之中。宋建波等（2017）认为海归高管接受过海外文化的熏陶，他们的风险承担意识更强，这种学习、生活或工作"印记"将影响其出任高管的公司的行为。他们的实证研究表明公司里的海归高管显著提高了企业的风险承担水平，而且公司高管团队中海归高管人数越多，占比越高，公司的风险承担水平也越高。此外，复合的职业经历也会产生某种"烙印"，丰富的职业履历可能从两个方面提升企业风险承担水平。第一，职业背景越丰富，经理人技能就越全面，职业担忧就越小，自信程度也就越高，从而更容易接受高风险项目；第二，经理人职业背景越丰富，其处理各种复杂局面的经验越充足，能够更好地应对风险活动带来的不确定性。何瑛等（2019）的发现支持了前述判断，即 CEO 丰富的职业经历提高了企业的风险承担水平。

⑥ 高管个人的资源禀赋也会影响其个体行为，进而对其管理的公司的风险

倾向产生影响。高管的社会网络^①代表了其资源获取能力，网络越丰富，个体的资源获取能力就越强。资源获取能力不仅使企业有更多的机会参与到风险性项目中，而且有助于提高企业的风险应对能力。张敏等（2015）的研究发现，高管的社会网络提升了企业的风险承担水平，而且董事长社会网络对企业风险承担水平提高的促进作用大于 CEO 社会网络，进一步地讲，在各种形式的社会网络中，银行网络对企业风险承担的促进作用最明显。

除此之外，还有部分文献关注了高管任职特征与企业风险承担水平之间的关系，如 Chen and Zheng（2014）基于 1992—2006 年美国上市公司的研究发现，CEO 任期越长，企业风险承担水平越高。

4.2.2　公司内部治理与企业风险承担

Berle and Means（1932）发现现代企业经营中所有权和经营权分离是一种比较常见的现象。股东虽然拥有企业的所有权，但并不直接参与企业的日常经营，企业经营活动的实际控制权掌握在经理人手中。Jensen and Meckling（1976）分析指出，股东和经理人所追求的利益目标并不一致，在所有权和经营权分离的情形下，经理人决策的出发点不再是股东价值最大化，而是私人收益最大化，从而产生委托代理问题。Myers and Majluf（1984）将信息不对称理论引入资本市场研究领域，进一步丰富了委托代理理论，使之成为比较成熟的公司治理分析框架。资本资产定价模型（Capital Asset Pricing Model）的一个暗含假设是风险与收益之间存在正相关关系，基于此，经典的委托代理理论指出经理人事前的风险承担行为具有积极的经济影响（Holmstrom，1979；Jensen and Murphy，1990）。与此同时，委托代理理论认为以个人利益为决策出发点的经理人并不会主动去承担风险，相反，经理人可能会不合理地规避风险^②。因此，委托代理理论主张从激励和监督两个方面缓解经理人对私利的追逐，以更好地实现企业价值最大化。La Porta et al.（1999）进一步丰富了代理理论，指出 Berle and

---

① 　社会网络是一个社会学概念，指一组行动者及连接他们的各种关系的集合（Kilduff and Tsai，2003）。

② 　这主要基于以下两方面原因：第一，股东可以通过合理配置资产实现分散化投资，从而降低风险，因此他们至少可以是风险中性的；而经理人个人财富与企业高度绑定，其风险厌恶程度更强。第二，以个人私利为出发点，经理人更可能奉行享乐主义，如追求平静生活等。

Means（1932）基于美国市场的研究发现，公司股权分散在很多小股东手中，企业的实际控制权被管理层掌控着。而与此不同的是，他们发现在投资者保护水平不高的经济体中的企业的股权并不是高度分散的，相反，这些企业都存在终极控股股东。控股股东通过金字塔结构或者直接参与公司经营控制企业，他们对企业的控制权远超现金流权。因此，控股股东有动机利用其控制权侵害中小股东的利益。他们将这种控股股东与中小股东之间的冲突称之为第二类代理问题。如果控股股东存在掏空行为，那上市公司从事高风险项目的意愿会受到打击，同时由于资源被大股东侵占，公司也无能力承担高风险项目。基于我国特殊的经济制度背景，袁振超等（2014）指出国有企业的代理问题主要体现为第一类代理问题，而非国有企业的代理问题主要是第二类代理问题。在代理理论框架下，现有文献探讨了各种公司治理机制对企业风险承担行为的影响。总体而言，John et al.（2008）、Aggarwal et al.（2009）等发现公司治理质量显著影响了企业风险承担水平，但不同公司治理机制或相似公司治理机制在不同制度背景下对企业风险承担的作用并不完全一致。

大量文献关注了公司薪酬契约对企业风险承担的影响，基本内容如图 4-2 所示。

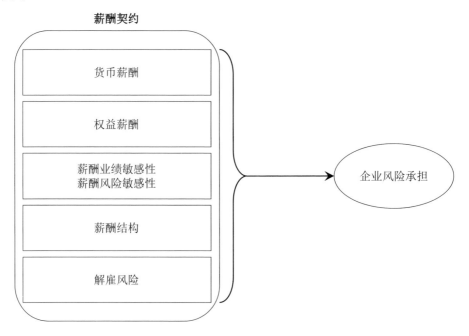

图 4-2　薪酬契约与企业风险承担水平

① 货币是最古老的薪酬方式，货币薪酬是否能够激励管理层的风险行为受到较多文献的关注。Berger et al.（1997）指出如果 CEO 的任期较长而且货币薪酬水平[1]较高，那他们更可能进行管理层防御[2]，从而不合理地规避风险。Guay（1999）指出货币薪酬水平较高的 CEO 更可能实现个人财富多元化，因此他们的风险厌恶程度越低。张瑞君等（2013）基于我国上市公司的研究发现，货币薪酬激励的增加能提升高管承担风险的水平。

② 国内外大量研究关注了权益薪酬对公司风险行为的影响。尽管 Faleye et al.（2011）指出 CEO 持股水平越高，其个人财富的风险敞口越大，因此企业的风险承担水平会降低。但基于权益薪酬的研究几乎都发现股权激励会降低管理层道德风险（O'Connor et al.，2006），提高企业风险承担水平（Carpenter et al.，2003；Devers et al.；2008；Sanders and Hambrick，2007）。Smith and Stulz（1985）、Guay（1999）等人的研究也指出权益薪酬可以缓解经理人对风险的厌恶，提高公司的风险承担水平。Rajgopal and Shevlin（2002）同样发现对经理人进行股权激励会提高企业对风险性项目的投资。很多学者还就不同形式权益薪酬对企业风险承担的异质性影响进行了研究。在股票期权方面，Hemmer et al.（1999）指出股票期权的凸性特征能够刺激经理人的风险承担行为；Sanders（2001）和 Wright et al.（2007）发现股票期权会显著提升企业的风险承担水平。Chen and Ma（2011）也发现股票期权提高了管理层对风险性项目的投资。朱琪等（2019）基于我国制度背景的研究也发现对高管进行股权激励能够显著提升企业的风险承担水平。但李小荣和张瑞君（2014）发现股权激励与企业风险承担之间的关系并不是现行的，而是呈倒"U"形关系。在限制性股票方面，Bryan et al.（2000）发现授予高管限制性股票反而会降低企业的风险承担水平。

③ 薪酬业绩敏感性（Pay-performance sensitivity）和薪酬风险敏感性（Pay-risk sensitivity）对企业风险承担倾向的影响也受到众多学者的关注。Garen（1994）、Mehran（1995）等指出薪酬业绩敏感性能够缓解公司代理冲突。根据委托代理理论，代理冲突的缓解会强化管理层决策中的股东财富最大化导向，

---

① 外文文献一般使用工资（salary）和奖金（bonus）总额衡量高管货币薪酬。

② Berger et al.（1997）将经理人不受公司内部治理机制和外部监督机制影响的程度界定为管理层防御，又称堑壕效应（Managerial Entrenchment）。

从而更加积极地面对风险行为。Yang and Hou（2016）以 2006—2009 年美国封闭式基金为样本研究了基金经理薪酬业绩敏感性与风险承担行为之间的关系，结果发现基金收益波动率与基金经理薪酬业绩敏感性显著正相关。Hagendorff and Vallascas（2011）对美国银行的研究发现薪酬风险敏感性更高的银行 CEO 会参与更多的风险性并购。

④ 很多学者研究了企业薪酬结构对公司风险承担的影响。虽然薪酬水平和薪酬方式显著影响了企业的风险行为，但薪酬结构也扮演了重要的角色。薪酬结构本身具有多样性，它可以是期限结构，即长期薪酬和短期薪酬的比例关系；也可以是成分结构，即货币薪酬和权益薪酬的比例关系等。Wright et al.（2007）发现，高管薪酬中固定性薪酬占比越高，企业风险承担水平越低。Guo et al.（2015）研究发现经理人薪酬组合中短期激励性薪酬和长期激励性薪酬都会提高企业风险承担水平，表现为更高的 Z 值和更高的股票收益波动率。

⑤ 学者们在讨论薪酬契约的时候更多地从奖励角度考察经理人薪酬对企业行为的影响，其实薪酬契约还有一个很重要的特征，那就是保障性。无论是货币薪酬还是权益薪酬，无论是短期薪酬还是长期薪酬，薪酬契约都更多地强调经理人完成某些业绩指标将获得哪些奖励，这自然会缓和经理人的风险厌恶倾向，进而提高企业风险承担行为。值得注意的是，如果未完成业绩指标，甚至业绩下滑，高管将面临什么惩罚。如果这种惩罚是严苛的，那经理人的风险厌恶倾向会阻止他们追求高风险项目，因为高风险项目的波动性更强，经理人需要承担高昂的个人成本。相反，如果企业对高管的容忍度更高，无疑会降低高管个人成本，从而提高企业风险承担水平。相关研究证实了上述判断，如 Chakraborty et al.（2007）认为经理在决定投资的风险水平时会考虑解雇风险，他们研究发现，解雇风险提高 10%，股票回报波动率下降 5% ～ 23%；Kempfetal.（2009）的实证研究表明经理的风险承担行为取决于雇佣风险与薪酬的相对重要性，当雇佣风险相对重要时，经理会降低风险承担水平以避免被解雇。此外，基于经理人遣散费的研究表明，对失去工作担忧的降低会提高经理人的风险承担倾向（Cowen et al，2016；Rau and Xu，2013）。

由于薪酬制度对高管行为的干预并不是充分的，因此监督机制就显得非常必要（Hoskisson et al.，2017）。有效的监督能在一定程度上弥补契约不完备带来的效率损失。具体到企业风险承担议题，薪酬制度固然能引导高管的风险行为，以更好地为股东创造价值；但薪酬制度也存在一些固有缺陷，如薪酬契约设计无法穷尽所有条件，薪酬契约执行具有滞后性等。监督机制能够抑制管理层的短视行为，确保经理人行为更符合股东或债权人的利益诉求。根据笔者对文献的掌握，目前探讨公司治理机制影响企业风险承担行为的研究主要从四方面展开：一是所有权治理；二是债权治理；三是董事会治理；四是其他治理机制。如图 4-3 所示。

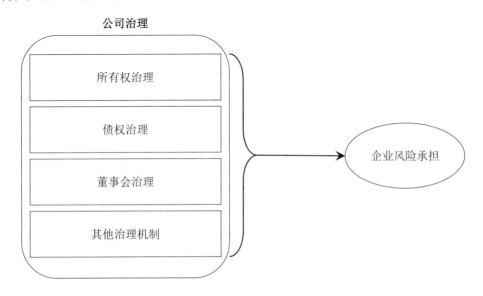

图 4-3 公司治理与企业风险承担

股东对经理人的监督主要通过三种方式实现：① 大股东的监督；② 集中的所有权结构；③ 特定类型的股东。一般认为，三种方式的监督都会提高企业的风险承担水平。

第一，大股东监督方面。根据笔者前文的分析，控股股东对企业的影响主要有两种：一是"掏空效应"，二是"扶持效应"。如果控股股东行为更多地表现为掏空，那公司第二类代理问题严重，企业风险承担行为可能受到不利影响；如果控股股东行为更多地表现为支持，那相对集中的股权结构有助于抑制管理层的风险厌恶倾向，提高企业风险承担水平。具体而言，大股东的行为又受到其具体股权特征的影响。如果公司第二类代理问题严重，那控股股东的存在将降低企业风险承担水平（Mishra，2011）。如果公司第二类代理问题不严重，那么大股东监督会提高企业风险承担水平。如 Faccio et al.（2011）发现，控股股东投资组合多元化程度显著提高了企业的风险承担水平。股东希望公司能够把握所有净现值为正的投资机会，而对与之相关的风险则较少关注（Faccio et al., 2011），这归根结底是因为股东可能已经将他们的财富配置于不同的公司和行业之中，充分的多元化分散了投资风险，因此经理人做出高风险但价值提升作用明显的投资决策更符合他们的利益。Mishra（2011）发现多个大股东之间相互制衡，这种约束关系带来的监督水平的提高会激励企业的风险承担行为；Koerniadi et al.（2014）的研究也支持了这一观点。控股股东的家族性质也受到较多学者的关注。如 Anderson and Reeb（2003）发现家族大股东多元化程度低，其财富更多地集中于家族企业之中，因此企业的风险承担水平较低。Miller et al.（2010）也指出，家族为保持其控制权，维系企业在家族间的代际传承，会放弃收益率波动较高的投资项目，选择较低风险承担水平。与这两篇文献不同的是，Nguyen（2011）的研究却发现家族控制显著提高了企业的风险承担水平。肖金利等（2018）以 2007—2015 年我国上市家族企业为样本，从一个崭新的视角探讨了股权的家族性质对企业风险行为的影响。具体而言，他们研究了实际控制人夫妻共同持股对公司风险承担水平的影响，结果发现，由夫妻共同持股的家族企业，其杠杆水平显著更低、现金持有水平显著更高，表现为较低的风险倾向。结合我国特殊的经济体制，部分学者关注了国有股权对企业风险承担的影响。李文贵和余明桂（2012）研究发现国有企业拥有显著更低的风险承担水平，进一步地讲，余明桂等（2013）发现国有企业民营化后企业风险承担水平显著提高。苏坤（2016）探讨了国有企业金字塔控制结构[①]对公司风险行为的影响，研究发现，国有企业金字塔层级越多，政府对企业的干预程度越低，企业的风险承担水平越高。

第二，集中的所有权结构方面。股权结构越集中，意味着股东的投资越聚焦，股东对风险更加敏感而且第二类代理冲突发生的概率上升。因此，集中的股权结构可能会降低企业风险承担水平。Gursoy and Aydogan（2002）基于土

①　金字塔股股权结构指控股股东通过一系列多层级的中间实体（公司）来间接控制上市公司的一类组织结构类型，在中国乃至世界范围内都非常普遍（Fan et al., 2013）。在确保国有控股的情况下，Fan et al.（2005）发现金字塔式股权结构的建立使得政府与企业间形成了一个隔离带，恰恰是政府对所控制公司分权（减轻干预）为目的的组织结构安排，政府与公司之间的代理链层级越长，干预的可能性就越低，国有金字塔层级是衡量降低政府干预程度的有效度量方式，也是在没有转让公司所有权情况下降低政府干预的可信机制。

耳其企业的研究发现，公司集中度越高，企业风险承担水平越低；Srairi（2013）基于中东和北非国家银行业的研究也发现了股权集中度与银行风险承担的负相关关系；此外，Jumreornvong et al.（2019）基于泰国的研究同样发现公司风险承担水平伴随股权集中度的提高而降低。不同的是，Nguyen（2011）的研究发现，股权集中度显著提高了企业的风险承担水平。

第三，特定类型股东方面。伴随世界各国资本市场中机构投资者持股数量的上升，机构股东的作用受到的关注与日俱增。一般而言，机构投资者对企业行为的影响有以下两条路径：抛售公司股票，即所谓的"用脚投票"；参与公司治理，即所谓的"用手投票"。伴随机构投资者持股比例越来越高，他们选择"用脚投票"的成本也越来越高（Joe et al.，2009），因此积极参与公司治理是理性选择。机构投资者参与公司治理可能会强化对经理人的监督，从而抑制经理人决策中的短期视野，提高企业风险承担水平。如 Hoskisson et al.（1994）研究发现机构股东监督会提高经理人的风险承担水平，从而缓解企业过度多元化问题。当然，机构投资者本身也具有异质性，他们对企业风险行为的影响也存在差异，如 Hoskisson et al.（2002）研究发现与短期机构投资者相比，长期持股的专业机构投资者对企业内部创新的影响更大，而内部创新是一种高风险行为。

债权人对经理人的监督路径也是多样的。在传统委托代理理论研究框架下，企业股东可以获得投资的超额收益，如果经营失败，那么股东只需要承担有限责任。因此股东会鼓励企业使用负债进行高风险投资，从而在锁定风险上限的同时追求潜在的无限收益。按照这一逻辑，债务融资会提高企业风险承担水平。而另一方面，债权人则恰恰相反，他们一般情况下只会获得一个固定收益，但如果企业经营失败，他们可能面临较高的成本，因此他们会约束企业的高风险行为。按照这一逻辑，债务融资会降低企业风险承担水平。Blum（2002）等研究发现次级债务对银行风险承担的影响并不是一成不变的，不同情形下次级债务对银行风险承担的影响存在异质性。Della Seta et al.（2020）构建的理论模型表明，短期债务无法抑制高管道德风险，反而会助推企业的冒险动机。郭瑾等（2017）基于中国上市公司数据检验了银行贷款对企业风险承担行为的影响。经研究发现，银行贷款与企业风险承担水平显著正相关，即银行贷款显著提升了企业的风险承担水平。

董事会是公司治理中的重要组织，作为常设权力机构，其重要职责之一是对管理层进行监督以减轻由于信息不对称和风险偏好差异导致的机会主义行为（Boyd et al., 2011），确保高管决策与股东利益相一致（Finkelstein et al., 2009；Jensen and Meckling，1976）。Hoskisson et al.（2017）指出，董事会在企业风险承担决策中扮演了重要角色。大量研究关注了董事会规模、董事会结构、董事会资源等对企业风险承担的影响。

第一，董事会规模方面。从理论上讲，规模较大的董事会能够更好地发挥监督和咨询职能（Dalton et al., 1999；Coles et al., 2008），但伴随董事会规模的扩大，决策效率低下和搭便车行为会影响董事会职能的有效发挥，因此公司应该控制董事会的规模（Jensen，1993；Lipton and Lorsch，1992）。基于此，董事会规模与企业风险承担之间的关系相对明确，即董事会规模越小，其监督效力越强，企业风险承担活动越活跃；董事会规模越大，观点越中和，而且其监督效力会降低，因此企业风险承担水平也会下降。相关研究也印证了这些理论分析。Cheng（2008）指出大规模董事会在决策过程中需要做出更多的妥协，个别董事的决策失误会被他人的意见弥补，因此决策结果不会过于极端。他们的实证检验发现，董事会规模有助于降低企业业绩波动性，表现为董事会规模与公司股票月度收益的标准差、年度 ROA 的标准差、托宾 Q 值的标准差显著负相关。Nakano and Nguyen（2012）采用与 Cheng（2008）相似的方法基于日本企业数据研究了董事会规模与企业风险承担之间的关系，发现董事会规模降低了公司的风险承担水平，可是伴随公司董事会规模的扩大，日本企业风险承担水平的下降幅度小于美国企业。他们指出这可能是因为日本企业董事会大多由内部人控制，而且日本文化更注重同质性和一致性。Wang（2012）发现，相比而言，小规模董事会能够提高公司风险承担水平，拥有小规模董事会的企业的风险投资水平更高。Koerniadi et al.（2014）同样发现董事会规模与公司风险承担水平显著负相关。此外，Huang and Wang（2015）基于中国上市公司的研究发现，董事会规模越大，企业风险承担水平越低；董事会规模提高了公司的投资现金流敏感性，但降低了公司的研发投入现金流敏感性，即规模较大的董事会促使企业将更多的现金资源配置于风险较低的资本投资项目，而将更少的现金资源配置于风险较高的研发项目。这充分说明小规模董事会更愿意做出符合股东利益的风险决策。

第二，董事会结构方面。现有文献主要从董事会独立性、董事会多样性等方面关注董事会结构对企业风险承担的影响。董事会独立性一直是公司治理研究领域的重要议题。Baysinger and Hoskisson（1990）指出，外部董事更加强调对财务产出的控制，而不是对风险的战略控制，因此外部董事会对企业风险承担产生负面影响；Zahra（1996）的研究证实了这一点。与他们不同的是，Yermack（2004）认为外部董事并不像公司高管那样厌恶风险，因为他们的人力资本并未与公司完全绑定。因此，外部董事可能会提高企业的风险承担水平。Lu and Wang（2018）也指出，在内部人或管理层由于风险厌恶而做出保守投资决策的企业中，董事会独立性能够提高公司的风险承担水平。大量实证研究证实了董事会独立性与公司风险承担水平之间的正相关关系（Eisenberg et al.，1998；Huang and Wang，2015；Cheng，2008）。董事会多样性涵盖多个维度。在董事来源维度方面，孟焰和赖建阳（2019）发现董事会董事来源的异质性与企业风险承担水平之间存在负相关关系，因为不同来源的董事的利益诉求不同，意见分歧会促使企业投资行为更加保守。在董事任期维度方面，王凯等（2019）发现分层董事会[①]条款的设立会对企业风险承担行为产生不利影响。Bernile et al.（2018）从多个维度构建董事会多样性指标，研究发现董事会多样性显著提高了企业的风险承担水平，表现为更多的研发投入。

第三，董事会资源方面。董事的个人资源可以为企业提供从事风险性行为所必需的机会和能力，从而刺激企业的风险承担倾向。基于中国制度背景，周泽将等（2018）发现具有政治背景的独立董事可以为公司提供资源和保护，从而刺激企业的风险承担行为。

除了所有权治理、债权治理和董事会治理，其他治理机制对企业风险行为的影响也受到广泛关注。如 Kini and Williams（2012）以薪酬差距衡量高管团队内部的锦标赛竞争，发现晋升激励越强，企业风险承担水平越高；而刘思彤等（2018）基于中国上市公司数据的研究却发现了相反的结论，即高管内部薪

---

① 分层董事会也称为"错列董事会"或"分期分级董事会"，指董事会成员任期不同或任期错列，这样每年只有任期届满的董事才能被替换。当公司股权有变更的时候，新晋控股股东没有办法一次性大规模改选董事会，从而控制董事会。因此，公司章程中有效的分层董事会条款能够减缓收购方控制目标公司董事会的进程，进而为恶意收购提供缓冲。分层董事会条款的设立能降低新股东收购目标公司股份的意愿，降低目标公司原控股股东失去控制权的概率（Bates et al.，2008；Low，2009；李善民等，2016）。

酬差距越大，企业风险承担水平越低。此外，Lin et al.（2013）、胡国柳和胡珺（2017）发现引入董事高管责任险 ① 有助于增加企业风险承担。

4.2.3　公司外部治理与企业风险承担

除了高管个人特质、薪酬契约、公司治理机制等因素，大量文献还关注了众多公司外部制度和非制度因素对企业风险承担行为的影响。这些制度和非制度因素大概包括法律法规、政府政策、社会和文化特征等，具体如图 4-4 所示。

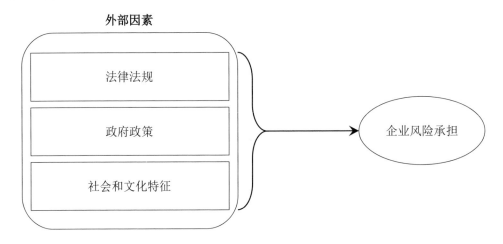

图 4-4　公司外部因素与企业风险承担

第一，法律法规方面。John et al.（2008）在充分考虑了不同国家公司受托责任、外部股东权利和法治环境之后发现投资者保护水平的提高能够促使企业做出更多的风险性投资，而且这些投资具有价值提升作用。与投资者保护水平的提高促进企业风险风承担相反的是，债权人权益保护机制的建设会降低企业风险承担水平（King and Wen，2011；Acharya et al.，2011b），这可能与投资者、债权人之间不同的风险—收益曲线有关。更多的学者关注了外部法律、规章、制度变迁对企业风险行为的影响。其一，法律制度变迁层面。Low（2009）

---

① 董事高管责任险指董事、高级管理人员（经理、监事、财务负责人等）在行使职权时因工作疏忽或行为不当，导致第三者（股东、债权人、雇员等）遭受经济损失，其依法应承担的民事赔偿责任由保险公司代为支付的一种职业责任保险（凌士显和白锐锋，2017）。

在研究对敌意并购进行立法保护①的经济影响时发现，经理人的职位越安全，其风险承担水平越低。Bargeron et al.（2010）发现 SOX 法案的实施降低了美国公司的风险承担意愿，原因是 SOX 法案强化了公司内部人追求高风险投资项目所面临的财务和法律责任。Cohen and Dey（2013）提出了类似的观点，并指出公司内部人个人法律责任范围的扩大是导致 SOX 法案实施之后美国公司风险承担行为减少的重要原因。Gormley and Matsa（2016）研究发现当公司经理人受到反收购法的保护之后，其保守的不利于提高公司价值的行为选择降低了企业的风险承担水平。其二，公司治理规范革新层面。根据 Bargeron et al.（2010）、Cohen and Dey（2013）等人的观点，公司治理机制改革会带来额外的合规负担，进而降低公司的风险偏好。与这两篇文章观点不同的是，Koirala et al.（2020）基于印度上市公司治理机制改革提供的准自然实验检验了公司治理机制转变对企业风险承担行为的影响。研究发现：① 严格规范的公司治理机制提高了企业的风险承担水平；② 公司治理机制变革通过降低资本成本、增加外资持股和提高董事会独立性促进了企业风险承担水平的提高；③ 公司治理机制变革推动下的企业风险承担水平的提高促进了企业价值的上升。基于此，他们指出公司治理机制改革能够有效弥补外部市场监督机制的缺失，缓解公司投资决策中的保守主义倾向，从而提高企业的风险承担水平。其三，会计准则变更方面。Hayes et al.（2012）以美国执行 FAS 123R 产生的外生性冲击为切入点，发现虽然 FAS 123R 降低了股票期权的使用，但并未对企业风险承担行为产生不利影响。

第二，政府政策方面。政府政策对微观企业行为的影响已经被大量文献所证实，其对企业风险承担行为的影响也受到较多关注。如在税收政策方面，利用美国各州的 113 次企业所得税调整，Ljungqvist et al.（2017）发现税收增加会减少企业风险承担，而税收削减却没有显著影响企业风险承担水平。Langenmayr and Lester（2018）研究发现政府可以通过弥补税费亏损和调整税率影响企业风险承担。在政策稳定性方面，Julio and Yook（2012）基于全球范围的政府选举的经验证据，发现政治不确定性会显著减少企业投资；Caggese（2012）发现市场环境不确定性对民营企业风险承担水平具有显著的负面影响；刘志远等（2017）发现经济政策不确定性越高，企业风险承担水平越高。此外，在我国，政府是配置经济资源的重要主体，产业政策是政府进行资源配置的有

---

① 20 世纪 90 年代美国特拉华州拥有分期分级董事会的公司更不容易受到恶意收购的影响。

力措施，政府通过产业政策引导经济资源配置方向、将资源和要素引入特定产业和部门（Chen et al.，2017）。张娆等（2019）发现与未受产业政策支持行业中的企业相比，受产业政策支持行业中的企业风险承担相对较高。

第三，大量研究关注了社会和文化因素对企业风险承担行为的影响。企业生存和发展依赖一定的社会环境和文化环境，其行为必然会受到外部社会和文化因素的影响。在社会环境方面，杨瑞龙等（2017）发现社会冲突的加剧会降低企业的风险承担水平。在个人主义文化方面，Li et al.（2013）指出文化能够直接影响高管的价值观念和行为决策，他们发现个人主义的价值观念对企业风险承担具有显著的正向影响；Mihet（2013）的研究结果也表明低个人主义社会中的企业的风险承担水平较低，因为缺乏个人主义的文化更注重强大的群体凝聚力，而非个人冒险精神。在宗教信仰方面，Hilary and Hui（2009）发现地区宗教信仰水平越高，以股票收益率和资产收益率方差计量的企业风险承担水平越低。在儒家文化方面，金智等（2017）以 CEO 出生地区孔庙数量作为儒家文化强度的代理变量研究发现，公司受儒家文化影响越大，风险承担水平越低，认为儒家文化降低企业风险承担倾向的路径有两条：一是儒家文化的等级观念抑制了公司的信息交流，从而降低了公司决策的风险容忍度；二是儒家文化的集体主义、和谐主义和风险规避主义使公司在机制设计上规避高风险项目。在社会信任方面，申丹琳（2019）研究发现企业所在地区的社会信任水平越高，企业风险承担水平越高。

4.2.4 文献评述

尽管现有文献从高管个人特征、公司内外部治理机制等多个维度关注了企业风险承担水平的影响因素，但关注高管团队内部权力结构对企业风险承担影响的文献并不丰富。在高管团队内部治理方面，大量文献关注了 CEO 权力对企业风险承担行为的影响，相关理论和实证研究总体有以下观点：第一，权力较大 CEO 的个人决断能力更强，这会提高公司冒险倾向。Keltner et al.（2003）指出，经理人权力的提升会提高其对潜在收益的敏感性，而降低其对潜在威胁的关注度。Adams et al.（2005）发现 CEO 的影响力越大，企业业绩的波动性也越大。权小锋和吴世农（2010）基于我国深交所上市公司的研究也发现，CEO 权力越大，企业经营业绩的波动性越高。张三保和张志学（2012）的调查研究同样发现 CEO 管理自主权显著提高了企业的风险承担。Lewellyn and Muller-

Kahle（2012）关注了美国公司高管在开展次级抵押贷款业务时无视相关风险的问题，研究发现 CEO 权力与企业过度风险承担显著正相关，他们据此认为正是 CEO 权力过大导致了美国次级贷款行业激进的放贷行为。陈本凤等（2013）基于我国上市银行的研究发现 CEO 权力与经营业绩风险正相关。陈收等（2014）基于我国制造业上市公司的研究也发现 CEO 权力越大，公司越容易出现极端业绩。李海霞和王振山（2015）的研究结论也表明我国上市公司 CEO 权力越大，公司风险承担水平越高。第二，权力较大 CEO 的风险规避能力更强，更加追求享乐主义，因此会降低企业的风险承担水平。根据代理理论，经理人是厌恶风险的（Eisenhardt，1989），如果对经理人的监督是低效的或无效的，他们不仅不会按照股东利益最大化行事，反而有强烈动机追求"平静生活"（Bertrand and Mullainathan，2003）。权力能够更好地保障经理人的低风险诉求。基于此，Pathan（2009）以 CEO 和董事长两职合一、CEO 内部提拔衡量 CEO 的权力，研究发现 CEO 权力显著降低了企业风险承担水平；位华（2012）基于我国城市商业银行的研究也有类似发现。然而，截至目前，少有文献探讨高管团队内部权力配置对企业风险承担的影响。Hambrick and Mason（1984）提出的高层梯队理论认为高管团队，而非 CEO 自身，影响了企业的战略决策和业绩表现；Finkelstein（1992）也指出企业组织中真正的当权者是 CEO 和几个关键下属高管；另外，Acharya et al.（2011a）和 Cheng et al.（2016）更是直接地讨论了关键下属高管在团队中的治理作用。因此，笔者认为，从更为细致的高管团队内部治理视角，而非单纯的 CEO 权力视角探讨企业风险行为的影响因素将对现有文献做出有益补充。

4.3 高管团队内部治理与企业决策风险倾向

通过对现有文献的梳理笔者发现，单纯从最高决策者角度关注绝对权力对企业风险承担的影响可能会忽略高管团队内部治理的某些重要属性。Hambrick and Mason（1984）提出的高层梯队理论认为高管团队，而不是经理人单独影响了企业的战略决策和业绩表现；Finkelstein（1992）也认为企业组织中真正的当权者是 CEO 和几个关键下属高管；Acharya et al.（2011a）的研究则从理论上说明关键下属高管的努力程度是公司现金流量和 CEO 福利的重要影响因素，所以 CEO 在制定重要决策的时候，必然会顾及关键下属高管的偏好，因为如果 CEO 不这么做，那可能影响关键下属高管的积极性，进而影响公司现金流和 CEO 个人福利。基于这些文献提供的理论支撑，笔者认为，如 Cheng et al.（2016）所研究的美国公司那样，中国上市公司高管团队中也存在着关键下属高管对最高决策者权力的制衡机制。具体而言，高管团队内部权力配置对企业风险承担行为的影响既可能是积极的激励效应也可能是消极的抑制效应。根据代理理论和信息不对称理论，高管团队内部治理能够提升企业风险承担意愿和风险承担能力，从而提高企业风险承担水平；根据决策理论，高管团队内部权力制衡会导致企业决策向多方妥协，从而降低风险承担水平。下文具体分析逻辑如图 4-5 所示：

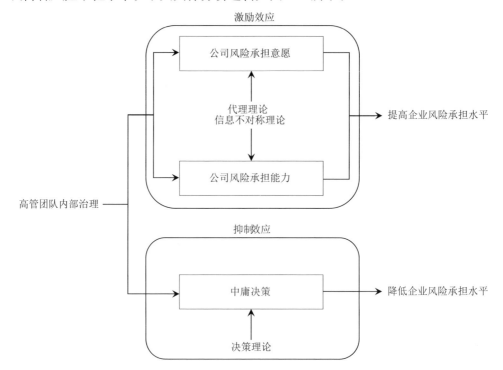

图 4-5　高管团队内部治理与企业风险承担水平

4.3.1　有效高管团队内部权力配置会提高企业风险承担意愿

一般而言，信息披露水平较低、监督监管措施薄弱、投资者法律保护水平不高等因素共同导致了新兴经济国家个体企业面临着严重的代理冲突（Stulz，1999；Coffee Jr，2002；Karolyi，2012）。大量基于中国制度背景的研究也都指出，我国企业内部代理问题比较严重（Chan，1994；刘斌等，2003；李维安和姜涛，2007；罗宏和黄文华，2008）。具体到企业风险承担议题，Amihud and Lev（1981）、Hirshleifer and Thakor（1992）、Holmstrom and Costa（1986）、John et al.（2008）等都指出在代理理论框架下，掌控企业日常经营管理权的经理人会拒绝承担风险。在国内研究方面，李小荣和张瑞君（2014）用管理费用率和总资产周转率作为代理成本的替代变量，发现代理成本越高，风险承担水平越低，也就是说股东—经理人之间的代理成本越高，管理层越不愿意去冒险。胡国柳和胡珺（2017）也发现代理问题是影响我国企业风险承担水平的重要因素。根据代理理论，经理人保守的风险偏好和对个人私利的追求是其不愿意承担风险的主要驱动因素。

第一，在传统代理理论分析框架下，股东和经理人的风险偏好是存在差异的。股东作为资本的掌控者，可以更加积极主动地进行资源配置，构建灵活高效的投资组合。由于股东可以通过多元化分散投资风险，因而被认为是风险中性的，所以他们希望企业接受所有净现值为正的投资项目，以实现自身价值最大化（Low，2009）。与股东的风险中性形成鲜明对比的是，负责企业日常经营的经理人却是风险厌恶的（Jensen and Meckling，1976；Amihud and Lev，1981；Eisenhardt，1989；Hoskisson et al.，2017）。管理层厌恶风险的原因主要有以下几点：其一，管理者不能通过多元化投资分散个人财富的风险，如果投资高风险的项目，一旦失败，管理者将会有直接的损失（Holmström，1999）。其二，管理者在决策投资项目风险的时候，通常也会考虑雇佣风险（Chakraborty et al.，2007），职业经理人不愿意冒险以避免投资项目失败后的困境；其三，管理者为了实现谋取私利，追求扩张"企业帝国"规模，会选择放弃风险高的项目，而且追求私利动机越强，管理者对风险的态度越厌恶（John et al.，2008）。综上，与多元化投资的股东不同，经理人的人力资本和大部分的个人财富都与其管理的公司紧密地联系在了一起，因此他们受到公司层面特质风险的影响更大（Fama，1980；Amihud and Lev，1981），相关风险不容易分散。对股东而言，代理人过度的风险规避产生了高昂的机会成本，因为这会促使经理人做出一些不利于股东价值最大化的次优决策，如拒绝风险高同时收益也高的投资项目等（Hirshleifer and Thakor，1992）。

大量文献证实了经理人对风险的厌恶态度。Hirshleifer and Thakor（1992）发现对职业生涯的关注会促使经理人更喜欢安全性较高的项目；Guay（1999）

也发现，由于委托代理问题，经理人目标不同于股东的企业价值最大化，其追求更小风险的收入，会选择稳定收益的项目。Aggarwal and Samwick（2006）指出投资活动使得经理人承担某些个人成本，如项目失败的额外责任等，因此企业更容易发生投资不足。John et al.（2008）的研究结论认为，对于风险规避倾向高的企业决策者来说，他们可能更偏好保守的投资策略，在投资决策过程中倾向于放弃那些 NPV 为正但风险高的投资项目；Hoskisson et al.（2009）指出如果经理人被迫承担重大剩余风险，那他们将追求更高的货币报酬并做出低风险决策。具体到风险承担研究领域，经理人的风险厌恶偏好会降低企业风险承担水平。Amihud and Lev（1981）、Hirshleifer and Thakor（1992）和 Holmstrom and Costa（1986）等都指出职业顾虑（career concerns）会降低企业的风险承担水平；Parrino et al.（2005）也认为对管理层而言，他们大部分的个人财富都与公司息息相关，所以其受公司层面风险的影响更大，这导致管理层风险规避倾向提高，进而致使公司投资行为发生扭曲；Low（2009）分析发现经理人对投资项目的取舍更倾向于项目风险增加带来的个人成本上升和公司价值提高带来的个人收益上升之间的权衡，实证结果表明管理层的风险厌恶降低了企业的风险承担水平；Chakraborty et al.（2007）指出经理人在决定投资的风险水平时会考虑解雇风险，他们研究发现，解雇风险的提高会降低企业风险承担水平，表现为解雇风险提高 10%，股票回报波动率下降 5% ～ 23%。

第二，在代理理论分析框架下，经理人的利益诉求与股东存在差异。根据委托代理理论，经理人追求的不是股东财富最大化，而是自我效用最大化，因此经理人倾向于采取风险回避策略以维持个人地位并保持私人财富稳定性（Wright et al.，1996）。换句话说，除非存在有效的公司治理机制促使经理人按照股东利益最大化原则行事（Denis and McConnell，2003），否则经理人会利用权力为自己谋取私利（Fama and Jensen，1983；Jensen and Meckling，1976）[①]。大量研究证实了经理人对个人私利的追求，如 Mishra（2011）发现经理人为了持续地从公司谋取个人私利会防止公司破产或被接管，因此倾向于采取保守的经营策略。具体到不同的私利诉求方面，Jensen and Meckling（1976）指出由于学习和管理新技术需要付出很多努力，因此经理人会避免冒险。Amihud and

---

① 前文分析指出，经理人对个人私利的追求会提高其对风险的厌恶程度，从而降低企业风险承担水平。此处重点强调经理人追求私利过程对企业风险承担水平的直接影响。

Lev（1981）、Smith and Stulz（1985）和 Williams（1987）研究发现基于对与公司特征紧密联系的个人人力资本的保护和对个人在职消费水平的维持，风险厌恶的经理人会将公司风险控制在最优风险水平之下。Holmstrom（1999）指出，风险性投资更容易暴露经理人的真实能力，从而影响他们未来的薪酬契约，因此经理人会使得企业投资支出低于最优水平。Hirshleifer and Thakor（1992）发现经理人对声誉的追求促使他们选择安全性较高的投资项目，从而扭曲了公司的投资政策。张敏等（2015）基于代理理论框架分析指出，对高管而言，投资失败存在个人财富损失、解聘风险提高、职业声誉下降等潜在不利影响，因此管理层具有风险规避动机，倾向于选择保守性投资策略，从而损害企业长期价值。在经理人个人私利与企业风险承担方面，John et al.（2008）指出内部人为了从自己控制的公司资源中谋取个人私利，会选择放弃风险高但净现值为正的投资项目，因此内部人私有收益水平越高，企业风险承担水平越低。Koirala et al.（2020）同样发现，经理人私有收益的存在则会降低公司的风险承担水平。

Cannella et al.（2009）指出，代理理论是一种关于权力的理论，而权力是个体执行其个人意愿的能力（Finkelstein，1992）[①]。权力较大的经理人能够防止或阻止董事会参与公司战略行动，从而本质上实现对董事会的隐性控制，以更好地追求个人私利（Johnson et al.，1993）。结合前文分析可知，如果经理人拥有足够大的权力，那么他更容易在公司内部推行符合自我利益诉求的经营战略，从而使得公司行为表现为不合理的低风险倾向。大量研究支持了这一论断。Bertrand and Mullainathan（2003）指出得不到有效监督的经理人谋求个人私利的方法并不是促使企业增加投资，进行帝国构建，相反，经理人更喜欢享受平静生活。因此堑壕防御的经理人为了保护私人利益而倾向于采取更少的风险行为。Baber et al.（2012）也认为堑壕防御型经理人更可能做出符合其自身利益的投资决策，而不是符合股东利益的投资决策。Pathan（2009）基于 1997—2004 年间 212 家美国商业银行 1534 个样本的研究发现，CEO 权力越大，企业的风险承担水平越低；Lewellyn and Muller-Kahle（2012）也指出权力较大的 CEO 有能力作出符合其个人利益需求的决策，因此风险厌恶的经理人不会接受风险较高的经营行为。宋建波等（2018）基于我国上市公司数据的研究发现，管理层权力与企业风险承担水平显著负相关，即管理层权力加剧了经理人的风险厌恶行为。

---

① 这与 Hickson et al.（1971）等人的定义是一致的。

公司治理的挑战在于改变经理人的风险厌恶倾向和对个人私利的过度追求，从而使其行为选择更加符合股东的利益取向（Wiseman and Gomez-Mejia，1998），人们也有理由相信有效的公司治理机制鼓励经理人承担风险并减少经理人追求私有收益（Beatty and Zajac，1994；Carpenter et al.，2003）。根据代理理论可知，公司治理可以从两个方面解决经理人的风险厌恶和私立追逐问题：①提供能够将经理人和股东利益绑定的权益性的或基于经营业绩的事前薪酬契约；②强化监督机制建设，如加强董事会建设、强化股东监督等（Hoskisson et al.，2017）。这里所讲的高管团队内部治理机制属于后者。在高级管理团队内部，关键下属高管的利益诉求不同于最高决策者，因此他们会对最高决策者产生监督效应，具体表现为以下几方面：① 总体而言，关键下属高管比最高决策者年轻，正处于个人职业生涯的初期或中期，为了建立个人声誉，提高自己的经理人市场价值，他们有动机监督最高决策者[①]；② 关键下属高管是公司决策的具体执行者，他们不仅获得了较为充分的内部信息，而且行为一定程度上影响了公司的现金流和最高决策者的个人福利，因此他们有能力监督最高决策者。合理的高管团队内部权力配置带来的关键下属高管的治理效应会从两方面影响企业的风险行为选择。第一，关键下属高管对最高决策者的监督会缓解经理人的风险厌恶倾向。根据前文分析可知，最高决策者在追求个人私利过程中会选择低风险项目，这不利于企业价值最大化目标的实现。同样地，最高决策者的低风险诉求不利于关键下属高管个人职业声誉的建立和经理人市场价值的提高，更为重要的是，关键下属高管未来很可能会成为最高决策者的接班人。因此，关键下属高管会偏好高风险高收益的项目，从而缓解公司行为的低风险倾向。第二，关键下属高管对最高决策者的监督会弱化后者对个人私利的过度追求。经理人对个人私利的追求会严重影响企业未来经营业绩，并降低企业价值（Yermack，2006；Cai et al.，2011；Luo et al.，2011；Xu et al.，2014；薛健等，2017）。这一行为结果与关键下属高管的利益诉求相佐，不理想的从业经历不

---

① 关键下属高管监督最高决策者的动机还来源于关键下属高管未来可能会成为公司最高决策者。根据 Brickley、Coles and Jarrell（1997）、Naveen（2000）等人的观点，继任 CEO 的选择有两种模式：一是竞争式，即在有资格的候选人中展开锦标赛竞争，胜出者成为新任 CEO；二是接力棒模式，即公司指定 CEO 的接班人。在现实中，更多公司采取两种模式相结合的方式选聘新任 CEO。无论采取哪种方式，关键下属高管都有动机监督最高决策者的行为，既为了向董事会传递积极信号，也为了保证自己成为 CEO 之后公司的长远发展。

利于其个人声誉的建立和经理人市场价值的提升。再加之他们所掌握的公司内部信息，他们有动机也有能力抑制企业最高决策者对个人私利的追求。具体到关键下属高管发挥内部治理作用的具体路径方面，即关键下属高管抑制最高决策者风险厌恶倾向和缓解最高决策者私立追逐诉求的方法方面，笔者认为以下两种渠道是可行的：① 直接参与公司内部决策。无论是风险性项目的选择还是私利项目的干预，关键下属高管都可以通过直接表明立场或参与公司决策进而影响最高决策者的行为选择；② 信息渠道。关键下属高管可以将自己掌握的信息与公司内部董事会或者公司外部分析师、媒体等进行沟通，从而提高公司信息透明度，引致更加有效的内外部监督，进而改变最高决策者的风险态度并减缓最高决策者对个人私有收益的追求，从而提高公司风险承担意愿。

4.3.2　有效高管团队内部权力配置会提高企业风险承担能力

Miller（1983）、Zahra and Covin（1995）、Lumpkin and Dess（1996）、胡望斌等（2014）都指出，风险承担体现了企业对不确定性业务投入资源的倾向和意愿。由此可见，虽然风险承担本身是一种倾向或意愿，但这种倾向或意愿的实现离不开资源的投入，也就是说企业风险承担行为是建立在一定的资源基础上的。总体而言，大量研究发现企业的风险承担是一项资源消耗性活动，具有很强的资源依赖性（Cyert and March，1963；Fazzari et al.，1988；Audia and Greve，2006；Almeida and Campello，2007；Li and Tang，2010；卢馨等，2013；董保宝，2014；张敏等，2015；刘行等，2016；何威风等，2018）。具体而言，Cyert and March（1963）指出拥有较多资源的企业会进行更多的探索性活动；Fazzari et al.（1988）基于信息不对称理论分析发现融资约束影响了企业的投资行为；Almeida and Campello（2007）发现企业研究开发支出受到其现金流状况的影响；Audia and Greve（2006）、Li and Tang（2010）的研究结论都认为企业资源越丰富，其风险承担水平越高；卢馨等（2013）基于中国高新技术上市公司的研究发现，融资约束对企业的研发行为产生了不利影响；董保宝（2014）指出用于风险承担的资源的使用情况直接影响企业的绩效表现；张敏等（2015）从高管社会网络视角研究了企业的风险承担行为，他们发现管理层的社会网络能够帮助企业获得其风险性行为所必需的各类资源，从而提升了企业的风险承担水平；刘行等（2016）从房价快速上涨这一经济现象入手分析指出，房价波动对企业资产的抵押价值产生了重要影响，这既可能吸引更多企业将资源投入低风险、高回报的经济领域，从而降低企业风险承担水平，也可能通过更丰富的资源供给从而提高企业风险承担水平；何威风等（2018）也指出如果企业缺乏足够的资金，其风险承担行为就会受到负面影响。综上，资源禀赋影响了企业风险承担行为，细分各种资源对企业行为的影响，笔者认为管理层团队内部治理显著改善资源导向下的企业风险承担能力，而企业风险承担能力又可以体现在资源获取能力和风险应对能力两方面。

第一，资源获取能力方面。如前文所述，大量研究发现企业融资约束影响了公司投资行为（Fazzari et al.，1988；Almeida and Campello，2007；卢馨等，2013）。良好的高管团队内部治理有助于缓解企业信息不对称，从而减缓企业融资约束并一定程度上降低企业融资成本。具体而言，体现为以下几点：①高管团队内部权力的合理配置改善了公司治理环境、提高了公司治理效率，而良好的公司治理机制能够提高企业内部监督的有效性和信息披露质量，从而缓解内外部主体之间的信息不对称程度，进而改善企业融资环境并降低与信息相关的资本成本（Stulz，1999；Healy and Palepu，2001）；②高管团队内部治理效应对企业治理机制和信息环境的改善还有利于降低投资者之间的信息不对称程度（Chung et al.，2010），从而提高公司股票和债券的流动性。这不仅有助于拓宽企业的融资渠道，而且有助于降低公司资本成本（Amihud and Mendelson，2000；Easley and O'Hara，2004）。因此，笔者认为，高管团队内部权力的合理配置能够为企业投资决策提供资源保障，从而提高企业风险承担行为。

第二，风险应对能力方面。大量研究发现企业应对风险的能力显著影响了企业的风险倾向。Hayward et al.（2006）指出过度自信的经理人更加偏好风险行为，其中一条重要的作用机理就是过度自信的经理人会高估自己解决问题的能力。笔者认为，高管团队内部治理水平的提高会提高企业处置风险的能力，从而改善企业风险偏好，提高企业风险承担水平。一方面，企业风险行为涉及生产、销售、运营、投资等多个方面，可以说，任何风险行为都是一项系统性工程。另一方面，根据本章前文的分析可知，有效的高管团队权力配置能够提高关键下属高管在公司决策中的作用，使直接从事企业日常生产经营的非最高决策者的意志能够体现在战略选择和战略执行过程中。由于企业行为更多地体现了集体的意志，因此内部凝聚力得到提升，各负责部门不仅能够更早地感知风险，而且能够通力合作，进而更好地化解风险。因此高管团队内部治理效率的提高改善了企业决策环境，管理层团队成员之间融洽的合作关系提高了企业的学习能力、机会发现能力、资源整合能力、风险控制能力，这些能力的提高有助于企业更好地应对风险，从而提高企业风险承担水平。

综上，提出研究假设 H1a：

限定其他条件，高管团队内部治理效率越高，企业风险承担水平越高。

前文从风险承担意愿和风险承担能力两方面分析了高管团队内部权力制衡对企业风险承担的激励效应。然而高管团队内部权力配置也有可能降低企业风险承担水平，即表现为企业风险承担抑制效应。第一，虽然大量研究发现经理人权力会降低企业风险承担水平（Pathan，2009；位华，2012 等），但也有研究发现经理人权力会提高企业风险承担水平，例如，Keltner et al.（2003）指出，经理人权力的提升会提高其对潜在收益的敏感性，而降低其对潜在威胁的关注度。Adams et al.（2005）基于 1998 年财富 500 强公司中 336 家企业 1992—1999 年共计 2633 个公司年度观测值的研究发现，无论以托宾 Q、ROA 还是股票回报率衡量公司绩效，CEO 影响力越大，公司业绩波动性越高。同样地，Anderson and Galinsky（2006）也发现，权力与风险承担之间存在正相关关系。权力较大的个体更多地关注风险行为的潜在固有收益，而较少关注其潜在固有风险。沿袭这一逻辑思路，如果高管团队内部权力制衡限制了经理人的行为，促使他们更多地关注风险，这反而会降低企业风险承担水平。第二，从决策理论角度讲，传统的社会心理学研究表明，群体决策是群体内部个体之间观点相互妥协的结果，因为群体成员有动机减少冲突，从而达成一致意见（Allport，1962；Farnsworth and Behner，1931）。Sah and Stiglitz（1986，1991）也指出集体决策不太可能产生极端性的结果。根据 Sah and Stiglitz（1986，1991）构建的理论模型可知，团队规模越大，较差的项目被拒绝的概率就越高，因为只有得到较多团队成员认可的项目才会被接受。基于相同的原理，规模较大的团队也不太可能接受非常好的项目。遵循这一逻辑，公司高管团队内部治理水平越高，决策的群体性特征越明显（Barber et al.，2003），企业风险承担水平会越低。目前已有研究支持了这一判断，Moscovici and Zavalloni（1969）指出决策群体规模越大，其风险承担倾向越低。Lewellyn and Muller-kahle（2012）也发现管理层决策权分散时，公司倾向于风险规避。

基于此，提出假设 H1b：

限定其他条件，高管团队内部治理效率越高，企业风险承担水平越低。

4.4 研究设计

4.4.1 样本选择与数据来源

由于 2006 年我国财政部颁布了新会计准则，为了保证财务数据的一致性和可比性，选取 2007—2016 年 A 股上市公司进行实证研究。结合现有文献的做法（John et al.，2008；Faccio et al.，2011；李文贵和余明桂，2012；余明桂等，2013a；余明桂等，2013b），笔者对初始样本进行了如下筛选：① 剔除金融行业上市公司观测值；② 剔除 ST、*ST 类上市公司观测值；③ 剔除董事长发生变更的样本；④ 剔除其他变量存在缺失的观测值。笔者所需数据主要来自 CSMAR 数据库。为了消除极端值的影响，笔者对所有连续变量按照上下 1% 进行了 Winsorize 处理。

4.4.2 变量定义

4.4.2.1 企业风险承担水平的度量

虽然企业风险承担水平作为一个重要议题受到众多实证研究的关注，但相关文献对企业风险承担水平的测度并不统一。根据对文献的梳理，目前衡量企业风险承担水平的方法可以分为两类，一类是行为结果指标，另一类是行为特征指标。① 在行为结果指标方面，大量文献采用波动率衡量企业风险承担水平。这种衡量方法背后的逻辑是，项目风险常常表现为收入的波动，因此经营成果波动能够捕获公司运营中的风险承担水平（John et al.，2008；Boubakri et al.，2013；刘志远等，2017）。在具体计算过程中，不同学者对企业经营成果指标的选择又呈现出多样性。John et al.（2008）、Hilary and Hui（2009）、Faccio et al.（2011）、Boubakri et al.（2013）、Li et al.（2013）、余明桂等（2013）、Huang and Wang（2015）、Faccio et al.（2016）等以财务状况衡量企业经营成果，通过计算企业财务绩效的波动率度量企业风险承担水平[①]；Cole et al.（2006）、Low（2009）、Hilary and Hui（2009）、Bargeron et al.（2010）、张瑞君等（2013）、Chintrakarn et al.（2015）、Huang and Wang（2015）、Bernile et al.（2017）、Ahmed et al.（2019）等以公司股票收益波动衡量企业经营情况，通过计算市场指标波动率度量企业风险承担水平。此外，笔者还发现，除了区间会计绩效或市场绩效波动率，区间会计绩效极差也被 Faccio et al.（2011）、李文贵和余明桂（2012）、Boubakri et al.（2013）等用来衡量企业风险承担水平[②]；② 在行为特征指标方面，众多学者使用单一财务指标或企业行为度量企业风险承担水平。如 Faccio et al.（2016）、Bernile et al.（2017）、肖金利等（2018）、Gopalan et al.（2021）等以财务杠杆衡量企业风险承担水平；Bargeron et al.（2010）、Bernile et al.（2017）、肖金利等（2018）、Gopalan et al.（2021）使用企业现金持有水平测度企业风险承担倾向；Bargeron et al.（2010）、Boubakri et al.（2013）、Li et al.（2013）、张瑞君等（2013）以企业研发投入强度衡量企业风险承担水平。此外，资本投资、并购等也常被用作企业风险承担水平的衡量指标（Coles et al.，2006；Bernile et al.，2017；Hoskisson et al.，2017；Gopalan et al.，2021）。

综上，笔者选择文献中最常用的资产收益率波动性衡量企业风险承担水平，即 σ（ROA）。ROA 为企业净利润与当年年末资产总额的比值。在计算企业风险承担水平时，笔者先用 ROA 的行业—年度均值对单个企业 ROA 进行调整，然后计算企业在一定观测时段[③]内调整的 ROA 的标准差。具体计算公式如下：

---

① 通过进一步对相关文献使用的财务业绩指标进行分类，笔者发现以下情况：① 绝大部分学者以资产收益率（ROA）衡量企业财务绩效，如 John et al.（2008）、Hilary and Hui（2009）、Acharya et al.（2011b）、Faccio et al.（2011）、李文贵和余明桂（2012）、余明桂等（2013a）、余明桂等（2013b）、Boubakri et al.（2013）、Li et al.（2013）、张瑞君等（2013）、Faccio et al.（2016）、毛其淋和许家云（2016）、杨瑞龙等（2017）、伊志宏等（2020）等；② 也有部分学者以净资产收益率（ROE）衡量企业财务绩效，如 Faccio et al.（2011）、张瑞君等（2013）、杨瑞龙等（2017）、伊志宏等（2020）等；③ 还有部分学者使用销售利润率（Boubakri et al.，2013）、销售收入（李文贵和余明桂，2012；毛其淋和许家云，2016）等衡量企业财务绩效。

② 需要说明的是，在以行为结果测度企业风险承担方面，除了常用的会计指标或市场指标的区间波动率、极差等之外，还有部分学者以企业存活率衡量风险承担水平，如 Faccio et al.（2011）、Faccio et al.（2016）等。

③ 我国上市公司高管任期一般为 3 年/届，因此笔者选择 3 年为一个观测时段。在稳健性检验中，笔者更换观测区间，发现并不发生变化。

$$\text{RISK}\_T_i = \sqrt{\frac{1}{N-1}\sum_{n=1}^{N}\left(\text{Adj\_ROA}_{in} - \frac{1}{N}\sum_{n=1}^{N}\text{Adj\_ROA}_{in}\right)^2} \mid N = 3$$

$$\text{Adj\_ROA}_{in} = \frac{\text{Earnings}_{in}}{\text{Assets}_{in}} - \frac{1}{X}\sum_{k=1}^{X}\frac{\text{Earnings}_{kn}}{\text{Assets}_{kn}}$$

其中，i 代表企业；n 代表观测时段内的年度，取值为 1、2、3；X 代表某行业内企业数量；k 代表行业内的第 k 家企业。

4.4.2.2 高管团队内部治理的衡量

只有高管具有影响公司关键决策的能力，他们才能对公司经营成果产生影响（Adams et al., 2005）。有些学者认为经理人身边的人都是一些没有主见的人，即所谓的"橡皮图章"，但这并不符合 Hambrick and Mason（1984）、Acharya et al.（2011a）等人的理论预期。Adams et al.（2005）也指出，在一些企业中，决策是高管团队集体共识的产物，当其他高管不认可最高决策者决策的时候，最高决策者不得不向他们妥协。Cheng et al.（2016）进一步分析认为，高管团队中关键下属高管具有监督最高决策者的动机和能力，因此有效的高管团队内部治理应该注重权力的平衡。

高管团队决策过程中的摩擦和冲突一直备受公司金融领域文献的关注（Adams et al., 2005），只要高管团队内部权力配置是有效的，高管之间的摩擦和冲突就可以用来提高公司治理水平。笔者参考 Cheng et al.（2016）的研究设计，从高管团队中关键下属高管监督公司最高决策者的动机和能力两方面构建高管团队内部治理指数。

第一，最高决策者的界定。对于董事长和总经理在公司发展过程中的影响力，不同学者的认识有所不同（李焰等，2011）。叶祥松（2003）、Kang et al.（2008）等指出英美等国家的企业董事长只是充当董事会召集人的角色，而我国企业董事长是公司管理权的核心承担者，处于公司权力结构的顶端。姜付秀等（2009）也指出我国上市公司的董事长更像发达国家上市公司中的 CEO，在上市公司经营决策中的影响力更大。在实证研究方面，姜付秀等（2017）指出董事长拥有公司内部最高决策权力，非家族成员担任家族企业董事长将引致更高的代理成本；权小锋等（2019）也认为董事长的职位权力更能影响企业的财务决策，因为他们发现董事长的从军经历对企业盈余管理存在显著影响，而 CEO 从军经历的作用不明显。基于上述研究，笔者将董事长界定为最高决策者①。

第二，关键下属高管的界定。根据 Finkelstein（1992）和 Acharya et al.（2011a）等人的研究，并非高管团队中的每个人都有动机和能力监督约束最高领导者的行为和决策，因此需要对关键高管进行界定。企业组织中真正的当权者是总经理和几个关键下属高管（Finkelstein，1992），而关键下属高管是指那些除最高决策者之外，能够对公司生产经营产生实质性影响的高管人员，一般指高管团队中能够影响公司决策的几个关键人员（Acharya et al.，2011a；Cheng et al.，2016 等）。借鉴 Cheng et al.（2016）的研究设计，将高管团队中除董事长之外薪酬排名前 2 位和前 3 位的高管界定为关键下属高管②，因为薪酬水平反映了个体的重要性程度，大部分情况下也反映了其话语权。

第三，高管团队内部治理指数的计算。① 监督动机。对关键下属高管而言，无论是职业发展方面的顾虑还是经济利益方面的追求，他们最大的收益都是未来潜在收益。关键下属高管未来预期收益越大，越关心自身声誉和公司未来价值，因此越有动机监督和约束最高决策者。Gibbons and Murphy（1992）指出，高管年龄越大，其对未来职业生涯的预期和要求越低。相反地，张维迎（2013）和 Cheng et al.（2016）则强调，关键下属高管越年轻，其未来收益比重越大，从而越有动机维护自身的职业声誉，故而以关键下属高管的未来工作时间衡量其监督动机是合理的。参考 Cheng et al.（2016）的研究设计，笔者以关键下属高管距离退休的平均年龄作为权力制衡动机的替代变量。具体而言，以"60 −关键下属高管平均年龄"衡量关键下属高管的制衡动机③，以 EXE_HRZ 表示，该值越大，关键下属高管未来期望报酬越高，因此监督最高决策者的动机也越强烈；② 监督能力。Bebchuk et al.（2011）指出最高决策者与下属高管之间的薪酬比例反映了其在高管团队中的权力，因此，公司高管团队中关键下属高管平均薪酬与最高决策者薪酬之比同样也能反映出这些高管对最高决策者

---

① 为了提高文章结论的稳健性，笔者还将总经理界定为公司最高决策者，重新构建高管团队内部治理指数，研究结论不变。

② 为了保证研究结论稳健，笔者使用了多种界定方法。研究结论不受关键下属高管团队规模界定的影响。

③ 为了更加切合我国实际，笔者还结合关键下属高管的性别计算他们距离退休的年限（男性退休年龄 60 岁，女性退休年龄 55 岁），在此基础上加权计算关键下属高管的未来职业生涯预期。

的影响力（Cheng et al., 2016）。因此，以关键下属高管平均薪酬与董事长薪酬的比作为关键下属高管制衡能力的替代变量[①]，以 EXE_PAYR 表示，该值越大，关键下属高管的影响力越大。③ 高管团队内部治理指数。同样根据 Cheng et al.（2016）的处理方法，笔者将 EXE_HRZ 和 EXE_PAYR 进行标准化处理，然后再将标准化后的数据相加得到高管团队内部治理指数，以 IN_G 表示，该值越大，高管团队内部治理程度越高[②]。

4.4.2.3 控制变量的选择

参照现有文献（John et al., 2008；Faccio et al., 2011；李文贵和余明桂，2012；余明桂等，2013a；余明桂等，2013b；Faccio et al., 2016），从最高决策者个人特征、企业经营指标和行为特征以及公司基本属性等方面选取了相关控制变量。在高管个人特征方面，根据 Cheng et al.（2016），控制了最高决策者职业时限预期，因为最高权力拥有者的职业时限预期会影响其行为选择，另外还控制了最高决策者性别、薪酬和持股比例等指标；在企业经营指标和行为特征方面，控制了公司规模（Size）、净资产收益率（ROE）、资产负债率（LEV）、销售收入增长率（GROW）、第一大股东持股比例（FIRST）、是否国有企业（SOE）；在企业基本属性方面，控制了公司成立年限（AGE）；此外，还控制了年度和行业虚拟变量。变量定义和具体度量详见表 4-1。

表 4-1　变量说明

变量符号	变量定义
RISK_T	风险承担水平，根据前文方法计算
IN_G_S	高管团队内部治理指数，基于 2 位关键下属高管制衡动机和制衡能力计算
IN_G_L	高管团队内部治理指数，基于 3 位关键下属高管制衡动机和制衡能力计算
CH_HRZ	董事长职业时限预期，60－董事长年龄
CH_GDR	董事长性别虚拟变量，女性取 1；男性取 0
CH_PAY	董事长薪酬，董事长薪酬总额加 1 的自然对数

---

① 尽管国企和非国企之间的薪酬体系不同，但笔者借鉴 Cheng et al.（2016）方法构建的高管团队内部治理指标本身并不涉及不同类型企业之间高管薪酬的比较，而更多地反映组织内部高管团队成员之间薪酬比例所蕴含的个体权力、地位或话语权的差异。同时，由于该指标设计的前提是对关键高管进行了界定，因此其又与一般含义的高管团队薪酬差距反映出了不同的经济实质。

② 在后文进一步检验中，还直接将制衡动机和制衡能力纳入分析框架，以甄别具体作用机理。

变量符号	变量定义
CH_SHR	董事长持股比例，董事长持股 ÷ 公司总股数
SIZE	公司规模，总资产的自然对数
ROE	净资产收益率，净利润 ÷ 公司净资产
LEV	资产负债率，年末负债总额 ÷ 公司总资产
GROW	销售收入增长率，销售收入变动额 ÷ 基期销售收入
FIRST	第一大股东持股比例
SOE	国有企业标识，国有企业取 1，否则取 0
AGE	公司成立年限，报告期年份与公司成立年份之间的年数
IND	行业虚拟变量，根据行业情况设置虚拟变量
YEAR	年度虚拟变量，根据年度情况设置虚拟变量

4.4.3 模型设定

为了检验本章假设，笔者构建模型（1）。

$$RISK\_T = \alpha_0 + \alpha_1 IN\_G + \alpha_2 CH\_HRZ + \alpha_3 CH\_GDR + \alpha_4 CH\_PAY + \alpha_5 CH\_SHR$$
$$+ \alpha_6 SIZE + \alpha_7 ROE + \alpha_8 LEV + \alpha_9 GROW + \alpha_{10} FIRST + \alpha_{11} SOE + \alpha_{13} AGE$$
$$+ IND + YEAR + \varepsilon$$

$$（1）$$

IN_G 即高管团队内部治理指标，笔者最关注的变量为 α_1，根据前文假设 H1a，α_1 应该显著为正；而根据假设 H1b，α_1 应显著为负。

4.5 实证分析与稳健性检验

4.5.1 描述性统计

本章主要变量的描述性统计结果如表 4-2 所示。

高管团队内部治理效应研究

表 4-2　描述性统计

变量	观测值	均值	中位数	标准差	最小值	最大值
RISK_T	11825	0.0438	0.0317	0.0524	0.0021	0.3886
IN_G_S	11825	−0.0000	−0.1343	1.4083	−2.7578	8.7840
IN_G_L	11825	0.0000	−0.1320	1.4115	−2.7959	8.8898
CH_HRZ	11825	7.7138	8.0000	7.1599	−11.0000	24.0000
CH_GDR	11825	0.0515	0.0000	0.2210	0.0000	1.0000
CH_PAY	11825	13.0105	13.0832	0.9266	0.6931	15.1120
CH_SHR	11825	0.0940	0.0003	0.1464	0.0000	0.5492
SIZE	11825	21.7786	21.6357	1.1347	19.4151	25.7230
ROE	11825	0.0710	0.0706	0.0959	−0.4356	0.3422
LEV	11825	0.4178	0.4138	0.2078	0.0454	0.8864
GROW	11825	0.1902	0.1268	0.3940	−0.5615	2.4667
FIRST	11825	0.3362	0.3181	0.1422	0.0886	0.7500
SOE	11825	0.3058	0.0000	0.4608	0.0000	1.0000
AGE	11825	15.4944	15.0000	5.0064	5.0000	31.0000

　　第一，本章样本企业风险承担水平均值（中位数）为 0.0438（0.0317），最大值 0.3886，最小值 0.0021。一方面，企业之间风险承担水平差异较大，由于风险承担对培育企业核心竞争力具有重要影响，因此考察企业风险承担水平的影响因素是十分必要的。另一方面，本章风险承担水平变量 RISK_T 的整体数据特征与余明桂等（2013b）、张瑞君等（2013）和伊志宏等（2020）相似，意味着本章节被解释变量的度量结果与主流文献一致。进一步地，为了更好地呈现本章节被解释变量的年度变化趋势，笔者绘制了图 4-6。

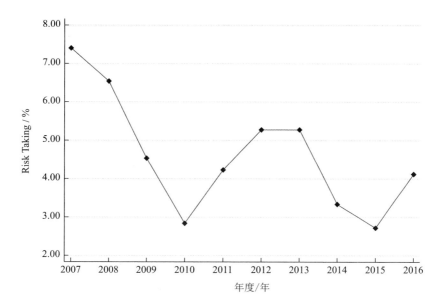

图 4-6　企业风险承担水平年度分布

根据图 4-6，我国上市公司风险承担水平存在明显的波动性。2007 年次贷危机爆发之后，上市公司风险承担水平显著下降；2010 年开始，上市公司风险承担水平出现反弹，并在 2012 和 2013 年企稳；2014 年中国经济在外需疲软、内需回落、房地产周期性调整等力量的作用下有所回落，上市公司风险承担水平也明显下降；2016 年作为"十三五"的开局之年，供给侧改革、去杠杆等举措稳定了经济发展的基本面，企业风险承担水平显著上升。

在本章节，主要解释变量 IN_G_S 和 IN_G_L 的均值都为 0，这是变量的度量方法决定的。此外，N_G_S 和 IN_G_L 的方差、中位数、最大值、最小值等表明公司内部治理变量存在一定的变化性，这有助于本章研究的开展。

在控制变量方面：① 企业最高决策者个人特征。董事长平均年龄为 52.3 岁；超过 5% 的董事长为女性；董事长货币薪酬总额均值约为 44.71 万元人民币；虽然董事长平均持股比例超过 9%，但近半数的董事长是不持股的；② 公司特征。公司规模 SIZE、企业盈利能力 ROE、杠杆水平 LEV、业务成长性 GROWTH、第一大股东持股比例 FIRST、企业性质 SOE 等变量的描述性统计结果与主流研究基本一致，这为后续研究的顺利开展提供了保障。

4.5.2 组间差异

为了更加直观地呈现高管团队内部治理对企业风险承担水平的影响，先按照高管团队内部治理水平中位数的年度—行业中位数将样本划分为高管团队内部治理水平高组和高管团队内部治理水平低组，然后分年度描绘了两组样本公司风险承担水平的均值分布情况，具体如图 4–7 和图 4–8 所示。

图 4–7 以 IN_G_S 为基准对样本进行分组，图 4–8 以 IN_G_H 为基准对样本进行分组。图 4–7 和图 4–8 都显示，总体而言，高管团队内部治理较好的企业的风险承担水平高于高管团队内部治理较差的企业的风险承担水平，为本章假设 H1a 提供了初步支持。需要说明的是，除了计算不同高管团队内部治理水平企业风险承担指标 RISK_T 的年度均值，还以年度中位数衡量样本组企业风险承担情况，重新绘制了图 4–7 和图 4–8，见图 4–9 和图 4–10。图 4–9 和图 4–10 所呈现的数据结果与图 4–7 和图 4–8 基本一致。

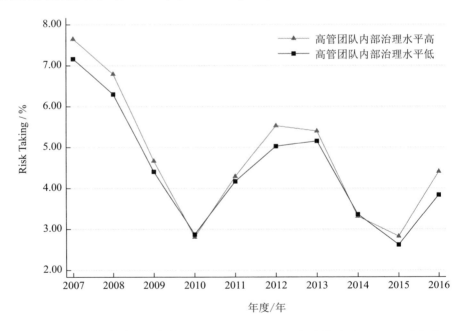

图 4–7　不同高管团队内部治理水平企业的风险承担均值（以 IN_G_S 分组）

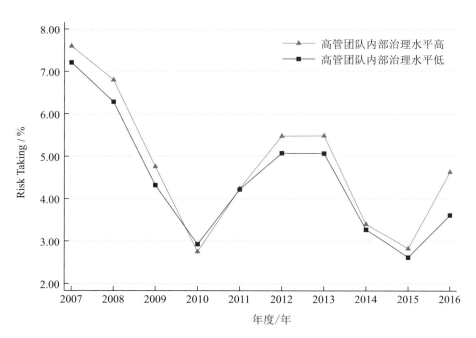

图 4-8 不同高管团队内部治理水平企业的风险承担均值（以 IN_G_L 分组）

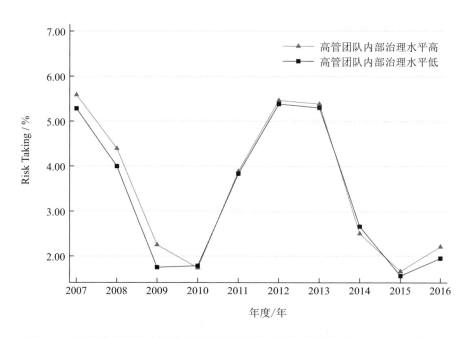

图 4-9 不同高管团队内部治理水平企业的风险承担中位数（以 IN_G_S 分组）

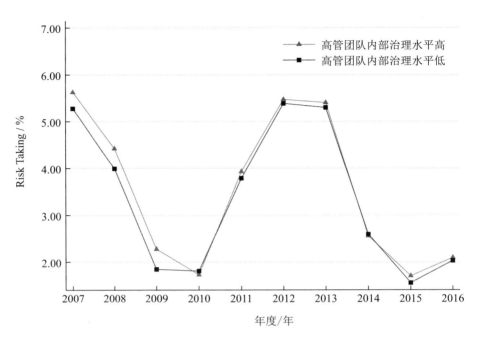

图 4-10　不同高管团队内部治理水平企业的风险承担中位数（以 IN_G_L 分组）

进一步地，还对不同高管内部治理水平企业之间风险承担差异进行了检验，结果见表 4-3。

表 4-3　单变量检验

分组	观测数	均值	均值差异	*T* 值	中位数	中位数差异	*Z* 值
IN_G_S_H	5869	0.045	0.003	2.81 （0.00）	0.032	0.002	3.01 （0.00）
IN_G_S_L	5956	0.042			0.031		
IN_G_L_H	5870	0.046	0.004	3.71 （0.00）	0.033	0.002	3.73 （0.00）
IN_G_L_L	5955	0.042			0.031		

IN_G_S_H、IN_G_S_L、IN_G_L_H、IN_G_L_L 分别表示根据 IN_G_S 和 IN_G_L 年度—行业中位数划分的高管团队内部治理水平较高的组（_H）和高管团队内部治理水平较低的组（_L）。根据表 4-3 的报告的结果，高管团队内

部治理水平较高组企业的风险承担水平的均值和中位数均高于高管团队内部治理水平较低组，而且无论是 T 检验还是非参数 Z 检验，两组企业之间的风险承担水平差异都具有统计学意义上的显著性（ p 值小于 0.01 ）。这些初步结果表明，高管团队内部关键下属高管参与公司治理能够有效提高企业风险承担水平，再次支持本章假设 H1a。

4.5.3　相关性分析

表 4-4 报告了本章主要变量之间的 Pearson 相关系数和 Spearman 相关系数。第一，高管团队内部治理指数（IN_G_S、IN_G_L）与企业风险承担水平（RISK_T）之间的 Pearson 相关系数和 Spearman 相关系数都显著为正，初步支持本章假设 H1a，即高管团队内部治理越有效，企业风险承担水平越高。第二，笔者所选取的解释变量和控制变量之间的相关性比较小，表明本章结论不太会受到严重的多重共线性的影响。

表4-4　主要变量相关系数

变量	RISK_T	IN_G_S	IN_G_L	CH_HRZ	CH_GDR	CH_PAY	CH_SHR	SIZE	ROE	LEV	GROW	FIRST	SOE	AGE
RISK_T	1	0.073***	0.081***	0.066***	-0.020**	-0.112***	0.002	-0.199***	-0.083***	-0.096***	-0.041***	-0.059***	-0.078***	-0.103***
IN_G_S	0.075***	1	0.883***	0.203***	0.011	-0.259***	0.103***	-0.159***	0.046***	-0.079***	0.107***	0.022**	-0.184***	-0.136***
IN_G_L	0.084***	0.936***	1	0.241***	0.017*	-0.275***	0.120***	-0.186***	0.048***	-0.093***	0.122***	0.018***	-0.221***	-0.149***
CH_HRZ	0.088***	0.158***	0.188***	1	0.016*	-0.123***	0.018**	-0.139***	-0.007	0.005	0.090***	-0.001	-0.044***	-0.164***
CH_GDR	-0.002	0.021**	0.028***	0.020**	1	0.006	-0.01	-0.01	0.031***	-0.002	-0.017	0.041***	-0.030***	0.011
CH_PAY	-0.107***	-0.491***	-0.500***	-0.115***	0	1	0.046***	0.384***	0.226***	0.064***	0.041***	-0.002	-0.006	0.138***
CH_SHR	-0.005	0.073***	0.087***	0.074***	-0.015*	0.001	1	-0.173***	0.058***	-0.309***	0.111***	-0.086***	-0.442***	-0.132***
SIZE	-0.157***	-0.107***	-0.128***	-0.129***	-0.007	0.334***	-0.240***	1	0.158***	0.486***	0.059***	0.106***	0.266***	0.207***
ROE	-0.147***	0.039***	0.038***	-0.025***	0.024***	0.171***	0.025***	0.148***	1	-0.034***	0.349***	0.129***	-0.014	-0.062***
LEV	-0.017*	-0.024***	-0.036***	0.018**	-0.004	0.021**	-0.317***	0.485***	-0.096***	1	0.026***	0.031***	0.322***	0.152***
GROW	-0.01	0.079***	0.089***	0.085***	-0.014	0.018*	0.059***	0.066***	0.230***	0.056***	1	0.021**	-0.076***	-0.120***
FIRST	-0.090***	0.048***	0.045***	0.004	0.043***	-0.015*	0.061***	0.146***	0.116***	0.040***	0.025***	1	0.098***	-0.164***
SOE	-0.052***	-0.106***	-0.133***	-0.021**	-0.030***	-0.032***	-0.417***	0.282***	-0.028***	0.319***	-0.071***	0.102***	1	0.068***
AGE	-0.046***	-0.071***	-0.079***	-0.151***	0.01	0.105***	-0.165***	0.175***	-0.037***	0.148***	-0.051***	-0.142***	0.062***	1

注：表格右上方为 Sperman 相关系数，左下方为 Pearson 相关系数；***，** 和 * 分别表示 1%，5% 和 10% 的显著性水平。

4.5.4 回归分析

表 4-5 报告了模型（1）的回归结果。第（1）列和第（3）列未控制行业年度虚拟变量。IN_G_S、IN_G_L 系数分别为 0.0019 和 0.0022，均在 1% 水平上显著。第（2）列和第（4）列控制了年度和行业虚拟变量。IN_G_S、IN_G_L 系数有所下降，分别为 0.0015 和 0.0016，依旧在 1% 水平上显著。从经济意义上讲，以第（2）列结果为例，高管团队内部治理指数每上升 1 个标准差，则公司风险承担水平上升 0.2%，相当于企业风险承担水平的 0.04 个标准差。这些结果意味着，实证结果更多地支持本章假设 H1a，即高管团队内部治理效率越高，企业风险承担水平越高。

表 4-5 高管团队内部治理与企业风险承担水平

变量	（1）	（2）	（3）	（4）
	RISK_T	RISK_T	RISK_T	RISK_T
IN_G_S	0.0019***	0.0015***		
	（0.000）	（0.000）		
IN_G_L			0.0022***	0.0016***
			（0.000）	（0.000）
CH_HRZ	0.0004***	0.0003***	0.0004***	0.0003***
	（0.000）	（0.000）	（0.000）	（0.000）
CH_GDR	−0.0001	0.0025	−0.0002	0.0024
	（0.002）	（0.002）	（0.002）	（0.002）
CH_PAY	−0.0006	0.0002	−0.0004	0.0003
	（0.001）	（0.001）	（0.001）	（0.001）
CH_SHR	−0.0163***	−0.0089**	−0.0164***	−0.0089**
	（0.004）	（0.003）	（0.004）	（0.003）
SIZE	−0.0060***	−0.0034***	−0.0060***	−0.0034***
	（0.001）	（0.001）	（0.001）	（0.001）
ROE	−0.0659***	−0.0715***	−0.0663***	−0.0716***
	（0.009）	（0.008）	（0.009）	（0.008）
LEV	0.0097***	0.0192***	0.0097***	0.0193***
	（0.003）	（0.004）	（0.003）	（0.004）
GROW	0.0020	0.0016	0.0019	0.0015
	（0.002）	（0.002）	（0.002）	（0.002）
FIRST	−0.0222***	−0.0114***	−0.0222***	−0.0114***
	（0.003）	（0.003）	（0.003）	（0.003）

变量	（1）	（2）	（3）	（4）
	RISK_T	RISK_T	RISK_T	RISK_T
SOE	−0.0040***	−0.0063***	−0.0037***	−0.0061***
	（0.001）	（0.001）	（0.001）	（0.001）
AGE	−0.0004***	0.0003***	−0.0004***	0.0003***
	（0.000）	（0.000）	（0.000）	（0.000）
CONS	0.1947***	0.1377***	0.1920***	0.1365***
	（0.013）	（0.013）	（0.013）	（0.013）
IND	No	Yes	No	Yes
YEAR	No	Yes	No	Yes
Obs	11825	11825	11825	11825
Adj. R^2	0.0553	0.1709	0.0558	0.1711

注：***、**、*分别表示1%、5%和10%的显著性水平；括号内为稳健性标准误。下同。

在控制变量方面，董事长职业时限预期越长，决策视野越宽广，则企业风险承担水平越高。这符合张维迎（2013）、Cheng et al.（2016）等的理论预期，即高管越年轻，其未来收益比重越大，越有动机为了建立职业声誉而基于股东利益作出决策。董事长性别并未对企业风险承担水平产生显著影响，这也符合相关理论预期。虽然女性整体的风险水平低于男性，但能够成为董事长的女性的风险偏好并不比同层级男性弱。董事长货币薪酬与企业风险承担水平不存在显著的相关关系，可能意味着货币薪酬在激励高管承担风险方面存在某些不足。董事长持股越多，企业风险承担水平越低。根据代理理论，经理人个人财富的多元化程度低于股东，因此公司股价波动会对持有公司股票的经理人的个人财富产生重大影响，所以经理人倾向于采取稳健的经营政策。公司规模越大、盈利能力越强，企业风险承担水平越低，这与余明桂等（2013）、伊志宏等（2020）的研究发现一致。公司资产负债率越高，企业风险承担水平越低，与刘志远等（2017）、伊志宏等（2020）的结果一致。同时这也符合债权人—股东代理理论的预期，这一结果一方面表明公司财务杠杆越高，公司越有动机投资高风险项目，以博取超额收益；另一方面表明我国债权人保护制度并未有效限制高杠杆企业的冒险行为。公司第一大股东持股比例与企业风险承担水平显著负相关，这与 Faccio et al.（2011）的分析相一致。第一大股东持股比例越高，其财富与公司绑定的程度就越高，就越不希望公司从事高风险业务。国有企业的风险承担水平显著低于非国有企业。李文贵和余明桂（2012）同样发现国有企业显著具有更低的风险承担水平。总之，本章控制变量回归结果与目前主流研究基本一致，说明模型（1）的实证结果不存在明显偏误，一定程度上保障了实证结论的稳健性。

4.5.5　稳健性检验

4.5.5.1　最高决策者持股的影响

由于在中国语境下，董事长职位比总经理职位更具分量和影响力（杨典，2013），因此将董事长界定为最高决策者并在此基础上设计指标衡量高管团队内部治理效率。但这同时也会引致另一个问题，那就是董事长某些显著的个人特征会影响本章高管团队内部治理指标的计量效率，其中最应该引起重视的就是董事长持股问题。一方面，持股数量的上升会进一步增强董事长的话语权（Fama and Jensen，1983）；另一方面，持股带来的财富效应可能会降低个体对货币薪酬的敏感性，而本章主要指标的构建一定程度上依赖货币薪酬所传递的信号价值。为了缓解董事长持股对本章结论的可能影响，在模型（1）中控制了董事长持股，并发现董事长持股降低了企业的风险承担水平。为了进一步缓解董事长持股对本章结论的潜在影响，从两个方面进行了稳健性检验。第一，既然董事长持股可能会对本章高管团队内部治理指标的有效性产生影响，那笔者以样本中位数为基准，剔除董事长持股比例较高的观测值，考察在董事长持股比例较低的样本中本章结论是否依然成立。结果如表 4-6 第（1）、（2）列。第二，进一步地讲，彻底剔除所有董事长持股观测值，只选择董事长为持股样本对本章模型（1）进行回归分析。结果如表 4-6 第（3）、（4）列。根据表 4-6，无论在董事长持股比例较低的子样本中还是在董事长完全不持股的子样本中，IN_G_S 和 IN_G_L 均在至少 10% 水平显著为正。高管团队内部治理效率显著提高了企业风险承担水平，最高决策者持股并未对本章主要发现产生重要影响。

表4-6　选取 CM 持股较少的样本或者 CM 不持股的样本

变量	董事长持股比例较低子样本		董事长不持股子样本	
	（1）	（2）	（3）	（4）
IN_G_S	0.0017***		0.0013*	
	（0.001）		（0.001）	
IN_G_L		0.0018***		0.0012*
		（0.001）		（0.001）
CH_HRZ	0.0003***	0.0003***	0.0003***	0.0003**
	（0.000）	（0.000）	（0.000）	（0.000）
CH_GDR	0.0069**	0.0069**	0.0070*	0.0070*
	（0.003）	（0.003）	（0.004）	（0.004）
CH_PAY	−0.0006	−0.0006	−0.0008	−0.0009
	（0.001）	（0.001）	（0.001）	（0.001）
SIZE	−0.0050***	−0.0050***	−0.0055***	−0.0055***
	（0.001）	（0.001）	（0.001）	（0.001）
ROE	−0.0630***	−0.0631***	−0.0587***	−0.0585***
	（0.010）	（0.010）	（0.012）	（0.012）
LEV	0.0242***	0.0242***	0.0300***	0.0300***
	（0.005）	（0.005）	（0.006）	（0.006）
GROW	0.0008	0.0008	−0.0000	−0.0001
	（0.002）	（0.002）	（0.002）	（0.002）
FIRST	−0.0124***	−0.0125***	−0.0209***	−0.0208***
	（0.004）	（0.004）	（0.005）	（0.005）
SOE	−0.0029**	−0.0027**	−0.0041***	−0.0041***
	（0.001）	（0.001）	（0.002）	（0.002）
AGE	0.0004***	0.0004***	0.0003*	0.0003*
	（0.000）	（0.000）	（0.000）	（0.000）
CONS	0.1627***	0.1615***	0.1720***	0.1724***
	（0.018）	（0.018）	（0.020）	（0.021）
IND	Yes	Yes	Yes	Yes
YEAR	Yes	Yes	Yes	Yes
Obs	6271	6271	4740	4740
Adj. R^2	0.1755	0.1756	0.2227	0.2225

4.5.5.2 针对被解释变量的稳健性检验

根据本章前文的总结，目前学术界对企业风险承担水平的度量方法并未达成完全共识。为了确保本章结论不受被解释变量计量模式的显著影响，采取以下方法重新衡量企业风险承担水平。① 前文计算资产报酬率时采用"净利润÷总资产"，本章重新以"利润总额 ÷ 总资产"计算资产收益率，并重新计算了企业风险承担水平，记为 RISK_T1；② 参考 Faccio et al.（2011）、张瑞君等（2013），以净资产收益率衡量企业经营成果，计算企业风险承担水平，记为 RISK_T2；③ 参考李文贵和余明桂（2012）、毛其淋和许家云（2016），以"营业收入 ÷ 总资产"的波动性衡量企业风险承担水平，记为 RISK_T3；④ 借鉴张敏等（2015），笔者以经行业调整的考虑现金红利再投资的年个股回报率标准差衡量企业风险承担水平，记为 RISK_T4；⑤ 基于前述思路，以经行业调整的不考虑现金红利再投资的年个股回报率标准差衡量企业风险承担水平，记为 RISK_T5；⑥ 为了更好地度量股票的收益率，还计算了股票的持有期异常收益指标 BHAR（Buy-and-Hold Abnormal Return），并在此基础上计算了企业风险承担水平，记为 RISK_T6；⑦ 参考 Faccio et al.（2011），李文贵和余明桂（2012）、Boubakri et al.（2013）、余明桂等（2013a），以观测时段内企业最大 ROA 与最小 ROA 之间的差值衡量企业盈利波动性，并以此计量企业风险承担水平，记为 RISK_T7；⑧ 参考 John et al.（2008）等人的做法，笔者以 5 年为一个观测区间，重新计算企业风险承担水平，记为 RISK_T8；⑨ 借鉴 Cole et al.（2006）、Low（2009）、Hilary and Hui（2009）、Bargeron et al.（2010）、张瑞君等（2013）等学者的做法，以股票收益率的年度标准差衡量企业的风险承担水平，具体有以下几点：a. 以考虑现金红利再投资的日个股回报率计算企业风险承担水平，记为 RISK_T9；b. 以不考虑现金红利再投资的日个股回报率计算企业风险承担水平，记为 RISK_T10；c. 以考虑现金红利再投资的周个股回报率计算企业风险承担水平，记为 RISK_T11；d. 以不考虑现金红利再投资的周个股回报率计算企业风险承担水平，记为 RISK_T12。

在按照前述方法重新计量企业风险承担水平的基础上，重新对模型（1）进行了回归分析，结果见表 4-7 ～ 表 4-12。具体而言，以 RISK_T1、RISK_T2、RISK_T3、RISK_T4 为被解释变量，以 IN_G_S 为解释变量的回归结果报告于表 4-7 之中；以 RISK_T5、RISK_T6、RISK_T7、RISK_T8 为被解释变量，以

IN_G_S 为解释变量的回归结果报告于表 4-8 之中；以 RISK_T9、RISK_T10、RISK_T11、RISK_T12 为被解释变量，以 IN_G_S 为解释变量的回归结果报告于表 4-9 之中；以 RISK_T1、RISK_T2、RISK_T3、RISK_T4 为被解释变量，以 IN_G_L 为解释变量的回归结果报告于表 4-10 之中；以 RISK_T5、RISK_T6、RISK_T7、RISK_T8 为被解释变量，以 IN_G_L 为解释变量的回归结果报告于表 4-11 之中；以 RISK_T9、RISK_T10、RISK_T11、RISK_T12 为被解释变量，以 IN_G_L 为解释变量的回归结果报告于表 4-12 之中。

表 4-7　高管团队内部治理与企业风险承担水平（被解释变量稳健性检验 1）

变量	（1）	（2）	（3）	（4）
	RISK_T1	RISK_T2	RISK_T3	RISK_T4
IN_G_S	0.0015*** （0.000）	0.0031a （0.002）	0.0058*** （0.001）	0.0059*** （0.002）
CH_HRZ	0.0003*** （0.000）	0.0010*** （0.000）	0.0008*** （0.000）	0.0011*** （0.000）
CH_GDR	0.0024 （0.002）	0.0047 （0.008）	−0.0083 （0.009）	−0.0088 （0.012）
CH_PAY	0.0005 （0.001）	−0.0045 （0.003）	0.0033 （0.004）	0.0059 （0.004）
CH_SHR	−0.0106*** （0.003）	0.0100 （0.014）	−0.0649*** （0.010）	0.0101 （0.022）
SIZE	−0.0037*** （0.001）	−0.0121*** （0.003）	−0.0207*** （0.003）	−0.0148*** （0.003）
ROE	−0.0675*** （0.009）	−0.3639*** （0.045）	−0.0331 （0.040）	0.0328 （0.032）
LEV	0.0186*** （0.004）	0.2166*** （0.018）	0.1177*** （0.014）	0.0516*** （0.017）
GROW	0.0015 （0.002）	0.0199*** （0.007）	0.0371*** （0.009）	0.0479*** （0.008）
FIRST	−0.0106*** （0.003）	−0.0351** （0.014）	0.0708*** （0.009）	0.0657*** （0.020）
SOE	−0.0064*** （0.001）	−0.0157*** （0.005）	−0.0114*** （0.004）	−0.0257*** （0.007）
AGE	0.0004*** （0.000）	0.0012** （0.000）	0.0013*** （0.000）	−0.0017*** （0.001）
CONS	0.1386*** （0.013）	0.4885*** （0.062）	0.3986*** （0.046）	0.8429*** （0.070）

变量	（1）	（2）	（3）	（4）
	RISK_T1	RISK_T2	RISK_T3	RISK_T4
IND	Yes	Yes	Yes	Yes
YEAR	Yes	Yes	Yes	Yes
Obs	11825	11825	10848	11540
Adj. R^2	0.1576	0.2011	0.0713	0.1591

注 a：$p \approx 10.5\%$

表 4-8　高管团队内部治理与企业风险承担水平（被解释变量稳健性检验 2）

变量	（1）	（2）	（3）	（4）
	RISK_T5	RISK_T6	RISK_T7	RISK_T8
IN_G_S	0.0057***	0.0075***	0.0012**	0.0011**
	（0.002）	（0.002）	（0.001）	（0.001）
CH_HRZ	0.0012***	0.0015***	0.0004***	0.0003***
	（0.000）	（0.000）	（0.000）	（0.000）
CH_GDR	−0.0043	0.0035	0.0044	0.0014
	（0.012）	（0.012）	（0.003）	（0.002）
CH_PAY	0.0049	0.0079**	0.0015*	−0.0010
	（0.004）	（0.004）	（0.001）	（0.001）
CH_SHR	0.0094	0.0184	−0.0140***	−0.0092*
	（0.022）	（0.021）	（0.005）	（0.005）
SIZE	−0.0142***	−0.0219***	−0.0074***	−0.0041***
	（0.003）	（0.003）	（0.001）	（0.001）
ROE	0.0276	0.0556*	−0.1444***	−0.0691***
	（0.032）	（0.033）	（0.013）	（0.010）
LEV	0.0497***	0.0372**	0.0297***	0.0200***
	（0.017）	（0.017）	（0.005）	（0.004）
GROW	0.0482***	0.0488***	0.0060***	0.0025
	（0.008）	（0.008）	（0.002）	（0.002）
FIRST	0.0670***	0.0276	−0.0185***	−0.0108***
	（0.020）	（0.019）	（0.004）	（0.004）

续表

变量	（1）	（2）	（3）	（4）
	RISK_T5	RISK_T6	RISK_T7	RISK_T8
SOE	−0.0270***	−0.0379***	−0.0090***	−0.0065***
	（0.007）	（0.007）	（0.001）	（0.001）
AGE	−0.0018***	−0.0022***	0.0005***	0.0003*
	（0.001）	（0.001）	（0.000）	（0.000）
CONS	0.8441***	1.0052***	0.2227***	0.1656***
	（0.070）	（0.069）	（0.018）	（0.016）
IND	Yes	Yes	Yes	Yes
YEAR	Yes	Yes	Yes	Yes
Obs	11540	11786	11825	8528
Adj. R^2	0.1593	0.1810	0.1074	0.1500

表4-9　高管团队内部治理与企业风险承担水平（被解释变量稳健性检验3）

变量	（1）	（2）	（3）	（4）
	RISK_T9	RISK_T10	RISK_T11	RISK_T12
IN_G_S	0.0002***	0.0002***	0.0004**	0.0004**
	（0.000）	（0.000）	（0.000）	（0.000）
CH_HRZ	0.0000**	0.0000**	0.0001***	0.0001***
	（0.000）	（0.000）	（0.000）	（0.000）
CH_GDR	−0.0003	−0.0003	0.0001	0.0008
	（0.000）	（0.000）	（0.001）	（0.001）
CH_PAY	0.0002	0.0002	−0.0001	−0.0002
	（0.000）	（0.000）	（0.000）	（0.000）
CH_SHR	0.0037***	0.0037***	0.0068***	0.0067***
	（0.001）	（0.001）	（0.001）	（0.001）
SIZE	−0.0023***	−0.0023***	−0.0055***	−0.0055***
	（0.000）	（0.000）	（0.000）	（0.000）
ROE	−0.0018**	−0.0018**	−0.0106***	−0.0105***
	（0.001）	（0.001）	（0.002）	（0.002）
LEV	0.0046***	0.0046***	0.0121***	0.0118***
	（0.001）	（0.001）	（0.001）	（0.001）

续表

变量	（1）	（2）	（3）	（4）
	RISK_T9	RISK_T10	RISK_T11	RISK_T12
GROW	0.0021***	0.0021***	0.0060***	0.0060***
	（0.000）	（0.000）	（0.001）	（0.001）
FIRST	0.0004	0.0004	−0.0017	−0.0014
	（0.001）	（0.001）	（0.001）	（0.001）
SOE	−0.0003*	−0.0003*	−0.0010**	−0.0011**
	（0.000）	（0.000）	（0.000）	（0.000）
AGE	−0.0001***	−0.0001***	−0.0002***	−0.0002***
	（0.000）	（0.000）	（0.000）	（0.000）
CONS	0.0865***	0.0865***	0.2047***	0.2050***
	（0.002）	（0.002）	（0.005）	（0.005）
IND	Yes	Yes	Yes	Yes
YEAR	Yes	Yes	Yes	Yes
Obs	11794	11794	11794	11794
Adj. R^2	0.5585	0.5585	0.5781	0.5542

表4-10 高管团队内部治理与企业风险承担水平（被解释变量稳健性检验1）

变量	（1）	（2）	（3）	（4）
	RISK_T1	RISK_T2	RISK_T3	RISK_T4
IN_G_L	0.0017***	0.0035*	0.0061***	0.0060***
	（0.000）	（0.002）	（0.001）	（0.002）
CH_HRZ	0.0003***	0.0010***	0.0007***	0.0011***
	（0.000）	（0.000）	（0.000）	（0.000）
CH_GDR	0.0023	0.0046	−0.0086	−0.0090
	（0.002）	（0.008）	（0.009）	（0.012）
CH_PAY	0.0006	−0.0042	0.0036	0.0059
	（0.001）	（0.003）	（0.004）	（0.004）
CH_SHR	−0.0107***	0.0098	−0.0651***	0.0098
	（0.003）	（0.014）	（0.010）	（0.022）
SIZE	−0.0037***	−0.0121***	−0.0207***	−0.0148***
	（0.001）	（0.003）	（0.003）	（0.003）

续表

变量	（1）	（2）	（3）	（4）
	RISK_T1	RISK_T2	RISK_T3	RISK_T4
ROE	−0.0676***	−0.3643***	−0.0334	0.0329
	（0.009）	（0.045）	（0.040）	（0.032）
LEV	0.0187***	0.2167***	0.1178***	0.0516***
	（0.004）	（0.018）	（0.014）	（0.017）
GROW	0.0014	0.0198***	0.0370***	0.0478***
	（0.002）	（0.007）	（0.009）	（0.008）
FIRST	−0.0106***	−0.0352**	0.0708***	0.0656***
	（0.003）	（0.014）	（0.009）	（0.020）
SOE	−0.0063***	−0.0153***	−0.0107***	−0.0252***
	（0.001）	（0.005）	（0.004）	（0.007）
AGE	0.0004***	0.0012**	0.0013***	−0.0017***
	（0.000）	（0.000）	（0.000）	（0.001）
CONS	0.1373***	0.4851***	0.3945***	0.8408***
	（0.013）	（0.062）	（0.046）	（0.070）
IND	Yes	Yes	Yes	Yes
YEAR	Yes	Yes	Yes	Yes
Obs	11 825	11 825	10 848	11 540
Adj. R^2	0.1577	0.2012	0.0715	0.1591

表4-11 高管团队内部治理与企业风险承担水平（被解释变量稳健性检验2）

变量	（1）	（2）	（3）	（4）
	RISK_T5	RISK_T6	RISK_T7	RISK_T8
IN_G_L	0.0054**	0.0069***	0.0014**	0.0010**
	（0.002）	（0.002）	（0.001）	（0.001）
CH_HRZ	0.0012***	0.0015***	0.0004***	0.0003***
	（0.000）	（0.000）	（0.000）	（0.000）
CH_GDR	−0.0044	0.0033	0.0044	0.0014
	（0.012）	（0.012）	（0.003）	（0.002）
CH_PAY	0.0047	0.0075**	0.0016*	−0.0010
	（0.004）	（0.004）	（0.001）	（0.001）

续表

变量	（1）	（2）	（3）	（4）
	RISK_T5	RISK_T6	RISK_T7	RISK_T8
CH_SHR	0.0093	0.0184	−0.0141***	−0.0092*
	（0.022）	（0.021）	（0.005）	（0.005）
SIZE	−0.0141***	−0.0218***	−0.0074***	−0.0041***
	（0.003）	（0.003）	（0.001）	（0.001）
ROE	0.0281	0.0565*	−0.1445***	−0.0691***
	（0.032）	（0.033）	（0.013）	（0.010）
LEV	0.0497***	0.0372**	0.0298***	0.0201***
	（0.017）	（0.017）	（0.005）	（0.004）
GROW	0.0481***	0.0488***	0.0060***	0.0025
	（0.008）	（0.008）	（0.002）	（0.002）
FIRST	0.0670***	0.0277	−0.0185***	−0.0108***
	（0.020）	（0.019）	（0.004）	（0.004）
SOE	−0.0267***	−0.0376***	−0.0089***	−0.0065***
	（0.007）	（0.007）	（0.001）	（0.001）
AGE	−0.0019***	−0.0022***	0.0005***	0.0003*
	（0.001）	（0.001）	（0.000）	（0.000）
CONS	0.8443***	1.0066***	0.2215***	0.1656***
	（0.070）	（0.070）	（0.018）	（0.016）
IND	Yes	Yes	Yes	Yes
YEAR	Yes	Yes	Yes	Yes
Obs	11540	11786	11825	8528
Adj. R^2	0.1593	0.1808	0.1075	0.1499

表4-12　高管团队内部治理与企业风险承担水平（被解释变量稳健性检验3）

变量	（1）	（2）	（3）	（4）
	RISK_T9	RISK_T10	RISK_T11	RISK_T12
IN_G_L	0.0002***	0.0002***	0.0004**	0.0003**
	（0.000）	（0.000）	（0.000）	（0.000）
CH_HRZ	0.0000*	0.0000*	0.0001***	0.0001***
	（0.000）	（0.000）	（0.000）	（0.000）

续表

变量	（1）	（2）	（3）	（4）
	RISK_T9	RISK_T10	RISK_T11	RISK_T12
CH_GDR	−0.0003	−0.0003	0.0001	0.0008
	（0.000）	（0.000）	（0.001）	（0.001）
CH_PAY	0.0002*	0.0002*	−0.0001	−0.0002
	（0.000）	（0.000）	（0.000）	（0.000）
CH_SHR	0.0037***	0.0037***	0.0068***	0.0067***
	（0.001）	（0.001）	（0.001）	（0.001）
SIZE	−0.0023***	−0.0023***	−0.0055***	−0.0055***
	（0.000）	（0.000）	（0.000）	（0.000）
ROE	−0.0018**	−0.0018**	−0.0106***	−0.0105***
	（0.001）	（0.001）	（0.002）	（0.002）
LEV	0.0046***	0.0046***	0.0121***	0.0118***
	（0.001）	（0.001）	（0.001）	（0.001）
GROW	0.0021***	0.0021***	0.0060***	0.0060***
	（0.000）	（0.000）	（0.001）	（0.001）
FIRST	0.0004	0.0004	−0.0017	−0.0014
	（0.001）	（0.001）	（0.001）	（0.001）
SOE	−0.0003*	−0.0003*	−0.0010**	−0.0011**
	（0.000）	（0.000）	（0.000）	（0.000）
AGE	−0.0001***	−0.0001***	−0.0002***	−0.0002***
	（0.000）	（0.000）	（0.000）	（0.000）
CONS	0.0864***	0.0864***	0.2046***	0.2050***
	（0.002）	（0.002）	（0.005）	（0.005）
IND	Yes	Yes	Yes	Yes
YEAR	Yes	Yes	Yes	Yes
Obs	11 794	11 794	11 794	11 794
Adj. R^2	0.5585	0.5585	0.5781	0.5542

根据表 4-7～表 4-12 报告的结果，除了基于净资产收益率衡量公司经营状况计算的企业风险承担水平指标 RISK_T2 作为被解释变量时，IN_G_S 系数边际显著（$p \approx 10.5\%$），其余情况下 IN_G_S 和 IN_G_L 系数至少在 10% 水平显著为正。这说明两点内容：一方面，公司高管团队内部治理效率能够显著提高

企业风险承担水平，再次支持了本章假设 H1a；另一方面，意味着本章结果并不显著受到被解释变量具体计算方法的影响。

此外，笔者还借鉴 Faccio et al.（2016）、Bernile et al.（2017）、肖金利等（2018）、Gopalan et al.（2021）等文献的做法，以单一财务指标——财务杠杆，衡量企业风险承担行为。模型（1）的回归结果如表 4-13 所示。可见，IN_G_S 和 IN_G_L 的系数都在 5% 水平显著为正，说明高管团队内部治理效率显著提高了企业的风险承担水平，再次支持了前文的发现。

表 4-13　高管团队内部治理与企业风险承担水平（被解释变量稳健性检验 4）

变量	（1）	（2）
	LEV	LEV
IN_G_S	0.0014** （0.001）	
IN_G_L		0.0013** （0.001）
CH_HRZ	0.0003*** （0.000）	0.0003*** （0.000）
CH_GDR	0.0028 （0.003）	0.0028 （0.003）
CH_PAY	−0.0019** （0.001）	−0.0019** （0.001）
CH_SHR	−0.0130*** （0.004）	−0.0130*** （0.004）
SIZE	0.0209*** （0.001）	0.0209*** （0.001）
ROE	−0.0798*** （0.009）	−0.0798*** （0.009）
GROW	0.0142*** （0.002）	0.0142*** （0.002）
FIRST	−0.0096* （0.005）	−0.0096* （0.005）
SOE	0.0056*** （0.002）	0.0056*** （0.002）
AGE	0.0004*** （0.000）	0.0004*** （0.000）
CONS	−0.3508*** （0.018）	−0.3510*** （0.018）

续表

变量	（1）	（2）
	LEV	LEV
IND	Yes	Yes
YEAR	Yes	Yes
Obs	11825	11825
Adj. R^2	0.2828	0.2827

4.5.5.3　针对解释变量的稳健性检验

第一，在设计高管团队内部治理指标的时候根据关键下属高管监督最高决策者的动机和能力生成了一个综合性连续变量。根据 Cheng et al.（2016），这一指标能够科学地反映高管团队内部治理效率。为了更加直接地反映不同水平高管团队内部治理效率对企业风险承担行为的影响，将所有样本分别按照 IN_G_S 和 IN_G_L 年度—行业中位数划分为高管团队内部治理水平高组和高管团队内部治理水平低组，在此基础上构建 IN_G_S_D 和 IN_G_L_D 两个变量。对于高管团队内部治理水平高的组，IN_G_S_D（IN_G_L_D）取值为 1，否则取值为 0。回归结果见表 4-14 第（1）、（2）列。可见，高管团队内部治理效率高的企业的风险承担水平显著更高，实证结果继续支持本章 H1a。

第二，Thompson（1967）指出，尽管公司高管数量不少，但真生对生产经营决策有决定权的只是一部分高管。目前文献对于"一部分高管"的界定并不统一，有学者认为应该根据高管职位进行界定；有学者认为应该根据高管与大股东的关系进行确定；也有学者指出可以根据薪酬水平做出判断。前文参考 Cheng et al.（2016）的做法，以薪酬最高的前 2 位和前 3 位非董事长高管界定关键下属高管。为稳健性起见，采用收入最高的前 4 位和前 5 位高管重新界定关键下属高管，重新生成本章解释变量 IN_G_S1 和 IN_G_L1。表 4-14 第（3）~（4）列报告了回归结果。IN_G_S1 和 IN_G_L1 均在 1% 水平上显著为正，总体结果与前文主要研究发现一致，再次支持假设 H1a。

表4-14 高管团队内部治理与企业风险承担水平（解释变量稳健性检验1）

变量	（1）RISK_T	（2）RISK_T	（3）RISK_T	（4）RISK_T
IN_G_S_D	0.0019** （0.001）			
IN_G_L_D		0.0026*** （0.001）		
IN_G_S1			0.0015*** （0.000）	
IN_G_L1				0.0016*** （0.000）
CH_HRZ	0.0003*** （0.000）	0.0003*** （0.000）	0.0003*** （0.000）	0.0003*** （0.000）
CH_GDR	0.0025 （0.002）	0.0025 （0.002）	0.0024 （0.002）	0.0025 （0.002）
CH_PAY	−0.0008 （0.001）	−0.0007 （0.001）	0.0002 （0.001）	0.0003 （0.001）
CH_SHR	−0.0089** （0.003）	−0.0091*** （0.003）	−0.0088** （0.003）	−0.0090*** （0.003）
SIZE	−0.0032*** （0.001）	−0.0032*** （0.001）	−0.0034*** （0.001）	−0.0034*** （0.001）
ROE	−0.0700*** （0.008）	−0.0701*** （0.008）	−0.0715*** （0.008）	−0.0717*** （0.008）
LEV	0.0191*** （0.004）	0.0190*** （0.004）	0.0194*** （0.004）	0.0194*** （0.004）
GROW	0.0017 （0.002）	0.0016 （0.002）	0.0015 （0.002）	0.0015 （0.002）
FIRST	−0.0111*** （0.003）	−0.0112*** （0.003）	−0.0114*** （0.003）	−0.0113*** （0.003）
SOE	−0.0066*** （0.001）	−0.0063*** （0.001）	−0.0061*** （0.001）	−0.0060*** （0.001）
AGE	0.0003*** （0.000）	0.0003*** （0.000）	0.0003*** （0.000）	0.0003*** （0.000）
CONS	0.1443*** （0.013）	0.1424*** （0.013）	0.1370*** （0.013）	0.1363*** （0.013）
IND	Yes	Yes	Yes	Yes
YEAR	Yes	Yes	Yes	Yes
Obs	11825	11825	11825	11825

变量	（1）	（2）	（3）	（4）
	RISK_T	RISK_T	RISK_T	RISK_T
Adj. R^2	0.1701	0.1703	0.1709	0.1710

前文以"60 －关键下属高管平均年龄"衡量关键下属高管自下而上监督动机。劳动和社会保障部 1999 年 3 月 9 日发布了《关于制止和纠正违反国家规定办理企业职工提前退休有关问题的通知》（劳社部发〔1999〕8 号），通知指出："国家法定的企业职工退休年龄是男年满 60 周岁，女工人年满 50 周岁，女干部年满 55 周岁。从事井下、高空、高温、特别繁重体力劳动或其他有害身体健康工作（以下称特殊工种）的，退休年龄为男年满 55 周岁、女年满 45 周岁；因病或非因工致残，由医院证明并经劳动鉴定委员会确认完全丧失劳动能力的，退休年龄为男年满 50 周岁、女年满 45 周岁。"根据该条规定，以 55 岁作为上市公司女性高管的退休年龄似乎更加合理。因此，结合关键下属高管的性别重新计算了制衡动机变量，在此基础上生成新的高管团队内部治理指标 IN_G_S2 和 IN_G_L2。为严谨性起见，根据董事长性别重新生成了董事长职业时限预期变量 CH_HRZ2。表 4-15 第（1）～（2）列呈现了重新回归的分析结果，可见，IN_G_S2 和 IN_G_L2 都在 1% 水平显著为正，表明高管团队内部治理效率能够显著提高企业风险承担水平，继续支持本章假设 H1a。

第三，前文借鉴叶祥松（2003）、Kang et al.（2008）、姜付秀等（2009）、姜付秀等（2017）等人的研究并结合中国企业的管理实践，将董事长界定为企业最高决策者，并在此基础上构建了上市公司高管团队内部治理指数，研究了高管团队权力配置对企业风险承担行为的影响。在稳健性检验中，笔者参考 Cheng et al.（2016）等文献的做法，将总经理界定为最高决策者，遵循与前文相同的思路生成两个新的高管团队内部治理指标 IN_G_S_CEO 和 IN_G_L_CEO。同时，笔者还将控制变量中董事长个人特征变量全部替换为总经理个人特征变量。回归结果如表 4-15 第（3）～（4）列所示，IN_G_S_CEO 和 IN_G_L_CEO 在 1% 水平显著为正。可见将总经理界定为最高决策者重新计量高管团队权力配置指标之后，高管团队内部治理效率依旧显著提高了企业的风险承担水平。

表 4-15 高管团队内部治理与企业风险承担水平（解释变量稳健性检验 2）

变量	（1）RISK_T	（2）RISK_T	（3）RISK_T	（4）RISK_T
IN_G_S2	0.0015*** （0.000）			
IN_G_L2		0.0015*** （0.000）		
IN_G_S_CEO			0.0017*** （0.000）	
IN_G_L_CEO				0.0018*** （0.000）
CH_HRZ2	0.0003*** （0.000）	0.0003*** （0.000）		
CH_GDR	0.0039* （0.002）	0.0038* （0.002）		
CH_PAY	0.0002 （0.001）	0.0003 （0.001）		
CH_SHR	−0.0088** （0.003）	−0.0089** （0.003）		
CEO_HRZ			0.0001 （0.000）	0.0001 （0.000）
CEO_GDR			0.0015 （0.002）	0.0014 （0.002）
CEO_PAY			0.0022*** （0.001）	0.0024*** （0.001）
CEO_SHR			−0.0057 （0.004）	−0.0060 （0.004）
SIZE	−0.0034*** （0.001）	−0.0034*** （0.001）	−0.0043*** （0.001）	−0.0043*** （0.001）
ROE	−0.0715*** （0.008）	−0.0714*** （0.008）	−0.0727*** （0.009）	−0.0729*** （0.009）
LEV	0.0193*** （0.004）	0.0193*** （0.004）	0.0210*** （0.004）	0.0210*** （0.004）
GROW	0.0016 （0.002）	0.0015 （0.002）	0.0019 （0.002）	0.0019 （0.002）
FIRST	−0.0114*** （0.003）	−0.0114*** （0.003）	−0.0108*** （0.003）	−0.0108*** （0.003）
SOE	−0.0063*** （0.001）	−0.0062*** （0.001）	−0.0052*** （0.001）	−0.0050*** （0.001）
AGE	0.0003*** （0.000）	0.0003*** （0.000）	0.0003*** （0.000）	0.0003*** （0.000）

续表

变量	（1）	（2）	（3）	（4）
	RISK_T	RISK_T	RISK_T	RISK_T
CONS	0.1381*** （0.013）	0.1378*** （0.013）	0.1320*** （0.014）	0.1301*** （0.014）
IND	Yes	Yes	Yes	Yes
YEAR	Yes	Yes	Yes	Yes
Obs	11825	11825	11580	11580
Adj. R^2	0.1709	0.1709	0.1628	0.1631

4.5.5.4 *内生性问题*

考虑到本研究议题可能面临的内生性，笔者进行了四项补充检验，以缓解内生性问题对本章研究结论的干扰。

第一，将解释变量 IN_G_S 和 IN_G_L 滞后一期，以应对可能面临的高管团队内部治理水平与企业风险承担行为之间互为因果的内生性问题。表 4-16 第（1）～（2）列报告了相关回归结果，可见，滞后的 IN_G_S 和 IN_G_L 在 5% 统计水平显著为正，实证结果支持前文结论。

第二，本章结论可能面临遗漏变量引致的内生性问题。尽管从高管个人特征、企业财务状况和公司基本属性等方面对影响企风险承担行为的因素进行了控制，但本章依旧无法穷尽被解释变量的影响因素。因此，通过固定效应模型对可能存在的不随时间变化的不可观测变量进行控制，以缓解遗漏变量导致的内生性问题，回归结果如表 4-16 第（3）～（4）列所示。根据表 4-15 可知，本章解释变量 IN_G_S 和 IN_G_L 在至少 10% 水平显著为正，支持了高管团队内部治理效率提高企业风险承担水平的前文结论。

表4-16　高管团队内部治理与企业风险承担水平（解释变量滞后、固定效应）

变量	（1）	（2）	（3）	（4）
	RISK_T	RISK_T	RISK_T	RISK_T
IN_G_St-1	0.0009** （0.000）			
IN_G_Lt-1		0.0011** （0.000）		
IN_G_S			0.0010* （0.001）	
IN_G_L				0.0016*** （0.001）
CH_HRZ	0.0002*** （0.000）	0.0002*** （0.000）	0.0002 （0.000）	0.0002 （0.000）
CH_GDR	0.0031 （0.002）	0.0031 （0.002）	0.0052 （0.004）	0.0051 （0.004）
CH_PAY	−0.0004 （0.001）	−0.0003 （0.001）	0.0006 （0.001）	0.0012 （0.001）
CH_SHR	−0.0034 （0.004）	−0.0034 （0.004）	−0.0245** （0.012）	−0.0246** （0.012）
SIZE	−0.0025*** （0.001）	−0.0025*** （0.001）	−0.0019 （0.001）	−0.0019 （0.001）
ROE	−0.0744*** （0.010）	−0.0746*** （0.010）	−0.0408*** （0.006）	−0.0410*** （0.006）
LEV	0.0111*** （0.004）	0.0111*** （0.004）	0.0112** （0.005）	0.0113** （0.005）
GROW	0.0038** （0.002）	0.0038** （0.002）	0.0013 （0.001）	0.0013 （0.001）
FIRST	−0.0094*** （0.004）	−0.0095*** （0.004）	−0.0183** （0.009）	−0.0180** （0.009）
SOE	−0.0051*** （0.001）	−0.0050*** （0.001）	−0.0037 （0.005）	−0.0037 （0.005）
AGE	0.0002* （0.000）	0.0002* （0.000）	0.0005 （0.002）	0.0005 （0.002）
CONS	0.1225*** （0.015）	0.1212*** （0.015）	0.0521 （0.038）	0.0470 （0.038）
IND	Yes	Yes	Yes	Yes
YEAR	Yes	Yes	Yes	Yes
FIRM	No	No	Yes	Yes

续表

变量	（1）	（2）	（3）	（4）
	RISK_T	RISK_T	RISK_T	RISK_T
Obs	8653	8653	11825	11825
Adj. R^2/R^2	0.1458	0.1460	0.1505	0.1509

　　第三，前文所使用的模型可能受到大量的非边际变动因素的影响，为了缓解模型中不随时间变化的因素对本章结论的干扰，使用差分模型（change 模型）重新对模型（1）进行了回归分析。具体而言，对全部被解释变量、解释变量和连续的控制变量都取 $t-1$ 期到 t 期的差值；对不随时间变化的特征变量取 t 期值。为了更好地呈现结果，在取差值的变量前加"Δ"，以示区分。表 4-17 报告了差分模型的回归结果。可见，Δ IN_G_S 和 Δ IN_G_L 在至少 5% 统计水平显著为正，说明公司高管团队内部治理效率的上升促进了公司风险承担水平的提高，前文实证发现再次得到支持。

表 4-17　高管团队内部治理与企业风险承担水平（差分模型）

变量	（1）	（2）
	Δ RISK_T	Δ RISK_T
Δ IN_G_S	0.0013** （0.001）	
Δ IN_G_L		0.0017*** （0.001）
Δ CH_HRZ	0.0008 （0.001）	0.0008 （0.001）
Δ CH_GDR	0.0008 （0.034）	0.0016 （0.034）
Δ CH_PAY	0.0014 （0.001）	0.0016 （0.001）
Δ CH_SHR	−0.0160 （0.018）	−0.0169 （0.018）
Δ SIZE	0.0002 （0.002）	0.0001 （0.002）

续表

变量	（1）	（2）
	ΔRISK_T	ΔRISK_T
ΔROE	−0.0035	−0.0035
	（0.005）	（0.005）
ΔLEV	−0.0040	−0.0039
	（0.006）	（0.006）
ΔGROW	0.0023**	0.0023**
	（0.001）	（0.001）
ΔFIRST	0.0006	0.0007
	（0.012）	（0.012）
ΔSOE	0.0027	0.0026
	（0.008）	（0.008）
CONS	0.0046	0.0040
	（0.014）	（0.014）
IND	Yes	Yes
YEAR	Yes	Yes
Obs	8653	8653
Adj. R^2	0.1395	0.1398

第四，为进一步应对互为因果导致的内生性问题，笔者借鉴 John et al.（2008）、Faccio et al.（2011）、李小荣和张瑞君（2014）、张洪辉和章琳一（2016）、苏坤（2016）、Cheng et al.（2016）、Jumreornvong et al.（2109）的处理方法，选用高管团队内部治理指数的年度—行业均值作为解释变量的工具变量进行两阶段最小二乘法回归。同年度同行业的高管团队内部治理水平正向影响企业个体特质，但这一均值并不会对个体企业风险承担行为产生影响，因此是一个较为理想的工具变量。表 4-18 第（1）～（4）列报告了 2SLS 的回归分析结果。弱工具变量检验 F 值远大于相关临界值，拒绝存在弱工具变量的原假设。工具变量与解释变量在 1% 水平显著正相关，符合前文预期。在控制了可能存在的内生性问题之后，IN_G_S 和 IN_G_L 依旧在 1% 水平显著为负，再次说明高管团队内部治理效率能够显著提高企业风险承担水平。

表 4-18 高管团队内部治理与企业风险承担水平（2SLS）

变量	（1）IN_G_S	（2）RISK_T	（3）IN_G_L	（4）RISK_T
IV_IN_G_S	0.6235***（0.086）			
IN_G_S		0.0933***（0.015）		
IV_IN_G_L			0.6300***（0.081）	
IN_G_L				0.0811***（0.013）
CH_HRZ	0.0181***（0.002）	−0.0014***（0.000）	0.0231***（0.002）	−0.0016***（0.000）
CH_GDR	0.0544（0.055）	−0.0031（0.006）	0.0849（0.055）	−0.0049（0.005）
CH_PAY	−0.8159***（0.024）	0.0758***（0.013）	−0.8212***（0.024）	0.0663***（0.011）
CH_SHR	0.3128***（0.083）	−0.0373***（0.010）	0.3335***（0.080）	−0.0355***（0.009）
SIZE	0.1654***（0.015）	−0.0189***（0.003）	0.1558***（0.014）	−0.0161***（0.002）
ROE	1.2429***（0.137）	−0.1879***（0.024）	1.2193***（0.135）	−0.1704***（0.021）
LEV	−0.1664**（0.073）	0.0347***（0.008）	−0.1859***（0.072）	0.0343***（0.007）
GROW	0.1144***（0.032）	−0.0088**（0.004）	0.1349***（0.031）	−0.0089***（0.003）
FIRST	0.2891***（0.082）	−0.0385***（0.009）	0.2869***（0.082）	−0.0346***（0.008）
SOE	−0.3839***（0.029）	0.0297***（0.007）	−0.4586***（0.029）	0.0310***（0.007）
AGE	0.0011（0.002）	0.0002（0.000）	0.0015（0.002）	0.0001（0.000）
CONS	6.4740***（0.306）	−0.4666***（0.104）	6.7416***（0.302）	−0.4097***（0.093）
IND	Yes	Yes	Yes	Yes
YEAR	Yes	Yes	Yes	Yes

变量	（1）	（2）	（3）	（4）
	IN_G_S	RISK_T	IN_G_L	RISK_T
Obs	11825	11825	11825	11825
Cragg–Donald Wald F	78.1306		92.4863	

4.6　影响路径分析

本章前文主效应分析及稳健性检验的结果表明，高管团队内部治理效率能够提升企业风险承担水平。进一步地讲，在这部分将继续研究高管团队内部治理效率通过哪些渠道影响了企业的风险承担水平。Bargeron et al.（2010）指出更高的风险承担水平通常表现为企业资本性支出的增加；Kini and Williams（2012）发现企业风险承担水平的提高会表现在资本投资、创新、并购等方面；何瑛等（2019）发现经理人职业经历提高企业风险承担水平的路径主要是促进高风险投资行为，如研发投入更高、并购频率和并购金额更高等。参考这些文献的研究设计，在本章节检验高管团队内部治理效率是否影响了企业的创新行为、资本性支出和并购活动。

第一，从两个方面衡量企业的创新活动。在创新投入方面，研发支出是一种高风险投资（Bhagat and Welch，1995；Coles et al.，2008；Bargeron et al.，2010；Belloc，2013；Koh and Reeb，2015；Huang and Wang，2015），笔者以研发支出占营业收入比重衡量企业研发强度，记为 R&D；在创新产出方面，以上市公司及其关联公司（子公司、联营公司、合营公司）专利申请数量加 1 的自然对数衡量企业创新水平，记为 PAT。用创新投入指标和创新产出指标替换模型（1）中的风险承担水平变量，然后重新进行回归分析，结果如表 4-19 所示。表 4-19 中第（1）、（2）列结果显示，IN_G_S 和 IN_G_L 的系数显著为正，说明高管团队内部治理水平越高，企业研发投入越多，表明高管团队内部权力配置越合理，企业创新投入的态度越积极 ①。表 4-19 中第（3）、（4）列结果显示，以 PAT 为被解释变量时，IN_G_S 和 IN_G_L 的系数同样在 1% 水平上显著为正。可见，高管团队内部治理水平越高，企业创新产出水平越高。综上，笔者发现，高管团队内部治理显著影响了企业的创新活动。

表 4-19　高管团队内部治理效率提高企业风险承担水平的影响路径（创新行为）

变量	R&D		PAT	
	（1）	（2）	（3）	（4）
IN_G_S	0.0024*** (0.000)		0.0720*** (0.010)	
IN_G_L		0.0029*** (0.000)		0.0745*** (0.011)
CH_HRZ	0.0001** (0.000)	0.0001 (0.000)	0.0057*** (0.002)	0.0053*** (0.002)
CH_GDR	−0.0022 (0.002)	−0.0022 (0.002)	−0.1356*** (0.052)	−0.1381*** (0.052)
CH_PAY	0.0049*** (0.001)	0.0052*** (0.001)	0.1700*** (0.018)	0.1725*** (0.018)
CH_SHR	0.0141*** (0.003)	0.0140*** (0.003)	0.5993*** (0.097)	0.5967*** (0.098)
SIZE	−0.0029*** (0.001)	−0.0029*** (0.001)	0.5136*** (0.016)	0.5139*** (0.016)
ROE	−0.0392*** (0.007)	−0.0394*** (0.007)	0.9529*** (0.149)	0.9515*** (0.149)
LEV	−0.0524*** (0.003)	−0.0523*** (0.003)	−0.3551*** (0.077)	−0.3531*** (0.077)
GROW	−0.0045*** (0.001)	−0.0047*** (0.001)	−0.0229 (0.034)	−0.0245 (0.034)
FIRST	−0.0185*** (0.003)	−0.0185*** (0.003)	−0.1153 (0.092)	−0.1158 (0.092)
SOE	0.0012 (0.001)	0.0016 (0.001)	−0.0685** (0.033)	−0.0619* (0.033)
AGE	−0.0005*** (0.000)	−0.0005*** (0.000)	−0.0071** (0.003)	−0.0071** (0.003)

① 以 R&D 作为被解释变量时回归分析中观测值数量显著下降，是因为笔者剔除了 R&D 数据缺失的观测值。尽管部分学者建议以零代替 R&D 数据缺失值，但根据 Koh and Reeb（2015），R&D 支出数据缺失与 R&D 支出为零之间有着截然不同的含义，因此笔者剔除了这部分数据。

续表

变量	R&D		PAT	
	（1）	（2）	（3）	（4）
CONS	0.0502*** （0.013）	0.0466*** （0.013）	−12.4344*** （0.339）	−12.4728*** （0.340）
IND	Yes	Yes	Yes	Yes
YEAR	Yes	Yes	Yes	Yes
Obs	7555	7555	11825	11825
Adj. R^2	0.3335	0.3347	0.4034	0.4035

第二，从资本性支出、并购两个方面衡量企业投资行为。具体而言，笔者以"（构建固定资产、无形资产和其他长期资产支付的现金−处置固定资产、无形资产和其他长期资产收回的现金净额）÷总资产"衡量企业的资本性支出，记为 CAP；以企业是否发生并购（M&A_D）以及企业并购规模的自然对数（M&A_P）衡量企业的并购活动。回归分析的结果如表 4-20 所示。根据表 4-20第（1）、（2）列，当被解释变量为企业资本性支出 CAP 时，IN_G_S 和 IN_G_L 的系数在 1% 水平上显著为正，表明高管团队内部治理水平越高，企业的资本支出越高。根据 Bargeron et al.（2010）的观点，这意味着高管团队权力配置越合理，企业行为的风险性越高。根据表 4-20 第（3）、（4）列结果，高管团队内部治理水平对企业并购活动不存在显著影响，说明并购可能并不是高管团队内部治理影响企业风险承担行为的重要路径。

表 4-20　高管团队内部治理效率提高企业风险承担水平的影响路径（资本性支出、并购活动）

变量	CAP		M&A_D		M&A_P	
	（1）	（2）	（3）	（4）	（5）	（6）
IN_G_S	0.0016*** （0.000）		0.0201 （0.025）		0.0348 （0.050）	
IN_G_L		0.0020*** （0.000）		0.0261 （0.025）		0.0382 （0.050）

变量	CAP		M&A_D		M&A_P	
	（1）	（2）	（3）	（4）	（5）	（6）
CH_HRZ	0.0001 （0.000）	0.0001 （0.000）	0.0112*** （0.004）	0.0110*** （0.004）	0.0234*** （0.008）	0.0232*** （0.008）
CH_GDR	−0.0001 （0.002）	−0.0002 （0.002）	0.0458 （0.128）	0.0452 （0.128）	0.1091 （0.272）	0.1077 （0.272）
CH_PAY	0.0018** （0.001）	0.0021*** （0.001）	−0.0274 （0.039）	−0.0226 （0.040）	−0.0797 （0.077）	−0.0767 （0.078）
CH_SHR	0.0464*** （0.004）	0.0462*** （0.004）	0.5593*** （0.198）	0.5579*** （0.198）	1.4685*** （0.510）	1.4667*** （0.510）
SIZE	0.0042*** （0.001）	0.0041*** （0.001）	−0.0443 （0.035）	−0.0450 （0.035）	−0.0650 （0.068）	−0.0652 （0.068）
ROE	0.0502*** （0.006）	0.0497*** （0.006）	0.8707*** （0.320）	0.8649*** （0.320）	1.0621* （0.590）	1.0590* （0.590）
LEV	−0.0170*** （0.003）	−0.0169*** （0.003）	0.2270 （0.183）	0.2279 （0.183）	0.3399 （0.371）	0.3414 （0.370）
GROW	0.0189*** （0.002）	0.0188*** （0.002）	0.6639*** （0.065）	0.6631*** （0.065）	1.9293*** （0.196）	1.9282*** （0.196）
FIRST	0.0022 （0.004）	0.0021 （0.004）	0.2309 （0.217）	0.2291 （0.217）	0.0481 （0.428）	0.0472 （0.428）
SOE	−0.0109*** （0.001）	−0.0106*** （0.001）	−0.5838*** （0.087）	−0.5792*** （0.087）	−0.9298*** （0.131）	−0.9256*** （0.131）
AGE	−0.0011*** （0.000）	−0.0011*** （0.000）	−0.0235*** （0.006）	−0.0234*** （0.006）	−0.0523*** （0.013）	−0.0523*** （0.013）
CONS	−0.0483*** （0.013）	−0.0513*** （0.013）	−2.6570*** （0.790）	−2.7021*** （0.795）	1.9794 （1.399）	1.9460 （1.410）
IND	Yes	Yes	Yes	Yes	Yes	Yes
YEAR	Yes	Yes	Yes	Yes	Yes	Yes
Obs	11816	11816	11808	11808	11770	11770
Adj. R^2 / Pes. R^2	0.1249	0.1254	0.1085	0.1085	0.0900	0.0900

4.7　拓展性分析

4.7.1　高管团队内部治理、外部压力与企业风险承担水平

高管团队内部治理效率能够提升企业风险承担水平，重要原因在于管理层团队内部合理的权力配置能够有效抑制最高决策者对私利的追求，从而一定程度上缓解代理冲突。大量研究发现，外部压力会影响企业的风险承担行为，如江曙霞和陈玉婵（2012）指出较高的监管压力会降低银行的风险承担水平；倪骁然和朱玉杰（2017）的研究也发现，我国融资融券制度实施之后，股票卖空压力会降低企业的风险承担水平。根据前文的分析可知，一方面，适当的外部压力有助于关键下属高管更好地监督最高决策者的行为，从而提高企业风险承担水平；另一方面，外部压力过大则会对关键下属高管自下而上的监督行为产生不利影响，因为较高的外部压力可能会对企业的生存和发展产生负面冲击，此时关键下属高管自身可能会选择低风险的行为模式，某种程度上与最高决策者奉行的享乐主义产生共鸣，从而降低企业风险承担水平。

下面笔者从两个方面探究外部压力对高管团队内部治理提升企业风险承担水平的影响。

第一，Miller（2006）、Dyck et al.（2008）、Bushee et al.（2010）等都指出媒体作为一种有效的信息中介能够显著降低企业内外部主体之间的信息不对称。李培功和沈艺峰（2010）基于中国的研究也发现，在我国现阶段转型经济体制下，媒体发挥着重要的公司治理功能。杨道广等（2017）在研究媒体关注与企业创新行为关系时验证了"市场压力假说"，即外部媒体压力显著降低了企业的创新水平。为了检验媒体监督压力对高管团队内部治理提升企业风险承担水平的调节效应，笔者做出如下研究设计：以年度媒体报道中提及上市公司次数衡量媒体关注程度[①]，即外部监督压力；在此基础上以媒体关注度的年度—行业中位数为基准对样本进行分组，具体而言，当企业媒体关注程度大于年度—行业中位数时，界定为高媒体关注组，记为 MEDIA = 1；反之则界定为低媒体

---

① 媒体关注数据来自 CNRDS 数据服务平台。

关注度组，记为 MEDIA = 0；在模型（1）中引入 MEDIA 和 IN_G 与 MEDIA 的交乘项，然后重新进行回归分析。表 4-21 第（1）、（2）列报告了相关结果，可见 IN_G_S×MEDIA、IN_G_L×MEDIA 系数在至少 5% 水平显著为负，说明媒体带来的外部监督压力降低了高管团队内部治理水平对企业风险承担行为的激励作用，倾向于支持"市场压力假说"。

第二，诉讼也会给企业带来外部压力，涉诉较多的企业也会面临较高的外部压力。胡国柳和王禹（2019）指出，涉诉风险更高的企业出于控制总风险的目的更倾向于实施风险较低的常规战略。结合本章议题，当企业面临较多诉讼时，无论是最高决策者还是关键下属高管都有动机降低自己面临的诉讼风险（Beneish et al.，2012），从而选择更多的低风险行为。因此，法律诉讼带来的外部压力可能降低高管团队内部治理对企业风险承担水平的促进作用。为了对此进行验证，以上市公司期末累计涉诉次数的年度—行业中位数为基准将样本划分为高诉讼风险组（LAWSUIT = 1）和低诉讼风险组（LAWSUIT = 0），然后在模型（1）中引入 LAWSUIT、LAWSUIT 与 IN_G 的交乘项。重新回归的结果见表 4-21 第（3）、（4）列①。IN_G_S×LAWSUIT、IN_G_L×LAWSUIT 系数在 5% 水平显著为负，说明诉讼带来的外部压力也显著降低了高管团队内部治理水平对企业风险承担行为的激励作用，再次支持"市场压力假说"。

表 4-21 高管团队内部治理、外部压力与企业风险承担水平

变量	（1）	（2）	（3）	（4）
	M = MEDIA	M = MEDIA	M = LAWSUIT	M = LAWSUIT
IN_G_S×MEDIA	-0.0009*** （0.000）			
IN_G_L×MEDIA		-0.0008** （0.000）		
IN_G_S×LAWSUIT			-0.0024** （0.001）	
IN_G_L×LAWSUIT				-0.0026** （0.001）
MEDIA	-0.0000 （0.001）	-0.0001 （0.001）		

① 回归结果中样本量有所下降是因为笔者在研究设计中剔除了涉诉案件数量不详的观测值。

续表

变量	（1）	（2）	（3）	（4）
	M = MEDIA	*M* = MEDIA	*M* = LAWSUIT	*M* = LAWSUIT
LAWSUIT			−0.0053**	−0.0053**
			（0.002）	（0.002）
IN_G_S	0.0052***		0.0032***	
	（0.002）		（0.001）	
IN_G_L		0.0050***		0.0035***
		（0.002）		（0.001）
CH_HRZ	0.0003***	0.0003***	0.0003***	0.0002***
	（0.000）	（0.000）	（0.000）	（0.000）
CH_GDR	0.0022	0.0022	0.0021	0.0021
	（0.002）	（0.002）	（0.003）	（0.003）
CH_PAY	0.0002	0.0003	0.0005	0.0006
	（0.001）	（0.001）	（0.001）	（0.001）
CH_SHR	−0.0088**	−0.0088**	−0.0102**	−0.0103**
	（0.003）	（0.003）	（0.005）	（0.005）
SIZE	−0.0034***	−0.0034***	−0.0046***	−0.0046***
	（0.001）	（0.001）	（0.001）	（0.001）
ROE	−0.0714***	−0.0716***	−0.0761***	−0.0762***
	（0.009）	（0.009）	（0.010）	（0.010）
LEV	0.0193***	0.0193***	0.0219***	0.0220***
	（0.004）	（0.004）	（0.005）	（0.005）
GROW	0.0016	0.0015	0.0021	0.0020
	（0.002）	（0.002）	（0.002）	（0.002）
FIRST	−0.0111***	−0.0112***	−0.0158***	−0.0159***
	（0.003）	（0.003）	（0.004）	（0.004）
SOE	−0.0063***	−0.0061***	−0.0063***	−0.0062***
	（0.001）	（0.001）	（0.001）	（0.001）
AGE	0.0003***	0.0003***	0.0003**	0.0003**
	（0.000）	（0.000）	（0.000）	（0.000）
CONS	0.1375***	0.1365***	0.1523***	0.1510***
	（0.013）	（0.013）	（0.017）	（0.017）
IND	Yes	Yes	Yes	Yes
YEAR	Yes	Yes	Yes	Yes
Obs	11 800	11 800	7 859	7 859
Adj. R^2	0.1717	0.1716	0.1456	0.1459

4.7.2　高管团队内部治理、不确定性与企业风险承担水平

大量研究发现，外部环境是影响企业风险承担行为的重要因素。如 Julio and Yook（2012）基于全球范围的政府选举的经验证据，发现政治不确定性会显著减少企业投资；Baum et al.（2006）、Bloom et al.（2007）也指出在同等收益的情况下，增加投资的不确定性会减少企业的风险投资；Tran（2019）的跨国研究发现环境不确定性显著降低了企业的风险承担水平；Wen（2021）发现经济政策不确定性与企业风险承担水平显著负相关；彭涛等（2021）的研究结论也认为经济政策不确定性高时企业风险承担水平显著更低。

结合本章的研究议题，外部环境不确定性水平越高，关键下属高管自身的风险规避动机就越强，其对最高决策者的监督动机和监督能力都会受到影响。在某些情形下，关键下属高管反而可能支持公司的低风险决策，因此高管团队内部治理对企业风险承担水平的影响将会下降。下文笔者将从两方面对这一判断进行验证。

第一，检验经济政策不确定性对高管团队内部治理提高企业风险承担水平的调节效应。参考刘志远等（2017），以中国经济不确定月度指数[①]的年度均值除以 100 衡量经济政策不确定性，记为 EU。该值越大，经济政策不确定性越高。在模型（1）中加入 EU 和 EU 与 IN_G 的交乘项，回归结果如表 4-22 第（1）、（2）列所示。可见，IN_G_S × EU 和 IN_G_L × EU 至少在 5% 水平显著为负，说明经济政策不确定性对高管团队内部治理的风险承担激励效应产生了负面影响。

第二，检验政策不确定性对高管团队内部治理促进企业风险承担的调节效应。刘海洋等（2017）指出，当企业所在地市委书记和市长同时发生变更时，企业面临更大的经营不确定性。因此笔者以公司驻地市委书记和市长同时发生变更衡量地区政策不确定性预期。具体而言，笔者手工收集整理了中国所有地级市市委书记和市长信息；然后梳理了各城市市委书记和市长变化情况；在此基础上将同一年份市委书记和市长同时发生变更的地级市标识为 1，其余标识

[①] 以斯坦福大学和芝加哥大学联合发布的 Baker et al.（2016）中国经济不确定性指数构建政策不确定的测量指标，目前该指数已成为国内外关于政策不确定性研究的主流测度指标（Pástor and Veronesi，2013；Gulen and Ion，2016）。

为 0[①]；进一步地，在省级层面对数据进行汇总，进而得出每个省每年市委书记和市长同时发生变更的城市数量占全部地市级数量的比例，记为 PU，以此衡量省级层面政策不确定性。该值越大，企业面临的政策不确定性就越高。在模型（1）中加入 PU 和 PU 与 IN_G 的交乘项，回归结果报告于表 4-22 第（3）、（4）列。可见，IN_G_S × PU 和 IN_G_L × PU 至少在 5% 水平显著为负，说明政策不确定性同样对高管团队内部治理的风险承担激励效应产生了负面影响。

综上，外部环境不确定性显著降低了高管团队内部治理对企业风险承担水平的促进作用。

表 4-22　高管团队内部治理、不确定性与企业风险承担水平

变量	（1）	（2）	（3）	（4）
	M = EU	*M* = EU	*M* = PU	*M* = PU
IN_G_S × EU	−0.0079** （0.003）			
IN_G_L × EU		−0.0089*** （0.003）		
IN_G_S × PU			−0.0040** （0.002）	
IN_G_L × PU				−0.0044*** （0.002）
EU	−0.0086*** （0.003）	−0.0083*** （0.003）		
PU			−0.0061** （0.003）	−0.0060** （0.003）
IN_G_S	0.0129*** （0.005）		0.0021*** （0.001）	
IN_G_L		0.0146*** （0.005）		0.0022*** （0.001）
CH_HRZ	0.0004*** （0.000）	0.0003*** （0.000）	0.0003*** （0.000）	0.0003*** （0.000）
CH_GDR	0.0020 （0.002）	0.0019 （0.002）	0.0024 （0.002）	0.0024 （0.002）

---

①　参考徐业坤等（2013）的处理方法，市委书记或市长变更发生在当年的 1 ～ 6 月，当年记为变更年份，变更发生在 7 ～ 12 月的，则下一年记为变更年份。

变量	（1）	（2）	（3）	（4）
	M = EU	*M* = EU	*M* = PU	*M* = PU
CH_PAY	−0.0005	−0.0003	0.0002	0.0003
	（0.001）	（0.001）	（0.001）	（0.001）
CH_SHR	−0.0161***	−0.0161***	−0.0087**	−0.0088**
	（0.004）	（0.004）	（0.003）	（0.003）
SIZE	−0.0052***	−0.0052***	−0.0034***	−0.0034***
	（0.001）	（0.001）	（0.001）	（0.001）
ROE	−0.0645***	−0.0649***	−0.0698***	−0.0700***
	（0.008）	（0.008）	（0.008）	（0.008）
LEV	0.0242***	0.0242***	0.0190***	0.0190***
	（0.004）	（0.004）	（0.004）	（0.004）
GROW	0.0011	0.0010	0.0014	0.0014
	（0.002）	（0.002）	（0.002）	（0.002）
FIRST	−0.0106***	−0.0107***	−0.0115***	−0.0115***
	（0.003）	（0.003）	（0.003）	（0.003）
SOE	−0.0037***	−0.0035***	−0.0063***	−0.0062***
	（0.001）	（0.001）	（0.001）	（0.001）
AGE	−0.0002*	−0.0002*	0.0003***	0.0003***
	（0.000）	（0.000）	（0.000）	（0.000）
CONS	0.1721***	0.1697***	0.1366***	0.1354***
	（0.013）	（0.013）	（0.013）	（0.013）
IND	Yes	Yes	Yes	Yes
YEAR	No	No	Yes	Yes
Obs	11825	11825	11738	11738
Adj. R^2	0.1228	0.1236	0.1706	0.1708

4.7.3 关键下属高管自下而上监督动机、监督能力与企业风险承担水平

参考 Cheng et al.（2016）的研究设计，笔者在构建高管团队内部治理指标的时候充分考虑了关键下属高管自下而上地监督最高决策者的动机和能力，在对关键下属高管制衡动机和制衡能力进行标准化处理的基础上构建了关键解释变量 IN_G。根据本章研究结论可知，高管团队内部权力配置效率能够显著提升

企业风险承担水平，表现出了积极的治理效应。由于 IN_G 是一个综合性指标，自身无法体现出高管团队中关键下属高管自下而上的监督动机和监督能力在影响企业风险承担行为方面所发挥的作用，因此笔者在本章节将 IN_G 变量拆分为关键下属高管制衡动机变量和制衡能力变量，以深入探讨高管内部治理对企业风险行为的影响。从理论上讲，动机和能力是相辅相成的，空有制衡动机而无制衡能力或者虽有只能能力却无制衡动机都不会真正地对最高决策者的行为产生影响。为了更加深入地理解关键下属高管自下而上的监督动机和监督能力在影响企业风险承担行为中所扮演的角色，笔者直接将前文构建的 EXE_HRZ 和 EXE_PAYR 变量纳入模型（1），代替高管团队内部治理指标变量 IN_G。回归结果如表 4-23 所示。

根据表 4-23，EXE_HRZ_S、EXE_PAYR_S、EXE_HRZ_L 和 EXE_PAYR_L 的系数至少在 10% 水平显著为正，这说明无论是关键下属高管的监督动机（EXE_HRZ_S、EXE_HRZ_L）还是监督能力（EXE_PAYR_S、EXE_PAYR_L），都显著提高了企业的风险承担水平。具体而言，关键下属高管的决策视野越长，其监督最高决策者的动机越强（Acharya et al., 2011a），企业风险承担水平越高；关键下属高管平均薪酬越接近最高决策者薪酬，其监督最高决策者的能力越强（Cheng et al., 2016），企业风险承担水平越高。该结论支持了前文的分析，即高管团队内部权力制衡动机和能力是相辅相成的，也从更加精细的层面验证了高管团队中关键下属高管的主动性和影响力在影响企业风险承担行为方面的积极作用。

表 4-23　关键下属高管自下而上监督动机、监督能力与企业风险承担水平

变量	（1）	（2）
	RISK_T	*RISK_T*
EXE_HRZ_S	0.0002* （0.000）	
EXE_PAYR_S	0.0009*** （0.000）	
EXE_HRZ_L		0.0002* （0.000）
EXE_PAYR_L		0.0010*** （0.000）

变量	（1） *RISK_T*	（2） *RISK_T*
CH_HRZ	0.0003*** （0.000）	0.0003*** （0.000）
CH_GDR	0.0025 （0.002）	0.0024 （0.002）
CH_PAY	0.0012 （0.001）	0.0011 （0.001）
CH_SHR	−0.0081** （0.003）	−0.0082** （0.003）
SIZE	−0.0038*** （0.001）	−0.0037*** （0.001）
ROE	−0.0729*** （0.009）	−0.0728*** （0.009）
LEV	0.0196*** （0.004）	0.0196*** （0.004）
GROW	0.0017 （0.002）	0.0017 （0.002）
FIRST	−0.0114*** （0.003）	−0.0114*** （0.003）
SOE	−0.0064*** （0.001）	−0.0064*** （0.001）
AGE	0.0003*** （0.000）	0.0003*** （0.000）
CONS	0.1305*** （0.014）	0.1302*** （0.014）
IND	Yes	Yes
YEAR	Yes	Yes
Obs	11 825	11 825
Adj. R^2	0.1713	0.1712

4.7.4　高管团队内部治理、企业风险承担水平与公司价值

虽然 John et al.（2008）、Faccio et al.（2011）等都指出公司风险承担能够

促进企业市场价值的提升，李文贵和余明桂（2012）、何瑛等（2019）等也都得出结论认为企业风险承担确实提升了公司价值。但 Bowman（1982）、Palmer and Wiseman（1999）等提出了不同的观点，他们认为高水平的风险承担也可能导致不良的经济后果。前文研究发现高管团队内部治理效率显著提高了企业的风险承担水平，但这是否能够最终促进企业价值的提升仍有待检验。根据本章前文的分析，合理的高管团队内部权力配置有助于关键下属高管更好地监督最高决策者，从而抑制最高决策者基于个人私利动机的享乐主义倾向，使公司决策更加符合股东的诉求，即企业价值最大化。从这一角度讲，笔者倾向于认为高管团队内部治理带来的企业风险承担水平的提高是有益的，有助于提高公司价值。为了验证这一观点，笔者将借助中介效应模型判断高管团队内部治理是否通过提高企业风险承担水平促进了公司价值的提升。

温忠麟（2004）在结合 Judd and Kenny（1981）、Sobel（1982）、Baron and Kenny（1986）等提出的不同检验方法的基础上，构造了一个综合的中介效应检验程序，能在较高统计功效的基础上控制第一类和第二类错误的概率。因此，构建以下模型检验企业风险承担在高管团队内部治理提升企业价值中的中介效应。

$$Q_t = \beta_0 + \beta_1 \text{IN\_G} + \text{CONTROLS} + \text{IND} + \text{YEAR} + \varepsilon \qquad （2a）$$

$$\text{RISK\_T} = \alpha_0 + \alpha_1 \text{IN\_G} + \text{CONTROLS} + \text{IND} + \text{YEAR} + \varepsilon \qquad （2b）$$

$$Q_t = \theta_0 + \theta_1 \text{IN\_G} + \theta_2 \text{RISKT} + \text{CONTROLS} + \text{IND} + \text{YEAR} + \varepsilon \qquad （2c）$$

具体检验思路见图 4-11。

模型（2a）和模型（2c）中被解释变量 Q 为公司价值，以企业资产市场价值与账面价值之比衡量。第一，模型（2a）用于检验高管团队内部治理是否能够显著提升企业价值，如果 β_1 显著为正，说明高管团队内部治理显著提高了公司价值；第二，模型（2b）用于检验高管团队内部治理是否显著提升企业风险承担水平，此步骤已在前文完成；第三，模型（2c）用于检验高管团队内部治理和企业风险承担水平是否同时促进了公司价值的提升，如果 θ_1 和 θ_2 都显著为正，则意味着高管团队内部治理对公司价值的提升作用至少一部分是由企业风险承担行为所致，如果 θ_1 不显著，但 θ_2 显著为正，则说明企业风险承担行为在高管团队内部治理影响企业价值的路径中扮演了完全中介效应的角色，如果 θ_2 不显著，则需要进一步结合 Sobel 检验判断中介效应是否存在。

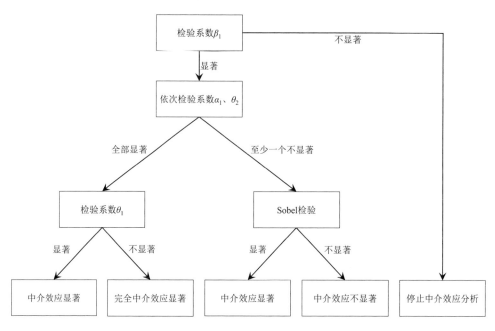

图 4-11　中介效应检验图

表 4-24 汇报了中介效应的检验结果。第（1）和第（3）列列示了模型（2a）的检验结果；第（2）和第（4）列列示了模型（2c）的检验结果。一方面，高管团队内部治理显著提升了公司价值，说明高管团队内部治理具有积极的经济影响；另一方面，企业风险承担水平中介效应显著，即高管团队内部治理效率通过提高企业风险承担水平促进了公司价值的提升。相关结论支持了前文的分析判断，也呼应了本章的研究主题。

表 4-24　高管团队内部治理、企业风险承担水平与公司价值（Q_t）

变量	（1）	（2）	（3）	（4）
	Q_t	Q_t	Q_t	Q_t
IN_G_S	0.0569*** （0.011）	0.0523*** （0.011）		
IN_G_L			0.0537*** （0.011）	0.0488*** （0.011）
RISK_T		2.5852*** （0.382）		2.5877*** （0.381）

变量	（1）Q_t	（2）Q_t	（3）Q_t	（4）Q_t
CH_HRZ	0.0054*** （0.002）	0.0047** （0.002）	0.0052*** （0.002）	0.0045** （0.002）
CH_GDR	−0.0313 （0.057）	−0.0364 （0.057）	−0.0325 （0.058）	−0.0374 （0.057）
CH_PAY	0.0983*** （0.020）	0.0966*** （0.020）	0.0961*** （0.020）	0.0941*** （0.020）
CH_SHR	0.0586 （0.120）	0.0790 （0.119）	0.0580 （0.120）	0.0787 （0.119）
SIZE	−0.7556*** （0.022）	−0.7488*** （0.022）	−0.7545*** （0.022）	−0.7477*** （0.022）
ROE	3.5034*** （0.235）	3.6788*** （0.231）	3.5092*** （0.236）	3.6850*** （0.231）
LEV	−1.9240*** （0.103）	−1.9581*** （0.102）	−1.9243*** （0.103）	−1.9585*** （0.102）
GROW	0.2141*** （0.042）	0.2108*** （0.042）	0.2133*** （0.042）	0.2101*** （0.042）
FIRST	0.6454*** （0.093）	0.6767*** （0.093）	0.6459*** （0.093）	0.6774*** （0.093）
SOE	−0.0748** （0.031）	−0.0602* （0.031）	−0.0719** （0.031）	−0.0578* （0.031）
AGE	0.0100*** （0.003）	0.0092*** （0.003）	0.0100*** （0.003）	0.0092*** （0.003）
CONS	18.0993*** （0.432）	17.7974*** （0.428）	18.1028*** （0.435）	17.8040*** （0.431）
IND	Yes	Yes	Yes	Yes
YEAR	Yes	Yes	Yes	Yes
Obs	11494	11494	11494	11494
Adj. R^2	0.5034	0.5071	0.5033	0.5069

为了提高研究结论的稳健性，笔者还将模型（2a）和模型（2c）中的被解释变量—企业价值 Q_t 替换为未来一期企业价值 Q_{t+1}。中介效应分析结果如表4-25所示。可见，前文结论依旧成立，即高管团队内部治理通过提高企业风险承担水平提升了公司价值。

表 4-25　高管团队内部治理、企业风险承担水平与公司价值（Q_{t+1}）

变量	（1）Q_{t+1}	（2）Q_{t+1}	（3）Q_{t+1}	（4）Q_{t+1}
IN_G_S	0.0446***（0.012）	0.0417***（0.012）		
IN_G_L			0.0493***（0.012）	0.0459***（0.012）
RISK_T		2.0593***（0.506）		2.0472***（0.505）
CH_HRZ	0.0027（0.002）	0.0024（0.002）	0.0023（0.002）	0.0021（0.002）
CH_GDR	−0.0252（0.061）	−0.0253（0.061）	−0.0260（0.061）	−0.0260（0.061）
CH_PAY	0.0875***（0.021）	0.0863***（0.021）	0.0917***（0.022）	0.0900***（0.021）
CH_SHR	0.0935（0.137）	0.1103（0.136）	0.0927（0.137）	0.1095（0.136）
SIZE	−0.7222***（0.024）	−0.7191***（0.024）	−0.7225***（0.024）	−0.7194***（0.024）
ROE	3.3097***（0.293）	3.4120***（0.287）	3.3048***（0.293）	3.4072***（0.287）
LEV	−2.0021***（0.115）	−2.0044***（0.115）	−1.9995***（0.115）	−2.0019***（0.115）
GROW	0.2074***（0.050）	0.2080***（0.050）	0.2057***（0.050）	0.2064***（0.050）
FIRST	0.6147***（0.105）	0.6170***（0.105）	0.6122***（0.106）	0.6147***（0.105）
SOE	−0.0730**（0.034）	−0.0641*（0.034）	−0.0679**（0.034）	−0.0594*（0.034）
AGE	0.0129***（0.004）	0.0122***（0.004）	0.0129***（0.004）	0.0122***（0.004）
CONS	15.7750***（0.486）	15.5871***（0.482）	15.7302***（0.487）	15.5480***（0.483）
IND	Yes	Yes	Yes	Yes
YEAR	Yes	Yes	Yes	Yes
Obs	8392	8392	8392	8392

变量	（1）	（2）	（3）	（4）
	Q_{t+1}	Q_{t+1}	Q_{t+1}	Q_{t+1}
Adj. R^2	0.5053	0.5073	0.5055	0.5074

4.8　本章小结

基于中国制度背景，以2007—2016年A股非金融类上市公司为研究样本，沿袭"外部环境—影响效应—实现路径—经济后果"的逻辑思路，考察了高管团队内部治理对企业风险承担的影响。参考Cheng et al.（2016）的研究设计，从高管团队内部关键下属高管监督最高决策者的动机和能力两方面入手设计高管团队内部治理综合指标，研究结论表明，高管团队内部治理效率显著提高了企业的风险承担水平。该结论在经过一系列稳健性检验之后依然成立。在具体影响路径方面，笔者发现高管团队内部治理提高企业风险承担水平的重要路径是增加高风险直接投资，具体表现为研发投入更高、创新产出更多、资本性支出上升等。在外部环境方面，笔者发现媒体关注和法律诉讼带来的外部压力、经济环境和政策方面的不确定性等负向调节了高管团队内部治理对企业风险承担的促进作用。在细化研究中，笔者还发现高管团队内部关键下属高管监督、制衡最高决策者的动机和能力都显著提高了企业的风险承担水平。最后，本章中介效应检验的结果表明，高管团队内部治理通过提高企业风险承担水平促进了公司价值的提升。

尽管大量文献从最高决策者个人影响力角度关注了高管权力对企业风险承担行为的影响，但相关研究并未取得一致性的研究发现。如Adams et al.（2005）、权小锋和吴世农（2010）、张三保和张志学（2012）、Lewellyn and Muller-Kahle（2012）、陈本凤等（2013）、陈收等（2014）、李海霞和王振山（2015）等发现高管权力提高了企业风险承担水平；但Pathan（2009）、位华（2012）等则发现高管权力显著降低了风险承担水平。本章内容对该领域研究做出了有益补充。单纯关注高管个人权力在一定程度上忽略了高管团队内部关键下属高管对最高决策者的监督和制衡，只有将管理层团队视为一个整体，设计更加有效的权力配置及权力运行衡量指标，才能更好地甄别高管团队内部治理对企业风险偏好的影响。此外，本章内容从权力配置视角研究发现高管团队内部治理提高了企业的风险承担水平，拓展了企业风险承担影响因素方面的研究。在实践意义方面，本章结论对于优化我国上市公司治理水平具有一定的现实指导意义。在企业内部制度设计中，应充分重视关键下属高管对最高决策者的监督和制衡，宋建波等（2018）指出，制衡机制的缺乏是导致管理层权力膨胀的重要原因。因此，人们需借助管理层团队内部不同高管之间不同的利益诉求提高权力运行效率和公司治理水平，使企业行为更加符合股东及其他利益攸关者的诉求。

5 高管团队内部治理与股价崩盘风险

5.1 引 言

国企改革是中国经济体制改革的中心环节，直接关系着我国公有制经济的发展壮大和宏观经济的增长。长期以来，为了解决国有企业效率低下的问题，政府从多方面对其进行了大刀阔斧的改革，其中既包括产权层面的所有制改革、也包括经营层面的市场化改革。一般而言，产权观认为提高国有企业效率的最佳途径是国有股权的民营化（张维迎，1999；Megginson and Netter，2001）；而市场规则认为引入市场和竞争机制才是改变国企经营效率低下的关键所在（林毅夫等，1997；Lin et al.，1998）。虽然两种理论观点在国有企业改革路径选择方面莫衷一是，但这并未影响我国国企改革的步伐。从 1978 年开始的放权让利改革，到 20 世纪 90 年代开始的现代企业制度改革，再到 21 世纪初的国有资产管理体制改革，直至目前阶段的混合所有制改革等，国有企业改革一直坚持两条腿走路，既积极探索产权结构方面的优化，又大力推进市场化建设，不断引入竞争机制、构建决策机制、完善治理机制。无论是产权制度改革还是市场、竞争、治理机制改革，国企改革的中心始终是提高经营效率，优化社会资源配置。2010 年 6 月 5 日，中共中央办公厅和国务院办公厅联合印发了《关于进一步推进国有企业贯彻落实"三重一大"决策制度的意见》，规定"……凡属重大决策、重要人事任免、重大项目安排和大额度资金运作事项，必须由领导班子集体作出决定……"。"三重一大"决策制度是党和政府完善国有企业治理体系的重要举措，其所倡导的依法决策、科学决策和民主决策对规范国有企业权力运作具有重要意义。然而，现阶段学术界对该制度可能存在的广泛而深远的经济影响的探讨并不充分。深入分析"三重一大"决策制度的经济影响对评估政策执行效果、持续深入地推进国企改革有着重要的现实意义。

经理人有动机及时披露"好消息"而推迟发布"坏消息"（Kothari et al.，2009），这种信息操纵行为会导致负面信息在企业内部不断累积，当某一临界值被触及，内部人无法继续隐瞒坏消息或者继续隐瞒坏消息的成本过于高昂，经理人就会放弃对信息披露的干预，导致负面消息集中释放，公司股价发生崩盘（Jin and Myers，2006；Hutton et al.，2009）。因此，委托代理机制下经理人与股东利益的不一致是股价崩盘风险的重要成因（Hutton et al.，2009；Kim et al.，2011；王化成等，2015；江轩宇和许年行，2015；宋献中等，2017），而权力在管理层内部的集中则进一步恶化了委托代理问题，更加助推了股价崩盘风险的上升（Al Mamun et al，2020；Shahab et al.，2020）。与此同时，完善的公司治理，特别是有效的内部监督能够优化权力运行机制，缓解代理冲突，降低企业股价崩盘风险，如王化成等（2015）发现大股东对管理层的监督能够显著降低公司股价崩盘风险；Chen et al.（2017）研究认为企业内部控制水平越高，公司未来股价崩盘风险越低；Shahab et al.（2020）发现，女性董事比例的提高能够有效抑制管理层权力过大带来的股价崩盘风险。对国有企业而言，一方面实质上的所有者缺位、代理链条过长等因素弱化了股东对内部人的监督（钱颖一，1995；李文贵和余明桂，2015）；另一方面国企改革过程中推行的"一把手"负责制和中国长期以来的"一把手"文化使得权力在企业内部高度集中（张军和王祺，2004），外部监督的缺失和内部权力的集中都加剧了国企代理冲突，恶化了股价崩盘风险。从理论上讲，《意见》的实施具有积极的政策效应。第一，在制度执行层面，"三重一大"决策制度规范了国企权力运作流程、强化了对权力运行的监督和约束，有助于限制管理层机会主义行为，缓解代理冲突（李万利和徐细雄，2020）；第二，在事后监督层面，党对国企高管的任免权是制约经理人权力的一个重要的平衡力量（钱颖一，1995），《意见》指出，"三重一大"决策制度的执行情况应当作为巡视、党风廉政建设责任制考核的重要内容和企业领导人员经济责任审计的重点事项，一定程度上保证了《意见》的实施效果。

基于前述分析，借助2010年《意见》发布提供的研究契机，采用双重差分法系统地考察了"三重一大"决策制度的实施对国有企业股价崩盘风险的经济影响及其具体的作用机理。经研究发现，与不受《意见》影响的非国有企业相比，"三重一大"决策制度的实施显著降低了国有企业未来股价崩盘风险。机制检验表明，"三重一大"集体决策制度主要通过缓解代理冲突、抑制经理人过度自信、提高信息披露质量和强化内部控制建设等渠道发挥了积极的治理作用。经进一步研究发现，良好的资本市场环境，如更多的分析师跟踪和更强的媒体监督等保障了集体决策制度在降低企业未来股价崩盘风险方面的治理效应。

本章贡献主要体现在以下几个方面：第一，从股价崩盘风险视角考察了国企执行"三重一大"决策制度的经济后果及其作用机理。现有文献仅从经营绩效、投资效率等角度考察了《意见》的经济影响（李万利等，2019；李万利和徐细雄，2020），笔者将研究范围拓展至资本市场稳定性领域，研究发现《意见》的实施显著降低了国有企业股价崩盘风险，且主要路径是"三重一大"决策制度降低了代理成本、规范了高管行为、提高了信息质量、强化了内部控制。第二，相较于单纯的产权变革理论，本章结论更多地支持国企改革中的市场竞争理论，即认为国有企业经营决策制度的完善有助于缓解企业内部代理问题，降低信息不对称水平。这能够为持续深化中的国企改革提供更为充分的经验支持。第三，"三重一大"决策制度在降低企业股价崩盘风险方面的治理作用受到外部资本市场环境的影响，说明国企改革本身是一个系统问题，全方位、立体化、动态演进的改革模式是必要的。相关结论为进一步深化国企治理改革提供了一定的政策启示。

5.2　文献综述与理论分析

5.2.1　文献综述

所有权和经营权的分离使得掌握公司实际经营控制权的内部经理人的决策出发点不再是股东利益最大化，而是个人效用最大化（Jensen and Meckling，1976）。以代理理论为出发点，大量研究发现经理人会干预公司的信息披露行为。如 Core et al.（2003）发现管理层存在"报喜不报忧"的消息管理行为；LaFond and Watts（2008）指出经理人出于职位、收入、个人财富、资源控制等方面的考虑，会借助其信息优势在财务报表中多报告收益而少报告损失；Kothari et al.（2009）也认为经理人有动机及时披露"好消息"而推迟发布"坏消息"。信息的选择性披露导致股价波动的不对称性，正面消息的及时披露推动股价不断上涨，而负面消息的持续隐藏导致股价不能及时做出反应。当负面信息在企业内部持续累积到某一阈值，经理人认为继续隐瞒负面信息不具有可行性或者性价比较低时，"坏消息"会集中释放，从而导致股价崩盘（Jin and Myers，2006；Hutton et al.，2009）。由此可见，委托代理关系中经理人借助其信息优势和信息操纵能力谋求个人私利是公司股价崩盘的重要成因（Hutton et al.，2009；Kim et al.，2011；王化成等，2015；江轩宇和许年行，2015；宋献中等，2017）。

管理层权力加剧了代理冲突，从而提高了公司股价崩盘风险。Kim et al.（2016）和曾爱民等（2017）的研究均发现，CEO过度自信会提高公司股价崩盘风险，而CEO权力会强化这种关系。郑珊珊（2019）、Shahab et al.（2020）、Al Mamun et al.（2020）的研究也都认为管理层权力越大，公司未来发生股价崩盘的风险越高。然而，公司内外部治理机制能够有效缓解代理问题引致的股价崩盘风险，如王化成等（2015）研究发现大股东能够监督管理层，从而缓解代理冲突并降低公司股价崩盘风险；郑珊珊（2019）研究认为公司内部控制质量越高，管理层权力提高公司股价崩盘风险的效应越弱；Shahab et al.（2020）则发现女性董事比例和股权集中度都能抑制管理层权力导致的股价崩盘风险。

对国企而言，一方面经理人监督激励机制的缺失使得代理问题更为突出（钱颖一，1995；李文贵和余明桂，2015）；另一方面长期以来的"一把手"负责制和"一把手"文化加剧了权力的集中（张军和王祺，2004），因此研究国企治理机制对股价崩盘风险的影响具有一定的现实意义。《意见》的发布为本章提供了研究契机，虽然李万利等（2019）、李万利和徐细雄（2020）分别从经营绩效和投资效率等角度探讨了《意见》的经济后果，但这并不能直接回答"三重一大"决策制度的实施对国有企业股价崩盘风险的影响。基于明确的文献脉络和清晰的逻辑关系，笔者将以"三重一大"决策制度的实施为切入点探讨国企治理机制改革在稳定公司股价方面的经济影响。

5.2.2　理论分析

经理人基于个人私利隐瞒坏消息是一个标准的代理问题（Kothari et al.，2009），Jin and Myers（2006）指出代理冲突及由此衍生的信息问题是公司股价崩盘风险的重要成因。所有权安排、监督激励机制以及企业文化方面的特殊性使得国有企业的代理问题更为突出，国企高管更可能借助权力进行寻租（赵纯祥和张敦力，2013）。"三重一大"决策制度的实施强化了国企内部权力运行的监督和制衡，能够有效约束管理层机会主义行为，缓解代理问题（李万利等，2019）。笔者认为，国企执行"三重一大"集体决策制度能够从以下几方面降低公司股价崩盘风险。

第一，集体决策规则能够抑制经理人的自利动机。公司治理领域的研究表明，经理人基于自利动机的负面消息隐藏行为是企业股价崩盘风险的重要诱因（Jin and Myers，2006；Hutton et al.，2009；Kim et al.，2011 等），而高管团队内部权力的集中为管理层谋求私利提供了保障，如周美华等（2016）指出管理层凭借权力为自己谋求私利，从而产生了高管腐败。对国有企业而言，所有者缺位、控制链冗长、企业家市场不完备等因素导致内部人控制问题比较突出（钱颖一，1995；李文贵和余明桂，2015），长期以来的"一把手"负责制和"一把手"文化加剧了权力的集中（张军和王祺，2004），管理层更可能通过权力谋求私有收益（权小锋等，2010），因此经济体制转型过程中国有企业治理改革突出对内部人代理冲突的缓解。《意见》规定"（国有企业）重大决策、重要人事任免、重大项目安排和大额度资金运作事项必须由领导班子集体作出决定，……防止个人或少数人专断"。很显然，"三重一大"规则强调集体决策、民主决策和科学决策。集体决策制度突出了对"一把手"权力的监督和约束，能够避免独断专行和个人利益凌驾于企业利益之上的股东权益侵害行为的发生（李万利和徐细雄，2020），从坏消息的产生和坏消息的隐藏两个维度降低公司股价崩盘风险。另外，权力大的经理人提出的极端的、风险较大的决策更容易被采纳，因此公司业绩的波动性更高（Adams et al.，2005）；而集体决策模式下信息的共享和观点的碰撞有助于复杂情形下的科学决策（Burleson et al.，1984），因此"三重一大"决策规则能够提高国有企业决策质量，从根本上减少负面消息的产生和积聚，进而降低股价崩盘风险。

第二，集体决策规则能够缓解经理人的过度自信。即使不考虑代理问题，经理人的某些心理认知偏差，如过度自信，依旧可能扭曲经理人的行为，推高公司股价崩盘风险（江轩宇和许年行，2015）。具体而言，一方面，过度自信的经理人往往过度相信自我判断的准确性，高估未来收益而低估潜在风险（Malmendier and Tate，2005），将某些净现值为负的项目误判为价值创造型投资（Kim et al.，2016），降低经营效率并致使企业更容易陷入财务困境（姜付秀等，2009）；另一方面，过度自信的经理人会对自己的投资行为进行辩护，表现为选择性忽略"坏消息"或对其进行辩解，致使负面消息无法及时充分地进行披露，最终导致股价崩盘（Kim et al.，2016；曾爱民等，2017）。Kim et al.（2016）、曾爱民等（2017）的研究均支持了前述判断，即CEO过度自信会导致公司股价崩盘风险的上升。权力拥有者更容易产生过度自信心理（曾爱民等,2017），国企"一把手"文化更可能激发经理人的过度自信。而"三重一大"决策制度更加突出国企权力运作的规范性，避免管理层权力的过度集中（李万利等，2019），因此有助于抑制经理人的过度自信行为，减少负面消息的产生和内部积累。另外，"三重一大"决策制度强调的集体决策规则能够降低冒险行为发生的概率，从而降低企业股价崩盘风险（Li et al.，2013）。

第三，集体决策规则能够改善公司信息质量。经理人的信息披露偏好与股东的信息披露偏好不一致，管理层有提前披露正面信息而推迟披露负面信息的内在动机（Kothari et al.，2009），而内部人对信息，尤其是"坏消息"的操纵是股价崩盘风险的重要诱因（Jin and Myers，2006；Hutton et al.，2009）。大量研究发现，信息披露水平低下推升了企业股价崩盘风险，如 Jin and Myers（2006）发现信息不透明公司的股票股价更容易发生崩盘；Hutton et al.（2009）的研究结果表明财务报告透明度越低，股价崩盘风险越高；Kim and Zhang（2016）也发现管理者能够借助不透明的财务报告隐藏坏消息，最终导致公司股价崩盘；黄政和吴国萍（2017）等基于中国数据的研究亦有同样发现。长期以来，国企内部"一把手"负责制和"一把手"文化都加剧了权力的集中（张军和王祺，2004）。一方面，CEO权力越大，其操纵信息披露的能力越强（曾爱民等，2017）；另一方面，锦标赛激励、政治晋升等进一步诱发了管理者隐藏负面消息的动机（Piotroski et al.，2015）。动机和能力两方面的共同影响会加剧"坏消息"在企业内部的积聚，企业股价崩盘风险上升。与此同时，管理层"策略性"信息披露行为受到公司治理机制的约束（梁上坤等，2020），"三重一大"决策制度作为国企改革过程中完善公司治理的重要举措可能从两方面提高企业信息质量。其一，"三重一大"决策制度所主张的集体决策原则提高了决策质量（李万利和徐细雄，2020），从根本上降低了"坏消息"发生的概率；其二，"三重一大"决策制度增强了权力监督、规范了权力运作，约束了经理人的信息操纵行为，提高了公司信息披露质量。综上，"三重一大"决策制度的实施有助于降低公司股价崩盘风险。

第四，集体决策规则能够完善公司治理机制。公司治理不完善是股价崩盘的重要成因（Jin and Myers，2006；Kim et al.，2011），而有效的公司治理能够缓解公司股价崩盘风险（梁上坤等，2020）。有鉴于此，笔者认为，"三重一大"决策制度除了直接地通过限制高管自利行为、降低高管过度自信和提高信息披露质量缓解公司股价崩盘风险之外，还可能间接地通过提高公司治理水平减少坏消息的发生和内部积聚，从而降低公司股价崩盘风险。由于集体决策机制更加突出高管团队内部权力的约束和平衡，所以笔者在本章侧重从内部控制角度讨论"三重一大"决策制度对公司治理的影响。国企内部权力的集中可能会削弱内部控制的有效性（赵息和许宁宁，2013），而内部控制质量的下降会提高公司股价崩盘风险，如 Chen et al.（2017）针对中国上市公司的研究表明，内部控制质量与未来股价崩盘风险显著负相关；Lobo et al.（2020）也发现内部控制存在重大缺陷的企业的股价崩盘风险更高。一方面，内部控制水平较高的企业的代理问题较小（Mitra et al.，2013）；另一方面，有效的内部控制能够通过提升信息披露质量降低公司股价崩盘风险（黄政和吴国萍，2017），因此，笔者认为"三重一大"决策制度的实施完善了国企治理体系，尤其是提高了内控水平，从而减少了股价崩盘的发生。

基于前述分析，提出以下假设：

限定其他条件，"三重一大"事项集体决策制度缓解了企业股价崩盘风险。

5.3 研究设计

5.3.1 样本选择与数据来源

为了检验"三重一大"事项集体决策制度在降低企业股价崩盘风险方面的经济影响，笔者选取《意见》实施前后四年，即 2007—2014 年作为研究区间，以全部 A 股上市公司为初始研究样本。在借鉴李万利和徐细雄（2020）等相关研究的基础上，根据研究需要对样本进行以下筛选：① 剔除金融类上市公司；② 剔除研究区间产权性质发生变更的企业；③ 剔除 ST 类观测值；④ 剔除其他数据存在缺失的观测值。最终得到 11 116 个公司的年度观测值。企业实际控制人性质数据来源于色诺芬数据库（CCER），其他数据来源于国泰安数据库（CSMAR）。为避免极端值的影响，本章对所有连续变量进行 1% 和 99% 分位缩尾处理。

5.3.2 模型设定与变量定义

鉴于《意见》于 2010 年 6 月 5 日由中共中央办公厅和国务院办公厅联合印发，适用对象是国有企业[①]。因此笔者借鉴李万利和徐细雄（2020）的研究设计，采用双重差分法（DiD）评估政策实施效果。具体而言，以国有企业为处理组（Treat = 1），以非国有企业为对照组（Treat = 0）；记 2010 年及之前年份为 Post = 0，2010 年之后年份为 Post=1。设定以下多元回归模型：

$$\text{CrashRisk}_{i,t+1} = \alpha_0 + \alpha_1 \text{Treat}_{i,t} + \alpha_2 \text{Post}_{i,t} + \alpha_3 \text{Treat}_{i,t} \times \text{Post}_{i,t} + \beta \text{Control}_{i,t} + \sum \text{Year} + \sum \text{Ind} + \varepsilon \tag{1}$$

其中 $\text{CrashRisk}_{i,t+1}$ 代表未来一期的股价崩盘风险；Control 代表一系列可能影响股价崩盘风险的控制变量。笔者最关注的是 α_3，如果研究假设成立，相对于未受《意见》影响的非国有企业，"三重一大"事项集体决策制度显著降低了国有企业的股价崩盘风险，则 α_3 显著为负。

5.3.2.1 股价崩盘风险

借鉴现有研究（Kim et al.，2011），笔者主要采用 NCSKEW 和 DUVOL 两个指标衡量股价崩盘风险，具体计算过程如下：

① 为了分离市场因素对个股收益率的影响，运用个股和市场周收益数据对模型（2）进行回归。

$$r_{j,\tau} = \alpha_j + \beta_{1j} r_{m,\tau-2} + \beta_{2j} r_{m,\tau-1} + \beta_{3j} r_{m,\tau} + \beta_{4j} r_{m,\tau+1} + \beta_{5j} r_{m,\tau+2} + \varepsilon_{j,\tau} \tag{2}$$

其中，$r_{j,\tau}$ 为股票 j 第 τ 周的收益率；$r_{m,\tau}$ 为第 τ 周经流通市值加权的市场收益率；$r_{m,\tau-2}$、$r_{m,\tau-1}$、$r_{m,\tau+1}$、$r_{m,\tau+2}$ 分别为市场收益率的滞后项和提前项，以控制股票市场非同步交易之影响；回归残差项 $\varepsilon_{j,\tau}$ 表示股票 j 第 τ 周收益率无法被市场解释的部分，将 $W_{j,\tau} = \ln(1+\varepsilon_{j,\tau})$ 界定为股票 j 第 τ 周的特有收益率。

② 分别用模型（3）和模型（4）计算负收益偏态系数 NCSKEW 和股票收益率上下波动比率 DUVOL。

$$\text{NCSKEW}_{j,t} = -[n(n-1)^{3/2} \sum W_{j,\tau}^3] / [(n-1)(n-2)(\sum W_{j,\tau}^2)^{3/2}] \tag{3}$$

$$\text{DUVOL}_{j,t} = \ln\{[(n_u - 1)\sum_{\text{down}} W_{j,\tau}^2] / [(n_d - 1)\sum_{\text{up}} W_{j,\tau}^2]\} \tag{4}$$

---

① 该事件满足外生性要求，并且对非国有企业无直接影响。

在公式（3）中，n 为股票 j 在 t 年的交易周数，$\text{NCSKEW}_{j,t}$ 越大，股票 j 收益率偏态系数负的程度越高，股价崩盘风险越大；公式（4）中，n_u（n_d）为 t 年股票 j 周特有收益率高于（低于）其年度均值的周数，$\text{DUVOL}_{j,t}$ 越大，股票收益左偏程度越大，股价崩盘风险也越大。

5.3.2.2 控制变量

参考 Kim et al.（2011）、江轩宇和许年行（2015）、曾爱民等（2017）等，笔者在模型中加入以下控制变量：股票月超额换手率年度均值（DTURN）、股票周特有收益率年度标准差（SIGMA）、股票周特有收益率年度均值（RET）、公司规模（SIZE）、盈利能力（ROA）、财务杠杆（LEV）、市账比率（MB）、信息不透明度（ABSDA）①。此外，笔者还控制了行业（IND）和年度（YEAR）哑变量。变量定义和度量情况见表 5-1。

表 5-1 变量说明

变量符号	变量定义
NCSKEW	个股市场调整后周收益的负偏度，具体计算方法见前文
DUVOL	个股市场调整后周收益的涨跌波动比，具体计算方法见前文
TREAT	实验组样本标识符，国有企业取值为 1；非国有企业取值为 0
POST	外生事件时间标识符，《意见》实施后取值为 1；否则取值为 0
DTURN	个股月平均超额换手率，个股本年度月平均换手率与上年月平均换手率之差
SIGMA	收益波动率，本年度个股经市场调整后周收益率的标准差
RET	个股收益率，本年度个股经市场调整后周收益率的平均值
SIZE	公司规模，总资产的自然对数
ROA	总资产收益率，年度净利润 ÷ 公司总资产
LEV	资产负债率，年末负债总额 ÷ 公司总资产
MB	市账比，年末市值与账面价值之比
ABSDA	公司透明度，基于修正的 Jones 模型计算的可操纵性应计的绝对值
IND	行业虚拟变量，根据行业情况设置虚拟变量
YEAR	年度虚拟变量，根据年度情况设置虚拟变量

---

① 根据调整的 Jones 模型计算，具体参考 Dechow et al.（1995）。

5.4 实证分析与稳健性检验

5.4.1 描述性统计

表 5-2 报告了本章变量的描述性统计。根据表 5-2，在样本期间内，NCSKEW 和 DUVOL 均值分别为 –0.283、–0.191，中位数分别为 –0.242、–0.183，整体分布与江轩宇和许年行（2015）相吻合。TREAT 均值为 0.556，说明样本中 55.6% 为国有企业，44.4% 为民营企业，与李万利和徐细雄（2020）基本一致。其余变量描述性统计结果均在合理范围内，且与江轩宇和许年行（2015）、王化成等（2015）、曾爱民等（2017）相关数据特征接近，表明本章变量界定及计量与主流文献一致。

表 5-2 描述性统计

变量	COUNT	MEAN	SD	P25	P50	P75
NCSKEW	11 116	–0.283	0.668	–0.645	–0.242	0.129
DUVOL	11 116	–0.191	0.466	–0.494	–0.183	0.123
TREAT	11 116	0.556	0.497	0.000	1.000	1.000
POST	11 116	0.602	0.489	0.000	1.000	1.000
DTURN	11 116	–0.034	0.358	–0.226	–0.024	0.150
SIGMA	11 116	0.048	0.017	0.036	0.046	0.058
RET	11 116	–0.130	0.093	–0.165	–0.105	–0.065
SIZE	11 116	21.987	1.240	21.085	21.807	22.702
ROA	11 116	0.038	0.052	0.013	0.034	0.062
LEV	11 116	0.474	0.202	0.322	0.485	0.630
MB	11 116	3.535	2.626	1.813	2.768	4.337
ABSDA	11 116	0.061	0.062	0.019	0.042	0.081

5.4.2 单变量分析

表 5-3 报告了《意见》实施前后处理组（国有企业）和对照组（非国有企业）股价崩盘风险的差异及变化情况。对实验组而言，《意见》实施之前 NCSKEW 为 –0.255，DUVOL 为 –0.187；《意见》实施之后 NCSKEW 下降为 –0.400，

DUVOL下降为－0.269，而且，前后变化均在1%水平显著。对控制组而言，《意见》的实施并未带来NESKEW和DUVOL的显著变化，这与《意见》的对象为国有企业有关。时间维度，与《意见》实施之前相比，"三重一大"事项集体决策原则实施之后，无论是NCSKEW还是DUVOL，实验组和控制组差异都变小了，这主要与实验组股价崩盘风险在《意见》实施之后显著下降有关。上述相关结果支持本章假设。

表5-3　样本差异检验

变量	NCSKEW			DUVOL		
	TREAT = 1	TREAT = 0	△	TREAT = 1	TREAT = 0	△
POST=1	−0.400 （−0.343）	−0.232 （−0.170）	−0.168*** （−0.174***）	−0.269 （−0.260）	−0.142 （−0.126）	−0.128*** （−0.134***）
POST=0	−0.255 （−0.234）	−0.199 （−0.206）	−0.056*** （−0.029***）	−0.187 （−0.186）	−0.139 （−0.142）	−0.048*** （−0.044***）
△	−0.145*** （−0.109***）	−0.033 （0.036）	−0.201*** （−0.138***）	−0.082*** （−0.074***）	−0.002 （0.016）	−0.130*** （−0.118***）

注：括号内为中位数及中位数差异检验；***、**、*分别表示1%、5%、10%的显著性水平。

5.4.3　基准回归

表5-4报告了"三重一大"事项集体决策制度对企业股价崩盘风险的回归结果，其中，第（1）～（3）列被解释变量为NCSKEW，第（4）～（6）列被解释变量为DUVOL。为稳健性起见，在实证检验中使用了经公司层面聚类调整的稳健性标准误。第（1）列和第（4）列为仅控制行业和年度虚拟变量，并未控制其他变量的回归结果，交乘项TREAT×POST回归系数分别为−0.089和−0.065，均在1%水平上显著；第（2）列和第（5）列控制了除行业和年度外的其他变量，TREAT×POST回归系数同样都在1%水平上显著；第（3）列和第（6）列包含了包括行业固定效应和年度固定效应在内的所有控制变量，交乘项TREAT×POST回归系数分别为−0.070和−0.052，依旧都在1%水平上显著。这些结果表明，在控制了一系列影响因素之后，"三重一大"事项集体决策制度的实施显著降低了国有企业的股价崩盘风险，表现出了积极的治理效应，支持了本章研究假说。本章结论在一定程度上补充了Shahab et al.（2020）

的研究，Shahab et al.（2020）发现公司所有权和董事会结构能够缓解管理层权力过大导致的股价崩盘风险，笔者进一步发现高管团队内部权力运行的规范也能够有效降低股价崩盘风险。在控制变量方面，股票周特有收益率年度标准差（SIGMA）、股票周特有收益率年度均值（RET）、市账比率（MB）等变量的回归系数显著为正，与江轩宇和许年行（2015）、梁上坤等（2020）等一致。

表5-4 "三重一大"事项集体决策制度与公司股价崩盘风险

变量	（1）	（2）	（3）	（4）	（5）	（6）
	NCSKEW	NCSKEW	NCSKEW	DUVOL	DUVOL	DUVOL
TREAT × POST	−0.089*** （0.03）	−0.089*** （0.03）	−0.070*** （0.03）	−0.065*** （0.02）	−0.065*** （0.02）	−0.052*** （0.02）
TREAT	−0.038* （0.02）	−0.009 （0.02）	−0.006 （0.02）	−0.034** （0.01）	−0.010 （0.01）	−0.008 （0.01）
POST	−0.231*** （0.03）	0.041** （0.02）	−0.111*** （0.04）	−0.159*** （0.02）	0.044*** （0.01）	−0.082*** （0.02）
DTURN		0.165*** （0.02）	0.019 （0.02）		0.135*** （0.01）	0.028* （0.02）
SIGMA		15.929*** （1.93）	14.517*** （1.95）		10.035*** （1.30）	9.859*** （1.33）
RET		2.706*** （0.33）	2.274*** （0.33）		1.802*** （0.23）	1.640*** （0.23）
SIZE		−0.003 （0.01）	−0.005 （0.01）		−0.012** （0.01）	−0.012** （0.01）
ROA		0.643*** （0.14）	0.733*** （0.14）		0.424*** （0.10）	0.441*** （0.10）
LEV		−0.086* （0.05）	−0.051 （0.05）		−0.065** （0.03）	−0.042 （0.03）
MB		0.034*** （0.00）	0.019*** （0.00）		0.023*** （0.00）	0.012*** （0.00）

续表

变量	（1）	（2）	（3）	（4）	（5）	（6）
	NCSKEW	NCSKEW	NCSKEW	DUVOL	DUVOL	DUVOL
ABSDA		0.091 （0.10）	0.145 （0.10）		0.027 （0.07）	0.063 （0.07）
CONS	−0.058 （0.05）	−0.722*** （0.18）	−0.545*** （0.19）	−0.041 （0.04）	−0.248** （0.12）	−0.170 （0.13）
IND	Yes	No	Yes	Yes	No	Yes
YEAR	Yes	No	Yes	Yes	No	Yes
Obs	11116	11116	11116	11116	11116	11116
Adj.R^2	0.058	0.055	0.075	0.060	0.056	0.076

注: 括号内是经公司聚类（cluster）调整后的标准误; ***、**、* 分别表示 1%、5%、10% 的显著性水平。

5.4.4　稳健型检验

5.4.4.1　平行趋势

DiD 模型要求处理组样本和对照组样本在政策发生之前具有平行趋势（Parallel Trend），即如果没有政策带来的处理效应，被解释变量在处理组和对照组的变动趋势是相似的。对《意见》发布之前实验组和控制组样本之间股价崩盘风险的差异进行检验，具体来说有以下几点：① 选取 2010 年及之前观测值为研究样本；② 在控制其他变量的基础上检验处理组和对照组样本股价崩盘风险差异。表 5-5 第（1）、（2）列报告的检验结果显示：TREAT 回归系数均未通过显著性检验，说明在"三重一大"事项集体决策制度实施之前，处理组企业与对照组企业股价崩盘风险并不存在显著差异。此外，笔者还进一步对比分析了政策实施之前各年实验组和控制组样本的股价崩盘风险，表 5-5 第（3）～（10）列结果表明《意见》实施之前，处理组和对照组股价崩盘在各年均不存在系统性差异。前述经验证据为平行趋势提供了支持。

表 5-5　平行趋势检验

变量	2007—2010 年		2007 年		2008 年		2009 年		2010 年	
	（1）NCSKEW	（2）DUVOL	（3）NCSKEW	（4）DUVOL	（5）NCSKEW	（6）DUVOL	（7）NCSKEW	（8）DUVOL	（9）NCSKEW	（10）DUVOL
TREAT	-0.019 (0.02)	-0.024 (0.02)	0.009 (0.04)	-0.015 (0.03)	-0.021 (0.04)	-0.009 (0.03)	-0.019 (0.04)	-0.043 (0.03)	-0.038 (0.04)	-0.024 (0.03)
DTURN	0.010 (0.03)	0.037 (0.02)	-0.086 (0.07)	0.022 (0.05)	-0.004 (0.06)	0.015 (0.05)	-0.009 (0.08)	-0.025 (0.05)	-0.063 (0.08)	-0.024 (0.05)
SIGMA	8.561** (3.38)	6.085** (2.36)	10.430 (9.42)	4.970 (6.44)	7.602 (7.20)	0.639 (5.21)	12.135 (8.75)	9.323 (5.90)	17.883** (8.24)	13.829*** (5.30)
RET	1.394** (0.54)	1.075*** (0.38)	1.577 (1.27)	0.979 (0.89)	0.861 (1.16)	-0.052 (0.85)	2.413 (1.56)	1.648 (1.03)	2.822* (1.61)	2.305** (1.02)
SIZE	-0.012 (0.01)	-0.009 (0.01)	0.004 (0.02)	-0.006 (0.01)	0.005 (0.02)	0.006 (0.01)	-0.086*** (0.02)	-0.066*** (0.02)	0.057** (0.02)	0.051*** (0.02)
ROA	0.861*** (0.21)	0.461*** (0.15)	-0.011 (0.46)	-0.058 (0.33)	0.849** (0.34)	0.316 (0.24)	1.521*** (0.42)	1.165*** (0.29)	0.308 (0.42)	-0.078 (0.31)
LEV	0.025 (0.07)	0.004 (0.05)	-0.072 (0.13)	-0.005 (0.09)	-0.054 (0.13)	-0.070 (0.09)	0.167 (0.14)	0.118 (0.09)	-0.058 (0.13)	-0.100 (0.09)
MB	0.021*** (0.00)	0.015*** (0.00)	0.021*** (0.01)	0.015*** (0.01)	0.024* (0.01)	0.017 (0.01)	0.009 (0.01)	0.002 (0.01)	0.030*** (0.01)	0.028*** (0.01)
ABSDA	0.100 (0.14)	-0.011 (0.10)	0.282 (0.23)	0.108 (0.17)	-0.039 (0.29)	-0.157 (0.21)	-0.045 (0.29)	0.072 (0.21)	0.159 (0.29)	-0.054 (0.21)
CONS	-0.279 (0.27)	-0.172 (0.19)	-0.764 (0.52)	-0.253 (0.38)	-1.019* (0.54)	-0.634* (0.36)	1.243*** (0.53)	0.916** (0.36)	-2.134*** (0.59)	-1.783*** (0.40)
IND	Yes	Yes	Yes	Yes	Yes	Yes	Yes	Yes	Yes	Yes
YEAR	Yes	Yes	No	No	No	No	No	No	No	No
Obs	4419	4419	992	992	1050	1050	1168	1168	1209	1209
Adj.R^2	0.099	0.111	0.029	0.032	0.010	0.015	0.084	0.090	0.035	0.047

5.4.4.2 因果关系的进一步识别

1. PSM-DiD

DiD 模型评估政策实施效果时要求实验组和控制组样本具有随机分布特征。《意见》的实施对象为国有企业，非国有企业并未受到影响，然而企业产权性质并不是随机的，因此本章研究设计可能存在选择性偏误。为了充分应对这一潜在挑战，借鉴李万利和徐细雄（2020）的做法，采用 PSM-DiD 重新对模型（1）进行估计。第一，以企业是否属于实验组样本（国有企业）为被解释变量，以公司规模、财务杠杆、盈利能力、成长性、行业和年度等为解释变量进行 Logit 回归；第二，根据倾向得分为实验组样本进行 1∶1 邻近匹配得到控制组样本；第三，使用匹配后的样本重新对模型（1）进行回归分析，结果见表 5-6 第（1）、（2）列所示。TREAT×POST 回归系数均在 10% 水平上显著，表明《意见》的实施降低了国有企业的股价崩盘风险。可见，控制了可能存在的样本选择偏误之后前文结论依然成立。

2. 安慰剂检验

以《意见》的发布和实施为切入点，设计 DiD 模型研究发现"三重一大"事项集体决策制度规范了国有企业权力的运行，降低了国有企业股价崩盘风险。然而本章的研究设计还面临另一项挑战——样本的处理效应。如果处理组样本股价崩盘风险的下降程度大于对照组样本股价崩盘风险的下降程度只是受到时间趋势等样本自身处理效应的影响，那很难说明是政策本身导致了本章的实证发现。为了应对这一挑战，参考李万利和徐细雄（2020）的方法，进行安慰剂检验。具体来讲，假定《意见》的实施发生在 2009 年，将 2009—2010 年设定为 POST = 1，而将 2007—2008 年设定为 POST = 0。若国有企业股价崩盘风险的降低是由时间处理效应导致，那 TREAT×POST 回归系数也应该显著为负。由表 5-6 第（3）、（4）列可见，TREAT×POST 回归系数均不显著[①]，这进一步表明本章结论是可靠的。

3. 动态检验

对实验组样本而言，《意见》的实施是一个外生性冲击，但考虑到"三重一大"事项集体决策原则最早在 1996 年提出，国有企业可能会预期到该政策的实施。如果这种预期效应存在，考虑到公司治理影响的滞后性，长期以

[①] 假设其他年度为政策实施年份，TREAT×POST 回归系数依旧不显著。

来，国有企业的股价崩盘风险可能处于一个缓慢的下降通道，这意味着本章研究设计可能面临时序上的反向因果关系。为了缓解此困扰，参照 Bertrand and Mullainathan（2003）的做法，将模型（1）中 POST 变量拆分为 BEF（-3,-2）、BEF（-1,0）、AFT（1,2）、AFT（3,4）四个时间虚拟变量，以 BEF（-3,-2）为基期，将其他三个虚拟变量及其与 TREAT 的交乘项放入模型（1）中。表5-6第（5）、（6）列报告了动态检验的结果。其中，TREAT×BEF（-1,0）系数并不显著，而 TREAT×AFT（1,2）和 TREAT×AFT（3,4）系数均在1%统计水平显著，说明《意见》实施之前国有企业股价崩盘风险并未显著下降；而《意见》实施之后"三重一大"事项集体决策制度的治理效应才体现出来。该动态检验结果更好地揭示了国企公司治理改革与股价崩盘风险之间的因果关系。

表5-6　因果关系的进一步识别

变量	PSM-DiD		安慰剂检验		动态 DiD	
	（1）	（2）	（3）	（4）	（5）	（6）
	NCSKEW	DUVOL	NCSKEW	DUVOL	NCSKEW	DUVOL
TREAT×POST	−0.048* （0.03）	−0.033* （0.02）	−0.036 （0.04）	−0.032 （0.03）		
TREAT	−0.014 （0.02）	−0.016 （0.01）	0.001 （0.03）	−0.006 （0.02）	0.018 （0.03）	0.013 （0.02）
POST	−0.127*** （0.04）	−0.094*** （0.03）	−0.121*** （0.04）	−0.093*** （0.03）		
TREAT×BEF （-1,0）					−0.028 （0.04）	−0.025 （0.03）
TREAT×AFT （1,2）					−0.103*** （0.04）	−0.069*** （0.03）
TREAT×AFT （3,4）					−0.093*** （0.03）	−0.080*** （0.03）
BEF（-1,0）					0.122*** （0.03）	0.078*** （0.02）
AFT（1,2）					0.077** （0.03）	0.073*** （0.02）
AFT（3,4）					0.118*** （0.03）	0.088*** （0.02）
DTURN	−0.001 （0.03）	0.015 （0.02）	0.010 （0.03）	0.037 （0.02）	0.146*** （0.02）	0.127*** （0.01）

续表

变量	PSM-DiD		安慰剂检验		动态 DiD	
	（1）	（2）	（3）	（4）	（5）	（6）
	NCSKEW	DUVOL	NCSKEW	DUVOL	NCSKEW	DUVOL
SIGMA	14.056***	9.677***	8.386**	5.930**	13.564***	8.756***
	（2.15）	（1.47）	（3.36）	（2.36）	（1.96）	（1.33）
RET	2.170***	1.587***	1.365**	1.049***	2.175***	1.504***
	（0.36）	（0.25）	（0.54）	（0.38）	（0.33）	（0.23）
SIZE	−0.000	−0.010	−0.012	−0.009	0.001	−0.008
	（0.01）	（0.01）	（0.01）	（0.01）	（0.01）	（0.01）
ROA	0.694***	0.432***	0.858***	0.458***	0.719***	0.449***
	（0.15）	（0.10）	（0.21）	（0.15）	（0.14）	（0.10）
LEV	−0.058	−0.045	0.027	0.005	−0.073	−0.056*
	（0.05）	（0.03）	（0.07）	（0.05）	（0.05）	（0.03）
MB	0.019***	0.012***	0.021***	0.015***	0.029***	0.020***
	（0.00）	（0.00）	（0.00）	（0.00）	（0.00）	（0.00）
ABSDA	0.173	0.100	0.101	−0.010	0.167	0.075
	（0.11）	（0.07）	（0.14）	（0.10）	（0.10）	（0.07）
CONS	−0.650***	−0.207	−0.288	−0.180	−0.866***	−0.401***
	（0.21）	（0.15）	（0.27）	（0.19）	（0.19）	（0.13）
IND	Yes	Yes	Yes	Yes	Yes	Yes
YEAR	Yes	Yes	Yes	Yes	No	No
Obs	9842	9842	4419	4419	11116	11116
Adj.R^2	0.064	0.064	0.099	0.111	0.064	0.063

4. 差分模型

既然《意见》的实施是一个自然实验，笔者还借鉴虞义华等（2018）的方法，以政策实施为分界点，研究"三重一大"事项集体决策制度带来的治理效应。具体而言，以事件发生后三年内企业股价崩盘风险平均水平相对于事件发生前一年企业股价崩盘风险的变化为被解释变量，以实验组样本标示为解释变量，控制其余变量同期一阶差分项进行 OLS 回归①。表5-7结果显示，TREAT

---

① 为了提高模型整体有效性，笔者在控制变量中加入了股价崩盘风险一阶差分项，如不加入，本章结果不受影响。

系数在至少 10% 水平上显著为负，说明《意见》的实施的确降低了企业股价崩盘风险。

表 5-7　差分检验

变量	（1）	（2）
	F.D.NCSKEW	F.D.DUVOL
TREAT	−0.076* （0.04）	−0.070** （0.03）
D.NCSKEW/D.DUVOL	−0.065** （0.03）	−0.140*** （0.03）
D.DTURN	−0.143* （0.08）	−0.056 （0.05）
D.SIGMA	7.279 （7.39）	7.016 （4.86）
D.RET	1.681 （1.34）	1.616* （0.88）
D.SIZE	−0.007 （0.09）	0.002 （0.07）
D.ROA	−0.096 （0.69）	−0.059 （0.45）
D.LEV	−0.118 （0.30）	−0.126 （0.21）
D.MB	0.024* （0.01）	0.025*** （0.01）
D.ABSDA	0.088 （0.32）	−0.157 （0.22）
CONS	−0.042 （0.05）	0.001 （0.04）
Obs	1203	1203
Adj.R^2	0.01	0.03

5.4.4.3　变量设定及取值

① 本章股价崩盘风险采用两个连续变量衡量，被解释变量经过复杂计算且可能对过程变量敏感性较高。为了缓解这一问题，简单地按照 NCSKEW 和 DUVOL 指标行业年度中位数将样本划分为高股价崩盘组和低股价崩盘组，并进行 LOGIT 回归分析。结果如表 5-8 第（1）、（2）列所示。TREAT × POST 系数

在至少 5% 水平上显著，"三重一大"事项集体决策制度实施之后国有企业更可能出现在股价崩盘风险较低组，继续支持本章假设。

②《意见》的实施对象为国有企业，所以笔者设计 DiD 模型的时候以国有企业为处理组，以非国有企业为对照组。进一步地讲，将民营企业作为对照组，重新对前文模型（1）进行了回归分析。表 5-8 第（3）、（4）列的结果表明，"三重一大"事项集体决策制度显著降低了国有企业的股价崩盘风险。

③ 借鉴 Kim et al.（2011）、Kim and Zhang（2016）等的研究设计，笔者还控制了影响企业股价崩盘风险的其他因素。① 股票本期股价崩盘风险可能影响未来股价崩盘风险，因此在模型（1）中控制了本期股价崩盘风险指标。回归结果如表 5-8 第（5）、（6）列所示，TREAT × POST 系数在至少 5% 水平显著，假设继续得到支持；② 公司会计稳健性能够降低股价崩盘风险，因此在模型（1）中加入了 Khan and Watts（2009）提出的会计稳健性指标 Cscore。表 5-8 第（7）、（8）列的结果表明，"三重一大"事项集体决策制度的实施使得国有企业股价崩盘风险显著下降。

表5-8 稳健性检验之变量设定及取值

变量	(1) CRASH_N	(2) CRASH_D	(3) NCSKEW	(4) DUVOL	(5) NCSKEW	(6) DUVOL	(7) NCSKEW	(8) DUVOL
TREAT×POST	-0.231*** (0.08)	-0.180** (0.08)	-0.076*** (0.03)	-0.059*** (0.02)	-0.063** (0.03)	-0.048*** (0.02)	-0.094*** (0.03)	-0.066** (0.03)
TREAT	-0.058 (0.07)	-0.059 (0.07)	-0.008 (0.02)	-0.009 (0.02)	-0.004 (0.02)	-0.007 (0.01)	0.006 (0.02)	-0.003 (0.02)
POST	0.289*** (0.10)	0.249** (0.10)	-0.165*** (0.03)	-0.110*** (0.02)	-0.095*** (0.04)	-0.073*** (0.02)	-0.082 (0.05)	-0.062 (0.04)
DTURN	0.122 (0.08)	0.082 (0.08)	0.018 (0.02)	0.027 (0.02)	0.020 (0.02)	0.031* (0.02)	0.031 (0.03)	0.030* (0.02)
SIGMA	28.115*** (5.87)	30.192*** (5.84)	14.444*** (1.98)	9.806*** (1.35)	13.444*** (1.94)	9.327*** (1.32)	15.852*** (3.78)	10.848*** (2.48)
RET	4.649*** (1.02)	5.181*** (1.02)	2.278*** (0.33)	1.652*** (0.23)	1.970*** (0.33)	1.487*** (0.23)	2.753*** (0.60)	1.955*** (0.40)
SIZE	-0.027 (0.03)	-0.038 (0.03)	-0.004 (0.01)	-0.011** (0.01)	-0.004 (0.01)	-0.010** (0.01)	-0.017 (0.02)	-0.018 (0.02)

续表

变量	(1)	(2)	(3)	(4)	(5)	(6)	(7)	(8)
	CRASH_N	CRASH_D	NCSKEW	DUVOL	NCSKEW	DUVOL	NCSKEW	DUVOL
ROA	1.845***	1.635***	0.753***	0.442***	0.723***	0.440***	0.837***	0.469**
	(0.45)	(0.46)	(0.14)	(0.10)	(0.13)	(0.10)	(0.26)	(0.21)
LEV	−0.164	−0.096	−0.048	−0.042	−0.043	−0.037	−0.008	−0.026
	(0.15)	(0.15)	(0.05)	(0.03)	(0.05)	(0.03)	(0.05)	(0.03)
MB	0.048***	0.053***	0.020***	0.013***	0.018***	0.012***	0.018**	0.012**
	(0.01)	(0.01)	(0.00)	(0.00)	(0.00)	(0.00)	(0.01)	(0.01)
ABSDA	0.503	0.596*	0.156	0.076	0.135	0.059	0.188	0.094
	(0.34)	(0.33)	(0.10)	(0.07)	(0.10)	(0.07)	(0.12)	(0.07)
NCSKEW/ DUVOL /SCORE					0.064***	0.057***	−0.000	0.000
					(0.01)	(0.01)	(0.00)	(0.00)
CONS	−0.520	−0.335	−0.563***	−0.182	−0.560***	−0.189	−0.336	−0.070
	(0.59)	(0.59)	(0.20)	(0.13)	(0.19)	(0.13)	(0.49)	(0.36)
IND	Yes	Yes	Yes	Yes	Yes	Yes	Yes	Yes
YEAR	Yes	Yes	Yes	Yes	Yes	Yes	Yes	Yes
Obs	11116	11116	10720	10720	11113	11112	9670	9670
Pes R^2/Adj.R^2	0.012	0.012	0.076	0.077	0.078	0.079	0.080	0.082

5.4.4.4 样本期间选择

① 我国国有企业包括央企和地方国有企业。虽然《意见》的适用对象是全部国有企业，但根据相关文件的规定①，央企早于地方国有企业受到"三重一大"集体决策制度的影响。为了缓解这种情况对本研究的干扰，笔者剔除了央企，仅以地方国有企业为实验组，以民营企业为控制组，重新对模型（1）进行了回归分析。结果如表5-9第（1）、（2）列所示，TREAT × POST 系数在 1% 统计水平显著为负，支持本章假设，这说明本章结论并不受前述干扰的冲击。

② 由于《意见》于 2010 年 6 月 5 日发布，考虑到企业决策规则的改变和公司治理机制的完善需要时间，因此笔者在研究设计中参考李万利和徐细雄（2020）的做法将 2010 年视为政策实施前年份。为了排除 2010 年的干扰，剔除了 2010 年样本，对模型（1）重新进行了回归分析。表 5-9 第（3）、（4）列结果显示，TREAT × POST 系数均为负且都通过显著性检验，再次支持本章假设。除此之外，还将 2010 年作为政策实施后年份进行实证检验，主要结论未发生变化。

③《意见》自 2010 年发布以来，其执行情况一直是上级部门对企业领导人员考察、考核的重要内容和任免以及经济责任履行情况审计评价的重要依据。为了进一步确保实证结果的可靠性，笔者将研究窗口扩大至 2017 年。表 5-9 第（5）、（6）列结果显示，即使考虑更长期的影响，"三重一大"事项集体决策制度的实施在降低国有企业股价崩盘风险方面的治理作用依旧是积极的。

表 5-9　稳健性检验之样本选择

变量	剔除央企		剔除当期		扩展样本期	
	（1）	（2）	（3）	（4）	（5）	（6）
	NCSKEW	DUVOL	NCSKEW	DUVOL	NCSKEW	DUVOL
TREAT × POST	−0.081*** （0.03）	−0.065*** （0.02）	−0.055* （0.03）	−0.037* （0.02）	−0.100*** （0.02）	−0.068*** （0.02）
TREAT	0.001 （0.02）	−0.002 （0.02）	−0.011 （0.02）	−0.016 （0.02）	−0.008 （0.02）	−0.006 （0.02）

---

① 如《国务院国有资产监督管理委员会办公厅关于对央企执行"三重一大"集体决策制度情况进行督查的通知》等。

续表

变量	剔除央企		剔除当期		扩展样本期	
	（1）	（2）	（3）	（4）	（5）	（6）
	NCSKEW	DUVOL	NCSKEW	DUVOL	NCSKEW	DUVOL
POST	−0.134***	−0.094***	−0.116***	−0.093***	−0.122***	−0.090***
	（0.04）	（0.03）	（0.04）	（0.03）	（0.04）	（0.02）
DTURN	0.006	0.023	0.025	0.031*	0.013	0.015
	（0.03）	（0.02）	（0.03）	（0.02）	（0.02）	（0.01）
SIGMA	15.398***	10.095***	14.813***	9.974***	6.262***	4.039***
	（2.24）	（1.53）	（2.02）	（1.37）	（1.33）	（0.90）
RET	2.452***	1.708***	2.321***	1.656***	0.976***	0.716***
	（0.37）	（0.26）	（0.34）	（0.23）	（0.21）	（0.14）
SIZE	−0.011	−0.016**	−0.011	−0.018***	0.009	−0.007
	（0.01）	（0.01）	（0.01）	（0.01）	（0.01）	（0.00）
ROA	0.822***	0.513***	0.762***	0.482***	0.360***	0.161*
	（0.16）	（0.12）	（0.15）	（0.10）	（0.13）	（0.09）
LEV	−0.072	−0.052	−0.054	−0.037	−0.092**	−0.063**
	（0.06）	（0.04）	（0.05）	（0.03）	（0.04）	（0.03）
MB	0.017***	0.011***	0.018***	0.010***	0.022***	0.015***
	（0.00）	（0.00）	（0.00）	（0.00）	（0.00）	（0.00）
ABSDA	0.175	0.097	0.145	0.087	0.240***	0.142**
	（0.12）	（0.08）	（0.11）	（0.08）	（0.09）	（0.06）
CONS	−0.405*	−0.050	−0.416**	−0.019	−0.503***	−0.050
	（0.23）	（0.16）	（0.21）	（0.14）	（0.17）	（0.12）
IND	Yes	Yes	Yes	Yes	Yes	Yes
YEAR	Yes	Yes	Yes	Yes	Yes	Yes
Obs	8614	8614	9907	9907	15860	15860
Adj.R^2	0.078	0.080	0.081	0.083	0.066	0.072

5.5 影响机制分析

前文实证结果表明,《意见》的实施降低了国有企业未来股价崩盘风险。根据本章理论分析,"三重一大"事项集体决策制度既可能通过缓解经理人代理行为、限制经理人过度自信降低国有企业股价崩盘风险，也可能通过提高公司信息披露质量以及增强企业内部控制有效性减少国有企业股价暴跌的发生。在本部分将对这些潜在路径进行检验，以揭示本章实证结果背后的作用机理。

第一，基于委托代理理论框架，经理人自利是企业股价崩盘风险的重要诱因。国有企业激励机制及国企经理人的权力特征加剧了第一类代理冲突。江轩宇和许年行（2015）研究指出过度投资提高企业未来股价崩盘风险，而根据Jensen（1986），经理人能够从大规模投资中获益，因此代理冲突严重的企业通常存在过度投资。因此，笔者首先从过度投资角度研究"三重一大"事项影响企业股价崩盘风险的作用机制。如果《意见》的实施缓解了国有企业代理冲突，那相对于对照组样本，国有企业过度投资水平应该显著下降。借鉴Richardson（2006），笔者用模型（5）回归残差衡量公司过度投资。

$$INV_{i,t} = \alpha_0 + \alpha_1 TQ_{i,t-1} + \alpha_2 LEV_{i,t-1} + \alpha_3 CASH_{i,t-1} + \alpha_4 AGE_{i,t-1} + \alpha_5 SIZE_{i,t-1} + \alpha_6 RETURN_{i,t-1} + \alpha_7 INV_{i,t-1} + \sum YEAR + \sum IND + \varepsilon$$

（5）

其中，INV为实际新增投资支出与总资产的比值、TQ为托宾Q值、CASH为货币资金与总资产的比值、AGE为上市年限、RETURN为t年5月至$t+1$年4月的累积回报率，其余变量定义同前文。参考江轩宇和许年行（2015）的做法，当模型（5）残差大于0时，企业过度投资水平等于残差；当模型（5）残差小于0时，企业过度投资水平等于0。

表5-10第（1）列报告了"三重一大"集体决策制度影响经理人私利的检验结果。TREAT×POST系数在1%水平显著为负，表明《意见》的实施有效约束了企业的过度投资行为，限制了管理层私利的获取，缓解了国有企业的代理冲突[①]。

第二，经理人过度自信会提高公司未来股价崩盘风险（Kim et al.，2016），而权力拥有者更容易产生过度自信心理（曾爱民等，2017）。鉴于国有企业的权力运行规则和"三重一大"事项集体决策制度的实质内涵，笔者认为《意见》

[①] 为稳健性起见，笔者还采取以下措施：（a）直接用模型（5）残差衡量企业过度投资水平；（b）仅对模型（5）残差为正的样本进行考察；（c）采用Biddle et al.（2009）的方法重新计量过度投资，主要结论并不发生变化。

的实施能够约束经理人过度自信行为，从而降低公司未来股价崩盘风险。参考余明桂等（2006）的做法，以2007—2014年间发布业绩预告的公司作为研究对象，如果业绩预告类型是乐观的，即业绩略增、扭亏、续盈、预增等，而实际业绩发生变脸，则将该公司的管理者定义为过度自信。在此基础上笔者进行了Logit回归，结果如表5-10第（2）列所示。TREAT×POST系数在1%水平显著为负，说明《意见》实施之后经理人过度自信概率明显下降，支持本章推断[①]。

第三，经理人与投资者的信息披露偏好不一致，经理人倾向于隐瞒坏消息（Kothari et al.，2009），同时经理人权力增强了其操纵公司信息披露的能力（曾爱民等，2017）。"三重一大"事项集体决策制度规范了国企权力的运行、完善了企业决策机制、加强了对"一把手"的监督，因此《意见》的实施可能通过提高公司信息披露质量从而降低企业未来股价崩盘风险。借鉴Al Mamun et al.（2020）的做法，从财务重述角度研究信息披露对股价崩盘风险的影响。表5-10第（3）列结果显示，TREAT×POST系数为负且在1%水平显著，说明"三重一大"事项集体决策制度显著降低了国有企业财务重述概率。该结果意味着《意见》的实施通过提高公司信息披露质量缓解了企业未来股价崩盘风险。

第四，有效的公司治理能够缓解企业股价崩盘风险（梁上坤等，2020）。参考Chen et al.（2017）、黄政和吴国萍（2020），从内部控制角度探讨"三重一大"事项集体决策制度降低企业未来股价崩盘风险的治理路径。以是否披露内部控制自评报告为被解释变量研究集体决策制度的经济影响[②]。表5-10第（4）列结果显示，TREAT×POST系数显著为正，说明《意见》的实施显著提高了企业披露内控自评报告的概率。结合以往研究可知，这意味着"三重一大"集体决策制度通过提高内部控制水平缓解了企业未来股价崩盘风险。

---

① 为了确保结论的稳健性，笔者还参考梁上坤等（2020）的方法，以2007—2014年披露了1季报、半年报、3季报和年报净利润预告的公司作为研究对象，将样本期内至少有一次实际盈利水平低于预测盈利水平的企业界定为过度自信样本重新进行了回归分析，相关结论并不发生变化。

② 根据《财政部办公厅、证监会办公厅关于2012年主板上市公司分类分批实施企业内部控制规范体系的通知》，内部控制自评报告从2012年开始逐步在主板上市公司强制披露，因此笔者仅选取了《意见》实施之前1年和之后1年的数据进行了检验，避开了内控自评报告强制披露的影响。

表5-10　渠道检验

变量	（1）OVERINV	（2）OVERCON	（3）RES	（4）ICDIS
TREAT × POST	−0.004***	−1.423***	−0.645***	0.413***
	（0.00）	（0.18）	（0.22）	（0.13）
TREAT	0.000	0.690***	0.184	−0.689***
	（0.00）	（0.18）	（0.16）	（0.14）
POST	0.003*	4.226***	−0.909***	0.996***
	（0.00）	（0.30）	（0.21）	（0.15）
DTURN	−0.000	−0.091	0.204	0.120
	（0.00）	（0.11）	（0.14）	（0.15）
SIGMA	0.269***	31.110***	−1.694	−25.582
	（0.08）	（10.34）	（14.36）	（16.22）
RET	0.049***	3.376*	−0.489	−2.825
	（0.01）	（1.83）	（2.23）	（3.12）
SIZE	−0.000	−0.097*	−0.061	−0.012
	（0.00）	（0.05）	（0.06）	（0.06）
ROA	0.028***	20.389***	−5.242***	2.289**
	（0.01）	（1.01）	（1.01）	（1.11）
LEV	0.007***	1.025***	0.716	−0.605
	（0.00）	（0.26）	（0.44）	（0.39）
MB	0.000*	−0.091***	−0.023	−0.009
	（0.00）	（0.02）	（0.02）	（0.03）
ABSDA	−0.007	−0.480	1.963***	−0.284
	（0.00）	（0.61）	（0.67）	（0.69）
CONS	0.014	−4.112***	−0.237	1.518
	（0.01）	（1.18）	（1.38）	（1.40）
IND	Yes	Yes	Yes	Yes
YEAR	Yes	Yes	Yes	Yes
Obs	11 009	6630	10 811	2465
Adj.R^2/Pes R^2	0.014	0.237	0.084	0.109

5.6 拓展性分析

"三重一大"事项集体决策制度的出发点是规范国企权力运行、完善国企治理机制、提高国企决策质量。为了保证其执行,《国资委党委关于贯彻落实〈关于进一步推进国有企业贯彻落实"三重一大"决策制度的意见〉的通知》指出"将'三重一大'决策制度的执行情况作为对企业领导人员考察、考核的重要内容和任免以及经济责任履行情况审计评价的重要依据"。然而笔者认为,除了来自行政层级的监督,资本市场监督也在《意见》实施过程中扮演了重要的角色。Kim et al.(2011)发现,外部监督机制越有效,企业自身行为与股价崩盘风险之间的关系越明显。因此,笔者将从分析师跟踪和媒体关注度两个角度分析市场监督机制在"三重一大"事项集体决策制度实施过程中的作用。

第一,证券分析师作为重要的信息中介,具有专业的信息挖掘和信息分析能力,能够将私有信息向市场进行传递,因此分析师跟踪越多,企业经营过程中面临的外部压力越大,其严格恪守公司治理规范的动机就越强。具体到本章研究议题,"三重一大"事项集体决策制度执行之后,对于分析师跟踪人数较多的国企而言,个别或少数人专断得到更好的控制,无论是经理人代理问题的缓解、过度自信的抑制,还是信息披露质量和内部控制水平的提高都更为有效。因此笔者预测,在分析师跟踪较多的企业中,《意见》降低企业未来股价崩盘风险的效果更为明显。为了对此进行检验,笔者按照分析师跟踪的年度行业中位数将样本划分为高分析师跟踪组和低分析师跟踪组,分别对模型(1)进行了回归分析。

表5-11报告的结果显示,无论是以NCSKEW还是以DUVOL衡量股价崩盘风险,在分析师跟踪较多的样本中,TREAT×POST的系数在1%水平显著为负,而在分析师跟踪较少的样本中,TREAT×POST的系数未通过显著性检验,同时组间系数差异在至少5%水平显著。这说明证券分析师带来的外部监督有助于保障"三重一大"事项集体决策制度在降低企业股价崩盘风险方面的实施效果。

表 5-11　分析师跟踪分组

变量	NCSKEW		DUVOL	
	（1）	（2）	（3）	（4）
	ANA（H）	ANA（L）	ANA（H）	ANA（L）
TREAT×POST	−0.138***	0.001	−0.092***	−0.007
	（0.04）	（0.04）	（0.03）	（0.03）
TREAT	0.028	−0.021	0.020	−0.023
	（0.03）	（0.03）	（0.02）	（0.02）
POST	0.081*	−0.288***	0.058*	−0.210***
	（0.05）	（0.05）	（0.03）	（0.03）
DTURN	0.039	0.002	0.038	0.018
	（0.04）	（0.03）	（0.03）	（0.02）
SIGMA	14.561***	12.837***	9.680***	9.003***
	（2.73）	（2.81）	（1.90）	（1.89）
RET	2.359***	1.913***	1.630***	1.462***
	（0.47）	（0.46）	（0.34）	（0.31）
SIZE	−0.027**	−0.047***	−0.030***	−0.037***
	（0.01）	（0.01）	（0.01）	（0.01）
ROA	0.416*	0.257	0.247	0.115
	（0.23）	（0.20）	（0.17）	（0.14）
LEV	−0.064	0.035	−0.043	0.014
	（0.07）	（0.06）	（0.05）	（0.04）
MB	0.026***	0.003	0.017***	0.003
	（0.00）	（0.00）	（0.00）	（0.00）
ABSDA	0.046	0.185	−0.048	0.123
	（0.14）	（0.14）	（0.10）	（0.10）
CONS	−0.047	0.368	0.278	0.344
	（0.27）	（0.33）	（0.18）	（0.22）
IND	Yes	Yes	Yes	Yes
YEAR	Yes	Yes	Yes	Yes
$\beta_1(H)=\beta_1(L)$	7.29***		5.60**	
Obs	5373	5743	5373	5743
Adj.R^2	0.096	0.070	0.097	0.071

第二，类似于证券分析师，新闻媒体为了扩大自身影响力，提高市场关注度，也有动机和能力对公司信息进行深度挖掘，从而给上市公司带来外部监督压力。媒体监督不仅可能使企业不当行为受到惩罚，而且可能引起司法介入（李培功和沈艺峰，2010），故外部监督有助于保障《意见》的实施效果，因此在新闻监督水平更高的样本中"三重一大"事项集体决策制度的执行效果更为明显。

为了对此进行检验，笔者以每一自然年度网络财经新闻内容出现某企业的次数作为媒体监督的代理变量，将样本划分为媒体监督水平较高组和媒体监督水平较低组，模型（1）分组回归结果如表5-12所示。根据表5-12，在媒体监督水平较高的样本中，相对于控制组企业，《意见》实施之后国有企业未来股价崩盘风险显著降低；而在媒体监督水平较低的样本中，TREAT×POST的系数并未通过显著性检验；同时组间系数差异在至少5%水平显著。这一结果意味着媒体监督同样有助于"三重一大"事项集体决策制度实施效果的发挥。

表5-12　媒体监督分组

变量	NCSKEW		DUVOL	
	（1）	（2）	（3）	（4）
	NEW（H）	NEW（L）	NEW（H）	NEW（L）
TREAT×POST	−0.162***	−0.020	−0.150***	−0.014
	（0.05）	（0.04）	（0.04）	（0.03）
TREAT	0.073	−0.019	0.085**	−0.026*
	（0.05）	（0.02）	（0.04）	（0.02）
POST	0.087	−0.306***	0.087	−0.208***
	（0.09）	（0.05）	（0.07）	（0.04）
DTURN	0.010	−0.010	0.015	0.017
	（0.04）	（0.03）	（0.03）	（0.02）
SIGMA	15.600***	11.791***	11.195***	7.425***
	（2.68）	（2.93）	（1.81）	（1.99）
RET	2.521***	1.819***	1.862***	1.268***
	（0.46）	（0.47）	（0.32）	（0.33）
SIZE	−0.010	−0.021	−0.015*	−0.022**
	（0.01）	（0.01）	（0.01）	（0.01）
ROA	0.577***	0.811***	0.382***	0.485***
	（0.20）	（0.20）	（0.14）	（0.14）
LEV	−0.085	−0.009	−0.052	−0.027
	（0.07）	（0.06）	（0.05）	（0.05）

变量	NCSKEW		DUVOL	
	（1）	（2）	（3）	（4）
	NEW（H）	NEW（L）	NEW（H）	NEW（L）
MB	0.018***	0.016***	0.010***	0.012***
	（0.00）	（0.00）	（0.00）	（0.00）
ABSDA	0.160	0.120	0.102	0.040
	（0.15）	（0.14）	（0.11）	（0.09）
CONS	−0.528*	−0.153	−0.231	0.100
	（0.31）	（0.30）	（0.21）	（0.21）
IND	Yes	Yes	Yes	Yes
YEAR	Yes	Yes	Yes	Yes
β_1（H）=β_1（L）	4.70**		8.89***	
Obs	5550	5540	5550	5540
Adj.R^2	0.061	0.095	0.058	0.100

5.7 本章小结

本章借助中共中央办公厅、国务院办公厅联合印发《关于进一步推进国有企业贯彻落实"三重一大"决策制度的意见》提供的准自然实验场景，设计双重差分模型检验了"三重一大"事项集体决策制度对国有企业未来股价崩盘风险的影响。经研究发现，"三重一大"事项集体决策制度显著降低了国有企业的股价崩盘风险，这一结论在进行多项稳健性检验后依然成立。进一步的研究结果表明，《意见》的实施缓解了国有企业代理冲突、限制了国有企业经理人的过度自信、提高了国企的信息披露质量和内部控制水平，从而导致了企业股价崩盘风险的下降。另外，"三重一大"集体决策制度在降低企业未来股价崩盘风险方面的治理作用仅体现在外部监督水平较高的企业之中，说明来自资本市场的外部压力有助于良好的公司治理机制作用的充分发挥。

本章对相关理论及政策实践均具有重要启示。第一，在理论层面，本章丰富了股价崩盘风险影响因素方面的研究。国有企业改革发展历史以及现阶段的激励机制、决策结构都决定了内部权力的集中，长期以来规范国有企业权力运行机制、提高国有企业决策质量一直是国企改革的重要方向。"三重一大"事项集体决策制度作为一项重要的公司治理机制重塑了国企权力结构，限制了"一把手说了算"的决策模式，降低了国有企业未来股价崩盘风险。另外，本章对具体影响机制及外部条件的研究进一步丰富了相关结论。第二，在实践层面，本研究从股票市场稳定性角度说明国企改革过程中产权改革并非唯一路径，不断完善国企公司治理制度、提高权力运行效率、优化内部决策机制等能够在不断保障公有制经济主体地位的同时，优化国企资源配置、提高国企经济效益。

6　研究结论及展望

6.1　主要研究结论

  管理层权力理论一经提出便引发了学者们的广泛关注，大量文献基于组织内部个体决策影响力视角探讨了管理层权力的经济后果，但当前研究对高管团队内部权力配置问题的关注不足。Mintzberg（1983）、Finkelstein（1992）等都指出高管团队权力并不必然集中于首席执行官个人，应从团队视角分析高管权力。Acharya et al.（2011a）的理论分析指出，管理层团队中高管之间的利益诉求并不一致而且下属高管的行为选择将影响最高决策者的个人福利。Cheng et al.（2016）从高管团队中关键下属高管自下而上地监督最高决策者的动机和能力入手，构建了高管团队内部治理指数，分析发现高管团队内部治理显著提高企业信息披露质量。国内学者在研究管理层权力经济影响时指出，有效的权力制衡机制能够减少高管机会主义行为、防止高管腐败（徐细雄，2012；齐鲁光和韩传模 2015；宋建波等 2018），但目前直接研究高管团队内部权力配置的文献并不多见。笔者参考 Cheng et al.（2016）的研究设计构建了中国上市公司高管团队内部治理指数，考察了高管团队内部权力配置对超额在职消费、现金持有水平、风险承担行为的影响。另外，笔者还借助国有企业贯彻落实"三重一大"集体决策制度提供的准自然实验机会，探讨了高管团队内部治理对企业未来股价崩盘风险的影响。笔者将对前文研究结论进行总结。

  第一，高管团队内部治理越有效，企业超额在职消费水平越低，即高管团队内部权力制衡能够降低超额在职消费。这一结论在经过一系列稳健性检验之后依旧成立。经进一步研究发现，高管团队内部治理对企业超额在职消费的抑制作用仅存在于媒体关注度较高和机构持股比例较高的企业之中，说明高管团队内部治理作用的发挥有赖于良好的信息环境和有效的股东监督。另外，基于外部正式制度环境和非正式制度环境的检验表明，高管团队权力制衡对企业超额在职消费的抑制作用主要表现在市场化程度较低和社会信任水平较低地区的企业之中，说明高管团队内部治理能够弥补外部环境的某些不足。除此之外，相关研究还发现，高管团队中关键下属高管监督、制衡最高决策者的动机和能力都与企业在职消费水平负相关，而且高管团队内部治理能够有效提高企业价值。

第二，高管团队内部治理越有效，企业现金持有水平越低，即高管团队内部治理显著降低了企业现金持有水平。该结论在一系列补充检验、稳健性测试和内生性检验中保持稳定。经机制检验发现，高管团队内部治理通过降低企业财务风险、减轻融资约束和缓解代理冲突等路径影响了企业现金持有决策。而且高管团队内部治理对企业现金持有水平的积极影响只体现在公司内外部要素市场比较发达的企业之中，具体而言，企业所在地要素市场越发达、企业自身多元化水平越高，则高管团队内部治理降低企业现金持有水平的作用越明显。高管团队中关键下属高管对最高决策者的制衡动机和制衡能力都显著降低了企业的现金持有量。除此之外，高管团队内部治理显著提高了企业现金持有价值，表现出良好的价值提升效应。

第三，高管团队内部治理效率显著提高了企业的风险承担水平。一系列稳健性检验确证了该结论的稳定性。在具体影响路径方面，高管团队内部治理提高企业风险承担水平的重要路径是增加高风险直接投资，具体表现为研发投入更高、创新产出更多、资本性支出上升等。在外部环境方面，媒体关注和法律诉讼带来的外部压力、经济环境和政策方面的不确定性等负向调节了高管团队内部治理对企业风险承担的促进作用。在细化研究中还发现，高管团队内部关键下属高管监督、制衡最高决策者的动机和能力都显著提高了企业的风险承担水平。最后，中介效应检验的结果表明，高管团队内部治理通过提高企业风险承担水平促进了公司价值的提升。

第四，借助中共中央办公厅、国务院办公厅联合印发《关于进一步推进国有企业贯彻落实"三重一大"决策制度的意见》提供的准自然实验场景，设计双重差分模型检验了高管团队内部治理改革对国有企业未来股价崩盘风险的影响。经研究发现，国有企业高管团队内部治理改革，即"三重一大"事项集体决策制度显著降低了国有企业的股价崩盘风险，这一结论在进行多项稳健性检验后依然成立。进一步的研究结果表明，《意见》的实施缓解了国有企业代理冲突、限制了国有企业经理人的过度自信、提高了国企的信息披露质量和内部控制水平，从而导致了企业股价崩盘风险的下降。此外，国有企业"三重一大"集体决策制度在降低企业未来股价崩盘风险方面的治理作用仅体现在更多分析师跟踪、更多新闻媒体关注等外部监督水平较高的企业之中，说明来自资本市场的外部压力有助于良好的公司治理机制作用的充分发挥。

6.2 研究局限及未来展望

笔者参考 Cheng et al.（2016）的研究设计，结合中国制度背景，着眼于高管团队内部不同主体之间的差异化利益诉求，从关键下属高管监督、制衡最高决策者的动机和能力两方面入手构建了中国上市公司高管团队内部治理指数，主要从超额在职消费、现金持有水平和风险承担三个方面考察了高管团队内部权力配置的经济影响。囿于研究水平，本书尚存以下不足之处。同时，这也是未来可能的研究方向。

第一，虽然实证检验了高管团队内部治理对企业超额在职消费、持现水平和风险行为的影响，但未对高管团队内部权力运行机制"黑箱"展开讨论。从理论上讲，高管团队内部最高决策者和关键下属高管之间的利益诉求存在差异，处于职业生涯上升期的关键下属高管有动机监督最高决策者，如果公司治理机制赋予他们更高的话语权，可以合理推断关键下属高管对最高决策者的监督和制衡有利于权力的平稳运行。但同时有几个问题不容忽视：① 关键下属高管之间也存在利益冲突，尤其是负责不同业务的关键下属高管。关键下属高管之间的矛盾可能会影响其自下而上的监督效用；② 高管团队中关键下属高管具体如何干预最高决策者决策同样值得关注；③ 关键下属高管自下而上的监督作用存在度的问题，如果超过了某个临界值，制衡演变为对抗，则可能会减损企业价值。未来研究可以适当关注相关案例，通过更加细致地剖析高管团队内部权力运行机制进行更加深入的考察。

第二，借鉴 Cheng et al.（2016）的方法从关键下属高管监督制衡最高决策者的动机和能力两方面入手构建高管团队内部治理指数。由于经理人市场存在差异，我国上市公司关键下属高管是否可以用薪酬界定，距离退休的年龄是否可以用来衡量下属监督上层高管的动机，以及薪酬是否反映了高管的影响力等等问题值得进一步探讨。未来研究可以借助更具中国特色的指标，如任期交错、高管关系等构建高管团队内部治理指数。另外，正如本书第 5 章那样，可以借助一些外部事件探讨高管团队内部治理机制改革的经济影响。

第三，仅从超额在职消费、持现水平、风险承担和股价崩盘风险四维度检验了高管团队内部治理的经济后果。未来研究可以沿着代理理论、信息不对称理论和管理层权力理论的分析框架，从更加丰富的维度进一步深入探讨高管团队内部权力配置对企业经营行为和经营成果的影响。

第四，除了高管团队内部治理经济后果方面的研究，什么因素影响了高管团队内部治理效率同样值得关注。如果高管团队内部的权力制衡机制是有效的，那可以预见，企业组织设计中会重视高管团队内部治理机制建设。未来研究需要对影响企业高管团队权力配置的内外部因素给予足够重视，这对构建公司治理长效机制具有重要的现实意义。

参考文献

[1] 蔡贵龙，郑国坚，马新啸，等 . 国有企业的政府放权意愿与混合所有制改革 [J]. 经济研究，2018（9）：99-115.

[2] 仓勇涛，储一昀，戚真 . 外部约束机制监督与公司行为空间转换：由次贷危机引发的思考 [J]. 管理世界，2011（6）：91-104.

[3] 曹晶，杨斌，杨百寅 . 行业环境调节作用下集体领导力的动态变化与企业绩效 [J]. 管理学报，2015（7）：993-1000.

[4] 曾爱民，林雯，魏志华，等 .CEO 过度自信、权力配置与股价崩盘风险 [J]. 经济理论与经济管理，2017（8）：75-90.

[5] 陈本凤，周洋西，宋增基 .CEO 权力、政治关联与银行业绩风险 [J]. 软科学，2013，27（11）：22-26.

[6] 陈德萍，陈永圣 . 股权集中度、股权制衡度与公司绩效关系研究：2007—2009 年中小企业板块的实证检验 [J]. 会计研究，2011（1）：38-43.

[7] 陈德球，李思飞，王丛 . 政府质量、终极产权与公司现金持有 [J]. 管理世界，2011（11）：127-141.

[8] 陈冬华，陈信元，万华林 . 国有企业中的薪酬管制与在职消费 [J]. 经济研究，2005（2）：92-101.

[9] 陈冬华，胡晓莉，梁上坤，等 . 宗教传统与公司治理 [J]. 经济研究，2013（9）：71-84.

[10] 陈冬华，梁上坤，蒋德权 . 不同市场化进程下高管激励契约的成本与选择：货币薪酬与在职消费 [J]. 会计研究，2010（11）：56-64.

[11] 陈仕华，姜广省，李维安，等 . 国有企业纪委的治理参与能否抑制高管私有收益？[J]. 经济研究，2014（10）：139-151.

[12] 陈收，肖咸星，杨艳，等 .CEO 权力、战略差异与企业绩效：基于环境动态性的调节效应 [J]. 财贸研究，2014（1）：7-16.

[13] 陈信元，陈冬华，万华林，等．地区差异、薪酬管制与高管腐败 [J].管理世界，2009（11）：130–143.

[14] 陈信元，汪辉．股东制衡与公司价值：模型及经验证据 [J].数量经济技术经济研究，2004（11）：102–110.

[15] 程博，王菁．法律环境、政治治理与审计收费 [J].经济管理，2014（2）：88–99.

[16] 褚剑，方军雄．政府审计能够抑制国有企业高管超额在职消费吗？[J].会计研究，2016（9）：82–89.

[17] 醋卫华，李培功．媒体监督公司治理的实证研究 [J].南开管理评论，2012（1）：33–42.

[18] 代彬，彭程．国际化董事会是高管自利行为的"避风港"还是"防火墙"？：来自中国 A 股上市公司的经验证据 [J].中南财经政法大学学报，2019（4）：25–35.

[19] 代彬，彭程，郝颖．国企高管控制权、审计监督与会计信息透明度 [J].财经研究，2011（11）：113–123.

[20] 邓建平，曾勇，李金诺．最终控制、权力制衡和公司价值研究 [J].管理工程学报，2006（3）：26–32.

[21] 翟胜宝，徐亚琴，杨德明．媒体能监督国有企业高管在职消费么？[J].会计研究，2015（5）：57–63.

[22] 董保宝．风险需要平衡吗：新企业风险承担与绩效倒 U 型关系及创业能力的中介作用 [J].管理世界，2014（1）：120–131.

[23] 董捷，张心灵，陈胜蓝．卖空压力与公司现金持有：基于中国卖空管制放松的准自然实验证据 [J].中南财经政法大学学报，2017（3）：31–40.

[24] 樊纲，王小鲁，朱恒鹏．中国市场化指数：各地区市场化相对进程 2011 年报告 [M].经济科学出版社，2011.

[25] 方军雄．我国上市公司高管的薪酬存在粘性吗？[J].经济研究，2009（3）：110–124.

[26] 方军雄．高管权力与企业薪酬变动的非对称性 [J].经济研究，2011（4）：107–120.

[27] 冯根福，赵珏航．管理者薪酬、在职消费与公司绩效：基于合作博弈的分析视角 [J].中国工业经济，2012（6）：147–158.

[28] 傅颀，汪祥耀．所有权性质、高管货币薪酬与在职消费：基于管理层权力的视角 [J].中国工业经济，2013（12）：104–116.

[29] 耿云江，王明晓．超额在职消费、货币薪酬业绩敏感性与媒体监督：基于中国上市公司的经验证据 [J]．会计研究，2016（9）：55-61．

[30] 龚永洪，何凡．高管层权力、股权薪酬差距与企业绩效研究：基于《上市公司股权激励管理办法》实施后的面板数据 [J]．南京农业大学学报：社会科学版，2013（1）：113-120．

[31] 郭瑾，刘志远，彭涛．银行贷款对企业风险承担的影响：推动还是抑制？ [J]．会计研究，2017（2）：42-48．

[32] 韩立岩，李慧．CEO权力与财务危机：中国上市公司的经验证据 [J]．金融研究，2009（1）：179-193．

[33] 韩忠雪，周婷婷．产品市场竞争、融资约束与公司现金持有：基于中国制造业上市公司的实证分析 [J]．南开管理评论，2011，14（4）：149-160．

[34] 何威风，刘怡君，吴玉宇．大股东股权质押和企业风险承担研究 [J]．中国软科学，2018（5）：110-122．

[35] 何瑛，于文蕾，杨棉之．CEO复合型职业经历、企业风险承担与企业价值 [J]．中国工业经济，2019（9）：155-173．

[36] 贺建刚，魏明海，刘峰．利益输送、媒体监督与公司治理：五粮液案例研究 [J]．管理世界，2008（10）：141-150．

[37] 胡国柳，胡珺．董事高管责任保险与企业风险承担：理论路径与经验证据 [J]．会计研究，2017（5）：40-46．

[38] 胡国柳，王禹．董事高管责任保险与企业差异化战略 [J]．商业经济与管理，2019（11）：55-69．

[39] 胡望斌，张玉利，杨俊．同质性还是异质性：创业导向对技术创业团队与新企业绩效关系的调节作用研究 [J]．管理世界，2014（6）：92-109．

[40] 黄政，吴国萍．内部控制质量与股价崩盘风险：影响效果及路径检验 [J]．审计研究，2017（4）：48-55．

[41] 江龙，刘笑松．经济周期波动与上市公司现金持有行为研究 [J]．会计研究，2011（9）：40-46．

[42] 江曙霞，陈玉婵．货币政策、银行资本与风险承担 [J]．金融研究，2012（4）：1-16．

[43] 江轩宇，许年行．企业过度投资与股价崩盘风险 [J]．金融研究，2015（8）：141-158．

[44] 姜付秀，伊志宏，苏飞，等 . 管理者背景特征与企业过度投资行为 [J]. 管理世界，2009（1）：130–139.

[45] 姜付秀，张敏，陆正飞，等 . 管理者过度自信、企业扩张与财务困境 [J]. 经济研究，2009（1）：131–143.

[46] 姜付秀，郑晓佳，蔡文婧 . 控股家族的"垂帘听政"与公司财务决策 [J]. 管理世界，2017（3）：125–145.

[47] 金智，徐慧，马永强 . 儒家文化与公司风险承担 [J]. 世界经济，2017（11）：170–192.

[48] 孔东民，刘莎莎，应千伟 . 公司行为中的媒体角色：激浊扬清还是推波助澜？[J]. 管理世界，2013（7）：145–162.

[49] 李常青，幸伟，李茂良 . 控股股东股权质押与现金持有水平："掏空"还是"规避控制权转移风险" [J]. 财贸经济，2018（4）：82–98.

[50] 李春涛，宋敏，张璇 . 分析师跟踪与企业盈余管理：来自中国上市公司的证据 [J]. 金融研究，2014（7）：124–139.

[51] 李凤羽，史永东 . 经济政策不确定性与企业现金持有策略：基于中国经济政策不确定指数的实证研究 [J]. 管理科学学报，2016，19（6）：157–170.

[52] 李海霞，王振山 .CEO 权力与公司风险承担：基于投资者保护的调节效应研究 [J]. 经济管理，2015（8）：76–87.

[53] 李培功，沈艺峰 . 媒体的公司治理作用：中国的经验证据 [J]. 经济研究，2010（4）：14–27.

[54] 李善民，许金花，张东，等 . 公司章程设立的反收购条款能保护中小投资者利益吗？：基于我国 A 股上市公司的经验证据 [J]. 南开管理评论，2016，19(4)：49–62.

[55] 李万利，徐细雄 . 集体决策能够改善国有企业投资效率吗？：基于"三重一大"意见的准自然实验研究 [J]. 财贸研究，2020（2）：80–96.

[56] 李万利，徐细雄，同小歌 ."三重一大"能够提高国有企业绩效吗？：基于准自然实验的研究 [J]. 当代财经，2019（6）：72–83.

[57] 李维安，姜涛 . 公司治理与企业过度投资行为研究：来自中国上市公司的证据 [J]. 财贸经济，2007（12）：56–61+141.

[58] 李文贵，余明桂 . 所有权性质、市场化进程与企业风险承担 [J]. 中国工业经济，2012（12）：115–127.

[59] 李文贵，余明桂.民营化企业的股权结构与企业创新 [J].管理世界，2015（4）：112–125.

[60] 李小荣，张瑞君.股权激励影响风险承担：代理成本还是风险规避？ [J].会计研究，2014（1）：57–63.

[61] 李艳丽，孙剑非，伊志宏.公司异质性、在职消费与机构投资者治理 [J].财经研究，2012，38（6）：27–37.

[62] 李焰，秦义虎，张肖飞.企业产权、管理者背景特征与投资效率 [J].管理世界，2011（1）：135–144.

[63] 梁上坤，徐灿宇，王瑞华.董事会断裂带与公司股价崩盘风险 [J].中国工业经济，2020（3）：155–173.

[64] 廖理，肖作平.公司治理影响公司现金持有量吗？：来自中国上市公司的经验证据 [J].中国工业经济，2009（6）：98–107.

[65] 廖歆欣，刘运国.企业避税、信息不对称与管理层在职消费 [J].南开管理评论，2016，19（2）：87–99.

[66] 廖歆欣，刘运国，蓝海林.社会地位、在职消费与激励绩效 [J].南方经济，2019（7）：34–53.

[67] 林毅夫，蔡昉，李周.充分信息与国有企业改革 [M].上海：上海人民出版社，1997.

[68] 林钟高，徐虹.分工、控制权配置与内部控制效率研究 [J].会计研究，2009（3）：64–71+95.

[69] 凌士显，白锐锋.董事高管责任保险与公司绩效：基于中国上市公司经验数据的实证检验 [J].商业研究，2017（10）：78–86.

[70] 刘斌，刘星，李世新，等.CEO 薪酬与企业业绩互动效应的实证检验 [J].会计研究，2003（3）：35–39+65.

[71] 刘海洋，林令涛，黄顺武.地方官员变更与企业兴衰：来自地级市层面的证据 [J].中国工业经济，2017（1）：62–80.

[72] 刘慧龙，齐云飞，许晓芳.金字塔层级、内部资本市场与现金持有竞争效应 [J].会计研究，2019（1）：79–85.

[73] 刘井建，纪丹宁，王健.高管股权激励计划、合约特征与公司现金持有 [J].南开管理评论，2017，20（1）：43–56.

[74] 刘思彤，张启銮，李延喜.高管内部薪酬差距能否抑制企业风险承担？ [J].科研管理，2018，39（S1）：189–199.

[75] 刘星，刘伟. 监督、抑或共谋？：我国上市公司股权结构与公司价值的关系研究 [J]. 会计研究，2007（6）：68-75.

[76] 刘行，建蕾，梁娟. 房价波动、抵押资产价值与企业风险承担 [J]. 金融研究，2016（3）：107-123.

[77] 刘志远，王存峰，彭涛，等. 政策不确定性与企业风险承担：机遇预期效应还是损失规避效应 [J]. 南开管理评论，2017，20（6）：15-27.

[78] 卢锐，柳建华，许宁. 内部控制、产权与高管薪酬业绩敏感性 [J]. 会计研究，2011（10）：42-48.

[79] 卢锐，魏明海，黎文靖. 管理层权力、在职消费与产权效率：来自中国上市公司的证据 [J]. 南开管理评论，2008（5）：85-92.

[80] 卢馨，郑阳飞，李建明. 融资约束对企业 R&D 投资的影响研究：来自中国高新技术上市公司的经验证据 [J]. 会计研究，2013（5）：51-58+96.

[81] 鲁海帆. 财务困境中 CEO 权力、高管层薪酬差距与公司业绩 [J]. 财贸研究，2012（3）：116-124.

[82] 陆正飞，韩非池. 宏观经济政策如何影响公司现金持有的经济效应？：基于产品市场和资本市场两重角度的研究 [J]. 管理世界，2013（6）：43-60.

[83] 吕长江，赵宇恒. 国有企业管理者激励效应研究：基于管理者权力的解释 [J]. 管理世界，2008（11）：99-109.

[84] 罗宏，黄文华. 国企分红、在职消费与公司业绩 [J]. 管理世界，2008（9）：139-148.

[85] 毛其淋，许家云. 政府补贴、异质性与企业风险承担 [J]. 经济学（季刊），2016，15（4）：1533-1562.

[86] 孟焰，赖建阳. 董事来源异质性对风险承担的影响研究 [J]. 会计研究，2019（7）：35-42.

[87] 牟韶红，李启航，陈汉文. 内部控制、产权性质与超额在职消费：基于 2007-2014 年非金融上市公司的经验研究 [J]. 审计研究，2016（4）：90-98.

[88] 倪骁然，朱玉杰. 卖空压力影响企业的风险行为吗？：来自 A 股市场的经验证据 [J]. 经济学（季刊），2017，16（3）：1173-1198.

[89] 彭涛，黄福广，孙凌霞. 经济政策不确定性与风险承担：基于风险投资的证据 [J]. 管理科学学报，2021（3）：98-114.

[90] 齐鲁光，韩传模. 机构投资者持股、高管权力与现金分红研究 [J]. 中央财经大学学报，2015（4）：52-57.

[91] 钱雪松，代禹斌，陈琳琳，等.担保物权制度改革、融资约束与企业现金持有：基于中国《物权法》自然实验的经验证据 [J]. 会计研究，2019（1）：72–78.

[92] 钱颖一.企业的治理结构改革和融资结构改革 [J]. 经济研究，1995（1）：20–29.

[93] 权小锋，醋卫华，徐星美.高管从军经历与公司盈余管理：军民融合发展战略的新考察 [J]. 财贸经济，2019，40（1）：98–113.

[94] 权小锋，吴世农.CEO 权力强度、信息披露质量与公司业绩的波动性：基于深交所上市公司的实证研究 [J]. 南开管理评论，2010，13（4）：142–153.

[95] 权小锋，吴世农，文芳.管理层权力、私有收益与薪酬操纵 [J]. 经济研究，2010（10）：75–89.

[96] 申丹琳.社会信任与企业风险承担 [J]. 经济管理，2019（8）：147–161.

[97] 树友林.高管权力、货币报酬与在职消费关系实证研究 [J]. 经济学动态，2011（5）：86–89.

[98] 宋建波，文雯，王德宏.海归高管能促进企业风险承担吗？：来自中国 A 股上市公司的经验证据 [J]. 财贸经济，2017，38（12）：111–126.

[99] 宋建波，文雯，王德宏，等.管理层权力、内外部监督与企业风险承担 [J]. 经济理论与经济管理，2018（6）：96–112.

[100] 宋献中，胡珺，李四海.社会责任信息披露与股价崩盘风险：基于信息效应与声誉保险效应的路径分析 [J]. 金融研究，2017（4）：161–175.

[101] 苏坤.国有金字塔层级对公司风险承担的影响：基于政府控制级别差异的分析 [J]. 中国工业经济，2016（6）：127–143.

[102] 隋静，蒋翠侠，许启发.股权制衡与公司价值非线性异质关系研究：来自中国 A 股上市公司的证据 [J]. 南开管理评论，2016（1）：70–83.

[103] 隋敏，赵耀.高管权力制衡与投资效率：基于我国 A 股上市公司的实证检验 [J]. 山东社会科学，2021（8）：137–143.

[104] 孙郓峰，武丽璇，张平.下级高管对 CEO 的制衡与企业创新 [J]. 苏州大学学报（哲学社会科学版），2020（1）：102–112.

[105] 田利辉，王可第."政商旋转门"关闭与官员独董辞职的现金增持效应 [J]. 中国经济问题，2019（5）：123–136.

[106] 王曾，符国群，黄丹阳，等.国有企业 CEO "政治晋升"与"在职消费"关系研究 [J]. 管理世界，2014（5）：157–171.

[107] 王放，李哲，董小红.职业生涯关注激励与高管在职消费的替代关系研究 [J]. 管理科学，2015，28（4）：23–35.

[108] 王红建, 李青原, 邢斐 . 经济政策不确定性、现金持有水平及其市场价值 [J]. 金融研究, 2014（9）: 53-68.

[109] 王化成, 曹丰, 叶康涛 . 监督还是掏空: 大股东持股比例与股价崩盘风险 [J]. 管理世界, 2015（2）: 45-57+187.

[110] 王化成, 高鹏, 张修平 . 企业战略影响超额在职消费吗? [J]. 会计研究, 2019（3）: 40-46.

[111] 王嘉歆, 黄国良, 高燕燕 . 企业生命周期视角下的 CEO 权力配置与投资效率分析 [J]. 软科学, 2016（2）: 79-82.

[112] 王凯, 范合君, 薛坤坤, 等 . 董事会资本、分层董事会条款与公司风险承担研究 [J]. 管理学报, 2019, 16（3）: 351-359.

[113] 王茂林, 何玉润, 林慧婷 . 管理层权力、现金股利与企业投资效率 [J]. 南开管理评论, 2014（2）: 13-22.

[114] 王小鲁, 樊纲, 余静文 . 中国分省份市场化指数报告（2018）[M]. 社会科学文献出版社, 2019.

[115] 王雄元, 何捷 . 行政垄断、公司规模与 CEO 权力薪酬 [J]. 会计研究, 2012（11）: 33-38.

[116] 位华 . CEO 权力、薪酬激励和城市商业银行风险承担 [J]. 金融论坛, 2012（9）: 61-67.

[117] 温忠麟, 张雷, 侯杰泰, 等 . 中介效应检验程序及其应用 [J]. 心理学报, 2004, 36（5）: 614-620.

[118] 肖金利, 潘越, 戴亦一 . "保守" 的婚姻: 夫妻共同持股与公司风险承担 [J]. 经济研究, 2018（5）: 190-204.

[119] 肖丕楚, 张成君 . CEO 权责配置与公司治理结构优化 [J]. 经济与管理, 2003（4）: 35-36.

[120] 辛清泉, 谭伟强 . 市场化改革、企业业绩与国有企业经理薪酬 [J]. 经济研究, 2009（11）: 68-81.

[121] 辛宇, 徐莉萍 . 公司治理机制与超额现金持有水平 [J]. 管理世界, 2006（5）: 136-141.

[122] 徐莉萍, 辛宇, 陈工孟 . 股权集中度和股权制衡及其对公司经营绩效的影响 [J]. 经济研究, 2006（1）: 90-100.

[123] 徐细雄, 刘星 . 放权改革、薪酬管制与企业高管腐败 [J]. 管理世界, 2013（3）: 119-132.

[124] 徐业坤，钱先航，李维安．政治不确定性、政治关联与民营企业投资：来自市委书记更替的证据 [J]．管理世界，2013（5）：116-130.

[125] 许楠，曹春方．独立董事网络与上市公司现金持有 [J]．南开经济研究，2016（6）：106-125.

[126] 薛健，汝毅，窦超．"惩一"能否"儆百"？：曝光机制对高管超额在职消费的威慑效应探究 [J]．会计研究，2017（5）：68-74.

[127] 杨道广，陈汉文，刘启亮．媒体压力与企业创新 [J]．经济研究，2017（8）：125-139.

[128] 杨德明，赵璨．媒体监督、媒体治理与高管薪酬 [J]．经济研究，2012（6）：116-126.

[129] 杨德明，赵璨．国有企业高管为什么会滋生隐性腐败？ [J]．经济管理，2014（10）：64-74.

[130] 杨典．公司治理与企业绩效：基于中国经验的社会学分析 [J]．中国社会科学，2013（1）：72-94+206.

[131] 杨瑞龙，章逸然，杨继东．制度能缓解社会冲突对企业风险承担的冲击吗？ [J]．经济研究，2017（8）：140-154.

[132] 杨兴全，齐云飞，吴昊旻．行业成长性影响公司现金持有吗？ [J]．管理世界，2016（1）：153-169.

[133] 杨兴全，尹兴强．国企混改如何影响公司现金持有？ [J]．管理世界，2018（11）：93-107.

[134] 杨兴全，张丽平，吴昊旻．市场化进程、管理层权力与公司现金持有 [J]．南开管理评论，2014，17（2）：34-45.

[135] 杨雄胜．内部控制的性质与目标：来自演化经济学的观点 [J]．会计研究，2006（11）：45-52.

[136] 杨有红，胡燕．试论公司治理与内部控制的对接 [J]．会计研究，2004（10）：14-18.

[137] 叶祥松．中外公司治理结构的比较分析 [J]．经济学家，2003（1）：98-104.

[138] 伊志宏，丁艳平，陈钦源，等．投资者关系管理与企业风险承担 [J]．经济理论与经济管理，2020（11）：4-20.

[139] 余明桂，李文贵，潘红波．管理者过度自信与企业风险承担 [J]．金融研究，2013a（1）：149-163.

[140] 余明桂，李文贵，潘红波.民营化、产权保护与企业风险承担 [J].经济研究，2013b（9）：112-124.

[141] 余明桂，夏新平，邹振松.管理者过度自信与企业激进负债行为 [J].管理世界，2006（8）：104-112.

[142] 虞义华，赵奇锋，鞠晓生.发明家高管与企业创新 [J].中国工业经济，2018（3）：136-154.

[143] 袁振超，岳衡，谈文峰.代理成本、所有权性质与业绩预告精确度 [J].南开管理评论，2014，17（3）：49-61.

[144] 张博，韩亚东，李广众.高管团队内部治理与企业资本结构调整：基于非CEO高管独立性的视角 [J].金融研究，2021（02）：153-170.

[145] 张洪辉，章琳一.产权差异、晋升激励与企业风险承担 [J].经济管理，2016（5）：110-121.

[146] 张军，王祺.权威、企业绩效与国有企业改革 [J].中国社会科学，2004（5）：106-116+207.

[147] 张敏，童丽静，许浩然.社会网络与企业风险承担：基于我国上市公司的经验证据 [J].管理世界，2015（11）：161-175.

[148] 张洽，袁天荣.CEO权力、私有收益与并购动因：基于我国上市公司的实证研究 [J].财经研究，2013（4）：101-110.

[149] 张娆，路继业，姬东骅.产业政策能否促进企业风险承担？[J].会计研究，2019（7）：3-11.

[150] 张瑞君，李小荣，许年行.货币薪酬能激励高管承担风险吗？[J].经济理论与经济管理，2013（8）：84-100.

[151] 张三保，张志学.区域制度差异、CEO管理自主权与企业风险承担：中国30省高技术产业的证据 [J].管理世界，2012（4）：101-114.

[152] 张铁铸，沙曼.管理层能力、权力与在职消费研究 [J].南开管理评论，2014，17（5）：63-72.

[153] 张维迎，柯荣住.信任及其解释：来自中国的跨省调查分析 [J].经济研究，2002（10）：59-70.

[154] 张长征，李怀祖.经理自主权、高管报酬差距与公司业绩 [J].中国软科学，2008（4）：117-126.

[155] 赵纯祥，张敦力.市场竞争视角下的管理者权力和企业投资关系研究 [J].会计研究，2013（10）：67-74+97.

[156] 赵景文,于增彪.股权制衡与公司经营业绩 [J].会计研究,2005（12）:59-64.

[157] 赵息,许宁宁.管理层权力、机会主义动机与内部控制缺陷信息披露 [J].审计研究,2013（4）:101-109.

[158] 赵息,张西栓.内部控制、高管权力与并购绩效:来自中国证券市场的经验证据 [J].南开管理评论,2013,16（2）:75-81.

[159] 郑珊珊.管理层权力强度、内外部监督与股价崩盘风险 [J].广东财经大学学报,2019（4）:72-86.

[160] 钟覃琳,陆正飞.资本市场开放能提高股价信息含量吗?:基于"沪港通"效应的实证检验 [J].管理世界,2018（1）:169-179.

[161] 钟宇翔,吕怀立,李婉丽.管理层短视、会计稳健性与企业创新抑制 [J].南开管理评论,2017,20（6）:163-177.

[162] 周楷唐,麻志明,吴联生.高管学术经历与公司债务融资成本 [J].经济研究,2017（7）:169-183.

[163] 周美华,林斌,林东杰.管理层权力、内部控制与腐败治理 [J].会计研究,2016（3）:56-63.

[164] 周泽将,马静,刘中燕.独立董事政治关联会增加企业风险承担水平吗? [J].财经研究,2018,44（8）:141-153.

[165] 朱红军,汪辉."股权制衡"可以改善公司治理吗?:宏智科技股份有限公司控制权之争的案例研究 [J].管理世界,2004（10）:114-123.

[166] 朱琪,陈香辉,侯亚.高管股权激励影响公司风险承担行为:上市公司微观数据的证据 [J].管理工程学报,2019,33（3）:24-34.

[167] 祝继高,陆正飞.货币政策、企业成长与现金持有水平变化 [J].管理世界,2009（3）:152-158.

[168] Acemoglu D, Zilibotti F. Was Prometheus Unbound by Chance? Risk, Diversification and Growth[J]. Journal of Political Economy, 1997, 105（4）: 709-751.

[169] Acharya V V, Almeida H, Campello M. Is Cash Negative Debt? A Hedging Perspective on Corporate Financial Policies[J]. Journal of Financial Intermediation, 2007, 16（4）: 515-554.

[170] Acharya V V, Amihud Y, Litov L. Creditor Rights and Corporate Risk-Taking[J]. Journal of Financial Economics, 2011b, 102（1）: 150-166.

[171] Acharya V V, Myers S C, Rajan R G. The Internal Governance of Firms[J]. The Journal of Finance, 2011a, 66（3）: 689–720.

[172] Adams R B, Almeida H, Ferreira D. Powerful CEOs and Their Impact on Corporate Performance[J]. The Review of Financial Studies, 2005, 18（4）: 1403–1432.

[173] Aggarwal R K, Samwick A A. Why Do Managers Diversify Their Firms? Agency Reconsidered[J]. The Journal of Finance, 2003, 58（1）: 71–118.

[174] Aggarwal R K, Samwick A A. Empire–Builders and Shirkers: Investment, Firm Performance, and Managerial Incentives[J]. Journal of Corporate Finance, 2006, 12（3）: 489–515.

[175] Aghion P, Tirole J. Formal and Real Authority in Organizations[J]. Journal of Political Economy, 1997, 105（1）: 1–29.

[176] Agrawal A, Mandelker G N. Managerial Incentives and Corporate Investment and Financing Decisions[J]. The Journal of Finance, 1987, 42（4）: 823–837.

[177] Ahmed S, Sihvonen J, Vähämaa S. CEO Facial Masculinity and Bank Risk–Taking[J]. Personality and Individual Differences, 2019, 138: 133–139.

[178] Al Mamun M, Balachandran B, Duong H N. Powerful CEOs and Stock Price Crash Risk[J]. Journal of Corporate Finance, 2020, 62: 101582.

[179] Allport F H. A Structuronomic Conception of Behavior: Individual and Collective: I. Structural Theory and the Master Problem of Social Psychology[J]. The Journal of Abnormal and Social Psychology, 1962, 64（1）: 3.

[180] Almeida H, Campello M. Financial Constraints, Asset Tangibility, and Corporate Investment[J]. The Review of Financial Studies, 2007, 20（5）: 1429–1460.

[181] Almeida H, Campello M, Weisbach M S. The Cash Flow Sensitivity of Cash[J]. The Journal of Finance, 2004, 59（4）: 1777–1804.

[182] Altman E I. Financial Ratios, Discriminant Analysis and the Prediction of Corporate Bankruptcy[J]. Journal of Finance, 1968, 23（4）: 589–609.

[183] Amess K, Banerji S, Lampousis A. Corporate Cash Holdings: Causes and Consequences[J]. International Review of Financial Analysis, 2015, 42: 421–433.

[184] Amihud Y, Lev B. Risk Reduction as a Managerial Motive for Conglomerate Mergers[J]. The Bell Journal of Economics, 1981: 605–617.

[185] Amihud Y, Mendelson H. The Liquidity Route To A Lower Cost Of Capital[J]. Journal of Applied Corporate Finance, 2000, 12（4）: 8–25.

[186] Anderson C, Galinsky A D. Power, Optimism, and Risk-Taking[J]. European Journal of Social Psychology, 2006, 36（4）: 511–536.

[187] Anderson R C, Reeb D M. Founding Family Ownership and Firm Performance: Evidence Form the S&P 500[J]. The Journal of Finance, 2003, 58（3）: 1301–1328.

[188] Audia P G, Greve H R. Less Likely to Fail: Low Performance, Firm Size, and Factory Expansion in the Shipbuilding Industry[J]. Management Science, 2006, 52（1）: 83–94.

[189] Baber W R, Liang L, Zhu Z. Associations between Internal and External Corporate Governance Characteristics: Implications for Investigating Financial Accounting Restatements[J]. Accounting Horizons, 2012, 26（2）: 219–237.

[190] Baker S R, Bloom N, Davis S J. Measuring Economic Policy Uncertainty[J]. The Quarterly Journal of Economics, 2016, 131（4）: 1593–1636.

[191] Barber B M, Heath C, Odean T. Good Reasons Sell: Reason-Based Choice Among Group and Individual Investors in the Stock Market[J]. Management Science, 2003, 49（12）: 1636–1652.

[192] Bargeron L L, Lehn K M, Zutter C J. Sarbanes-Oxley and Corporate Risk-Taking[J]. Journal of Accounting and Economics, 2010, 49（1–2）: 34–52.

[193] Baron R M, Kenny D A. The Moderator-Mediator Variable Distinction in Social Psychological Research: Conceptual, Strategic, and Statistical Considerations[J]. Journal of Personality and Social Psychology, 1986, 51（6）: 1173.

[194] Barro R J. Economic Growth in a Cross Section of Countries[J]. The Quarterly Journal of Economics, 1991, 106（2）: 407–443.

[195] Bates T W, Becher D A, Lemmon M L. Board Classification and Managerial Entrenchment: Evidence from the Market for Corporate Control[J]. Journal of Financial Economics, 2008, 87（3）: 656–677.

[196] Bates T W, Kahle K M, Stulz R M. Why Do US Firms Hold So Much More Cash than They Used To?[J]. The Journal of Finance, 2009, 64（5）: 1985–2021.

[197] Baum C F, Caglayan M, Ozkan N, et al. The Impact of Macroeconomic Uncertainty on Non-Financial Firms' Demand for Liquidity[J]. Review of Financial Economics, 2006, 15（4）: 289–304.

[198] Baumol W J. The Transactions Demand for Case: An Inventory Theoretic Approach[J]. Quarterly Journal of Economics, 1952, 66（4）: 545–556.

[199] Baumol W J, Litan R E, Schramm C J. Good Capitalism, Bad Capitalism, and the Economics of Growth and Prosperity[M]. Yale University Press, 2007.

[200] Baysinger B, Hoskisson R E. The Composition of Boards of Directors and Strategic Control: Effects on Corporate Strategy.[J]. Academy of Management Review, 1990, 15（1）: 72–87.

[201] Beatty R P, Zajac E J. Top Management Incentives, Monitoring, and Risk-Bearing: A Study of Executive Compensation, Ownership, and Board Structure in Initial Public Offerings[J]. Administrative Science Quarterly, 1994, 39（2）: 313–335.

[202] Bebchuk L A, Cremers K M, Peyer U C. The CEO Pay Slice[J]. Journal of Financial Economics, 2011, 102（1）: 199–221.

[203] Bebchuk L A, Fried J M. Pay without Performance: The Unfulfilled Promise of Executive Compensation[M]. Harvard University Press, 2004.

[204] Bebchuk L A, Fried J, Walker D. Managerial Power and Rent Extraction in the Design of Executive Compensation[R]. NBER Working Paper, 2002.

[205] Belghitar Y, Clark E. Convexity, Magnification, and Translation: The Effect of Managerial Option-Based Compensation on Corporate Cash Holdings[J]. Journal of Financial Research, 2014, 37（2）: 191–210.

[206] Belloc F. Law, Finance and Innovation: The Dark Side of Shareholder Protection[J]. Cambridge Journal of Economics, 2013, 37（4）: 863–888.

[207] Beneish M D, Press E, Vargus M E. Insider Trading and Earnings Management in Distressed Firms[J]. Contemporary Accounting Research, 2012, 29（1）: 191–220.

[208] Bennedsen M, Wolfenzon D. The Balance of Power in Closely Held Corporations[J]. Journal of Financial Economics, 2000, 58（1–2）: 113–139.

[209] Berger P G, Ofek E, Yermack D L. Managerial Entrenchment and Capital Structure Decisions[J]. The Journal of Finance, 1997, 52（4）: 1411–1438.

[210] Berle A A, Means G C. The Modern Corporation and Private Property[M]. Macmillan, 1932.

[211] Bernile G, Bhagwat V, Rau P R. What Doesn't Kill You Will Only Make You More Risk-Loving: Early-Life Disasters and CEO Behavior[J]. The Journal of Finance, 2017, 72（1）: 167-206.

[212] Bernile G, Bhagwat V, Yonker S. Board Diversity, Firm Risk, and Corporate Policies[J]. Journal of Financial Economics, 2018, 127（3）: 588-612.

[213] Bertrand M, Mullainathan S. Enjoying the Quiet Life? Corporate Governance and Managerial Preferences[J]. Journal of Political Economy, 2003, 111（5）: 1043-1075.

[214] Bhagat S, Welch I. Corporate Research & Development Investments International Comparisons[J]. Journal of Accounting and Economics, 1995, 19（2-3）: 443-470.

[215] Biddle G C, Hilary G, Verdi R S. How Does Financial Reporting Quality Relate to Investment Efficiency?[J]. Journal of Accounting and Economics, 2009, 48（2-3）: 112-131.

[216] Blanchard O J, Lopez-de-Silanes F, Shleifer A. What do Firms do with Cash Windfalls?[J]. Journal of Financial Economics, 1994, 36（3）: 337-360.

[217] Bloom N, Bond S, Van Reenen J. Uncertainty and Investment Dynamics[J]. The Review of Economic Studies, 2007, 74（2）: 391-415.

[218] Blum J M. Subordinated Debt, Market Discipline, and Banks' Risk Taking[J]. Journal of Banking & Finance, 2002, 26（7）: 1427-1441.

[219] Boubakri N, Cosset J C, Saffar W. The Role of State and Foreign Owners in Corporate Risk-Taking: Evidence from Privatization[J]. Journal of Financial Economics, 2013, 108（3）: 641-658.

[220] Bowman E H. Risk Seeking by Troubled Firms[J]. Sloan Management Review, 1982, 23（4）: 33.

[221] Boyd B K, Haynes K T, Zona F. Dimensions of CEO-Board Relations[J]. Journal of Management Studies, 2011, 48（8）: 1892-1923.

[222] Brander J A, Lewis T R. Oligopoly and Financial Structure: The Limited Liability Effect[J]. American Economic Review, 1986, 76（5）: 956.

[223] Brickley J A, Coles J L, Jarrell G. Leadership structure: Separating the CEO and Chairman of the Board[J]. Journal of Corporate Finance, 1997, 3（3）: 189-220.

[224] Bromiley P. Testing a Causal Model of Corporate Risk Taking and Performance[J]. Academy of Management Journal, 1991, 34（1）: 37–59.

[225] Bryan S, Hwang L, Lilien S. CEO Stock–Based Compensation: An Empirical Analysis of Incentive–Intensity, Relative Mix, and Economic Determinants[J]. The Journal of Business, 2000, 73（4）: 661–693.

[226] Burleson B R, Levine B J, Samter W. Decision–Making Procedure and Decision Quality[J]. Human Communication Research, 1984, 10（4）: 557–574.

[227] Bushee B J, Core J E, Guay W, et al. The Role of the Business Press as an Information Intermediary[J]. Journal of Accounting Research, 2010, 48(1): 1–19.

[228] Byrnes J P, Miller D C, Schafer W D. Gender Differences in Risk Taking: A Meta–Analysis[J]. Psychological Bulletin, 1999, 125（3）: 367–383.

[229] Caggese A. Entrepreneurial Risk, Investment, and Innovation[J]. Journal of Financial Economics, 2012, 106（2）: 287–307.

[230] Cai H, Fang H, Xu L C. Eat, Drink, Firms, Government: An Investigation of Corruption from the Entertainment and Travel Costs of Chinese Firms[J]. The Journal of Law and Economics, 2011, 54（1）: 55–78.

[231] Cannella S F B, Hambrick D C, Finkelstein S, et al. Strategic Leadership: Theory and Research on Executives, Top Management Teams, and Boards[M]. Oxford University Press, 2009.

[232] Carpenter M A, Pollock T G, Leary M M. Testing a Model of Reasoned Risk–Taking: Governance, the Experience of Principals and Agents, and Global Strategy in High–Technology IPO Firms[J]. Strategic Management Journal, 2003, 24（9）: 802–820.

[233] Chakraborty A, Sheikh S, Subramanian N. Termination Risk and Managerial Risk Taking[J]. Journal of Corporate Finance, 2007, 13（1）: 170–188.

[234] Chan H S. Agency Problem and Bureaucratic Governance in the People's Republic of China[J]. International Journal of Public Administration, 1994, 17（9）: 1631–1662.

[235] Chang–Soo Kim, Mauer D C, Sherman A E. The Determinants of Corporate Liquidity: Theory and Evidence[J]. Journal of Financial & Quantitative Analysis, 1998, 33（3）: 335–359.

[236] Chen D, Zheng Y. CEO Tenure and Risk–Taking[J]. Global Business and Finance Review, 2014, 19（1）: 1–27.

[237] Chen D, Li O Z, Xin F. Five–Year Plans, China Finance and Their Consequences[J]. China Journal of Accounting Research, 2017, 10（3）: 189–230.

[238] Chen J, Chan K C, Dong W, et al. Internal Control and Stock Price Crash Risk: Evidence from China[J]. European Accounting Review, 2017, 26（1）: 125–152.

[239] Chen Y R, Chuang W T. Alignment or Entrenchment? Corporate Governance and Cash Holdings in Growing Firms[J]. Journal of Business Research, 2009, 62（11）: 1200–1206.

[240] Chen Y R, Ma Y. Revisiting the Risk–Taking Effect of Executive Stock Options on Firm Performance[J]. Journal of Business Research, 2011, 64（6）: 640–648.

[241] Cheng Q, Lee J, Shevlin T. Internal Governance and Real Earnings Management[J]. The Accounting Review, 2016, 91（4）: 1051–1085.

[242] Cheng S. Board Size and the Variability of Corporate Performance[J]. Journal of Financial Economics, 2008, 87（1）: 157–176.

[243] Chintrakarn P, Jiraporn P, Tong S. How do Powerful CEOs View Corporate Risk–Taking? Evidence from the CEO Pay Slice（CPS）[J]. Applied Economics Letters, 2015, 22（2）: 104–109.

[244] Chung K H, Elder J, Kim J C. Corporate Governance and Liquidity[J]. Journal of Financial and Quantitative Analysis, 2010, 45（2）: 265–291.

[245] Coffee Jr J C. Racing Towards the Top?: The Impact of Cross–Listings and Stock Market Competition on International Corporate Governance[J]. Columbia Law Review, 2002, 102: 1757–1831.

[246] Cohen D A, Dey A, Lys T Z. Corporate Governance Reform and Executive Incentives: Implications for Investments and Risk Taking[J]. Contemporary Accounting Research, 2013, 30（4）: 1296–1332.

[247] Cohen L, Frazzini A, Malloy C J. Hiring Cheerleaders: Board Appointments of "Independent" Directors[J]. Management Science, 2012, 58（6）: 1039–1058.

[248] Coles J L, Daniel N D, Naveen L. Managerial Incentives and Risk–Taking[J]. Journal of Financial Economics, 2006, 79（2）: 431–468.

[249] Coles J L, Daniel N D, Naveen L. Boards: Does One Size Fit All?[J]. Journal of Financial Economics, 2008, 87（2）: 329–356.

[250] Coles J L, Daniel N D, Naveen L. Co-opted Boards[J]. The Review of Financial Studies, 2014, 27（6）: 1751-1796.

[251] Conyon M J, Peck S I. Board Control, Remuneration Committees, and Top Management Compensation[J]. Academy of Management Journal, 1998, 41（2）: 146-157.

[252] Core J E, Guay W R, Verrecchia R E. Price versus Non-Price Performance Measures in Optimal CEO Compensation Contracts[J]. The Accounting Review, 2003, 78（4）: 957-981.

[253] Core J E, Holthausen R W, Larcker D F. Corporate Governance, Chief Executive Officer Compensation, and Firm Performance[J]. Journal of Financial Economics, 1999, 51（3）: 371-406.

[254] Cowen A P, King A W, Marcel J J. CEO Severance Agreements: A Theoretical Examination and Research Agenda[J]. Academy of Management Review, 2016, 41（1）: 151-169.

[255] Cronqvist H, Makhija A K, Yonker S E. Behavioral Consistency in Corporate Finance: CEO Personal and Corporate Leverage[J]. Journal of Financial Economics, 2012, 103（1）: 20-40.

[256] Custódio C, Metzger D. Financial Expert CEOs: CEO's Work Experience and Firm's Financial Policies[J]. Journal of Financial Economics, 2014, 114（1）: 125-154.

[257] Cyert R M, March J G. A Behavioral Theory of the Firm: Vol. 2[M]. Englewood Cliffs, NJ: Prentice-Hall, 1963.

[258] Daily C M, Dalton D R, Cannella Jr A A. Corporate Governance: Decades of Dialogue and Data[J]. Academy of Management Review, 2003, 28（3）: 371-382.

[259] Dalton D R, Daily C M, Johnson J L, et al. Number of Directors and Financial Performance: A Meta-Analysis[J]. Academy of Management Journal, 1999, 42（6）: 674-686.

[260] Dechow P M, Sloan R G, Sweeney A P. Detecting Earnings Management[J]. The Accounting Review, 1995: 193-225.

[261] Della Seta M, Morellec E, Zucchi F. Short-Term Debt and Incentives for Risk-Taking[J]. Journal of Financial Economics, 2020, 137（1）: 179-203.

[262] Denis D K, McConnell J J. International Corporate Governance[J]. Journal of Financial and Quantitative Analysis, 2003, 38（1）: 1–36.

[263] Devers C E, McNamara G, Wiseman R M, et al. Moving Closer to the Action: Examining Compensation Design Effects on Firm Risk[J]. Organization Science, 2008, 19（4）: 548–566.

[264] Dittmar A, Mahrt–Smith J, Servaes H. International Corporate Governance and Corporate Cash Holdings[J]. Journal of Financial & Quantitative Analysis, 2003, 38（1）: 111–133.

[265] Drobetz W, Grüninger M C. Corporate Cash Holdings: Evidence from Switzerland[J]. Financial Markets and Portfolio Management, 2007, 21（3）: 293–324.

[266] Dyck A, Volchkova N, Zingales L. The Corporate Governance Role of the Media: Evidence from Russia[J]. Journal of Finance, 2008, 63（3）: 1093–1135.

[267] Dyck A, Zingales L. Private Benefits of Control: An International Comparison[J]. Journal of Finance, 2004, 59（2）: 537–600.

[268] Easley D, O'hara M. Information and the Cost of Capital[J]. The Journal of Finance, 2004, 59（4）: 1553–1583.

[269] Eisenberg T, Sundgren S, Wells M T. Larger Board Size and Decreasing Firm Value in Small Firms[J]. Journal of Financial Economics, 1998, 48（1）: 35–54.

[270] Eisenhardt K M. Agency Theory: An Assessment and Review[J]. Academy of Management Review, 1989, 14（1）: 57–74.

[271] Eisenmann T R. The Effects of CEO Equity Ownership and Firm Diversification on Risk Taking[J]. Strategic Management Journal, 2002, 23（6）: 513–534.

[272] Elyasiani E, Zhang L. CEO Entrenchment and Corporate Liquidity Management[J]. Journal of Banking & Finance, 2015, 54: 115–128.

[273] Faccio M, Marchica M T, Mura R. Large Shareholder Diversification and Corporate Risk–Taking[J]. The Review of Financial Studies, 2011, 24（11）: 3601–3641.

[274] Faccio M, Marchica M T, Mura R. CEO Gender, Corporate Risk–Taking, and the Efficiency of Capital Allocation[J]. Journal of Corporate Finance, 2016, 39: 193–209.

[275] Fahlenbrach R. Shareholder Rights, Boards, and CEO Compensation[J]. Review of Finance, 2009, 13（1）: 81–113.

[276] Faleye O, Hoitash R, Hoitash U. The Costs of Intense Board Monitoring[J]. Journal of Financial Economics, 2011, 101（1）: 160–181.

[277] Fama E F. Agency Problems and the Theory of the Firm[J]. Journal of Political Economy, 1980, 88（2）: 288–307.

[278] Fama E F, Jensen M C. Separation of Ownership and Control[J]. The Journal of Law and Economics, 1983, 26（2）: 301–325.

[279] Fan J P, Wong T J, Zhang T. Institutions and Organizational Structure: The Case of State-Owned Corporate Pyramids[J]. The Journal of Law, Economics, and Organization, 2013, 29（6）: 1217–1252.

[280] Farnsworth P R, Behner A. A Note on the Attitude of Social Conformityd[J]. The Journal of Social Psychology, 1931, 2（1）: 126–128.

[281] Faulkender M, Rong Wang. Corporate Financial Policy and the Value of Cash[J]. Journal of Finance, 2006, 61（4）: 1957–1990.

[282] Fazzari S M, Hubbard R G, Petersen B C. Financing Constraints and Corporate Investment[J]. Brookings Papers on Economic Activity, 1988, 19（1）: 141–206.

[283] Finkelstein S. Power in Top Management Teams: Dimensions, Measurement, and Validation[J]. Academy of Management Journal, 1992, 35（3）: 505–538.

[284] Garen J E. Executive Compensation and Principal-Agent Theory[J]. Journal of Political Economy, 1994, 102（6）: 1175–1199.

[285] Gibbons R, Murphy K J. Optimal Incentive Contracts in the Presence of Career Concerns: Theory and Evidence[J]. Journal of Political Economy, 1992, 100（3）: 468.

[286] Gill A, Shah C. Determinants of Corporate Cash Holdings: Evidence from Canada[J]. International Journal of Economics and Finance, 2012, 4（1）: 70–79.

[287] Gopalan R, Gormley T A, Kalda A. It's Not So Bad: Director Bankruptcy Experience and Corporate Risk Taking[J]. Journal of Financial Economics, 2021, 142（1）: 261–292.

[288] Gormley T A, Matsa D A. Playing it Safe? Managerial Preferences, Risk, and Agency Conflicts[J]. Journal of Financial Economics, 2016, 122（3）: 431–455.

[289] Graham J R, Harvey C R, Puri M. Managerial Attitudes and Corporate Actions[J]. Journal of Financial Economics, 2013, 109（1）: 103–121.

[290] Graham J R, Harvey C R, Puri M. Capital Allocation and Delegation of Decision-Making Authority within Firms[J]. Journal of Financial Economics, 2015, 115（3）: 449–470.

[291] Grinstein Y, Hribar P. CEO Compensation and Incentives–Evidence from M&A Bonuses[J]. Journal of Financial Economics, 2004, 73（1）: 119–143.

[292] Grinstein Y, Weinbaum D, Yehuda N. The Economic Consequences of Perk Disclosure[J]. Contemporary Accounting Research, 2017, 34（4）: 1812–1842.

[293] Guay W R. The Sensitivity of CEO Wealth to Equity Risk: An Analysis of the Magnitude and Determinants[J]. Journal of Financial Economics, 1999, 53（1）: 43–71.

[294] Gulen H, Ion M. Policy Uncertainty and Corporate Investment[J]. The Review of Financial Studies, 2016, 29（3）: 523–564.

[295] Guo L, Jalal A, Khaksari S. Bank Executive Compensation Structure, Risk Taking and the Financial Crisis[J]. Review of Quantitative Finance and Accounting, 2015, 45（3）: 609–639.

[296] Gürsoy G, Aydoğan K. Equity Ownership Structure, Risk-Taking and Performance: An Empirical Investigation in Turkish Companies[J]. Emerging Markets Finance & Trade, 2002, 38（6）: 6–25.

[297] Hadlock C J, Pierce J R. New Evidence on Measuring Financial Constraints: Moving Beyond the KZ Index[J]. Review of Financial Studies, 2010, 23（5）: 1909–1940.

[298] Hagendorff J, Vallascas F. CEO Pay Incentives and Risk-Taking: Evidence from Bank Acquisitions[J]. Journal of Corporate Finance, 2011, 17（4）: 1078–1095.

[299] Hambrick D C, Mason P A. Upper Echelons: The Organization as a Reflection of Its Top Managers[J]. Academy of Management Review, 1984, 9（2）: 193–206.

[300] Han S, Qiu J. Corporate Precautionary Cash Holdings[J]. Journal of Corporate Finance, 2007, 13（1）: 43–57.

[301] Hardin R. Trustworthiness[J]. Ethics, 1996, 107（1）: 26–42.

[302] Harford J, Mansi S A, Maxwell W F. Corporate Governance and Firm Cash Holdings in the US[J]. Journal of Financial Economics, 2008, 87（3）: 535–555.

[303] Hartzell J C, Starks L T. Institutional Investors and Executive Compensation[J]. The Journal of Finance, 2003, 58（6）: 2351–2374.

[304] Haushalter D, Klasa S, Maxwell W F. The Influence of Product Market Dynamics on a Firm's Cash Holdings and Hedging Behavior[J]. Journal of Financial Economics, 2007, 84（3）: 797–825.

[305] Hayes R M, Lemmon M, Qiu M. Stock Options and Managerial Incentives for Risk–Taking: Evidence from FAS 123R[J]. Journal of Financial Economics, 2012, 105（1）: 174–190.

[306] Hayward M L, Shepherd D A, Griffin D. A Hubris Theory of Entrepreneurship[J]. Management Science, 2006, 52（2）: 160–172.

[307] Healy P M, Palepu K G. Information Asymmetry, Corporate Disclosure and the Capital Markets: A Review of the Empirical Disclosure Literature[J]. Journal of Accounting and Economics, 2001, 31（1–3）: 405–440.

[308] Hemmer T, Kim O, Verrecchia R E. Introducing Convexity into Optimal Compensation Contracts[J]. Journal of Accounting and Economics, 1999, 28（3）: 307–327.

[309] Hermalin B E, Weisbach M S. Endogenously Chosen Boards of Directors and Their Monitoring of the CEOs[J]. American Economic Review, 1998: 96–118.

[310] Hickson D J, Hinings C R, Lee C A, et al. A Strategic Contingencies' Theory of Intraorganizational Power[J]. Administrative Science Quarterly, 1971, 16（2）: 216–229.

[311] Hilary G, Hui K W. Does Religion Matter in Corporate Decision Making in America?[J]. Journal of Financial Economics, 2009, 93（3）: 455–473.

[312] Hirshleifer D, Low A, Teoh S H. Are Overconfident CEOs Better Innovators?[J]. The Journal of Finance, 2012, 67（4）: 1457–1498.

[313] Hirshleifer D, Thakor A V. Managerial Conservatism, Project Choice, and Debt[J]. The Review of Financial Studies, 1992, 5（3）: 437–470.

[314] Holmstrom B. Moral Hazard and Observability[J]. Bell Journal of Economics, 1979, 10（1）: 74–91.

[315] Holmström B. Managerial Incentive Problems: A Dynamic Perspective[J]. The Review of Economic Studies, 1999, 66（1）: 169–182.

[316] Holmstrom B, Costa J R I. Managerial Incentives and Capital Management[J]. The Quarterly Journal of Economics, 1986, 101（4）: 835–860.

[317] Hoskisson R E, Castleton M W, Withers M C. Complementarity in Monitoring and Bonding: More Intense Monitoring Leads to Higher Executive Compensation[J]. Academy of Management Perspectives, 2009, 23（2）: 57–74.

[318] Hoskisson R E, Chirico F, Zyung J, et al. Managerial Risk Taking: A Multi-Theoretical Review and Future Research Agenda[J]. Journal of Management, 2017, 43（1）: 137–169.

[319] Hoskisson R E, Hitt M A, Johnson R A, et al. Conflicting Voices: The Effects of Institutional Ownership Heterogeneity and Internal Governance on Corporate Innovation Strategies[J]. Academy of Management Journal, 2002, 45（4）: 697–716.

[320] Hoskisson R E, Johnson R A, Moesel D D. Corporate Divestiture Intensity in Restructuring Firms: Effects of Governance, Strategy, and Performance[J]. Academy of Management Journal, 1994, 37（5）: 1207–1251.

[321] Huang Y S, Wang C J. Corporate Governance and Risk-Taking of Chinese Firms: The Role of Board Size[J]. International Review of Economics & Finance, 2015, 37（C）: 96–113.

[322] Hutton A P, Marcus A J, Tehranian H. Opaque Financial Reports, R2, and Crash Risk[J]. Journal of Financial Economics, 2009, 94（1）: 67–86.

[323] Jain B A, Li J, Shao Y. Governance, Product Market Competition and Cash Management in IPO Firms[J]. Journal of Banking & Finance, 2013, 37（6）: 2052–2068.

[324] Jensen M C. Agency Costs of Free Cash Flow, Corporate Finance, and Takeovers[J]. American Economic Review, 1986, 76（2）: 323.

[325] Jensen M C. The Modern Industrial Revolution, Exit, and the Failure of Internal Control Systems[J]. The Journal of Finance, 1993, 48（3）: 831–880.

[326] Jensen M C, Meckling W H. Theory of the Firm: Managerial Behavior, Agency Costs and Ownership Structure[J]. Journal of Financial Economics, 1976, 3（4）: 305–360.

[327] Jensen M C, Murphy K J. Performance Pay and Top-Management Incentives[J]. Journal of Political Economy, 1990, 98（2）: 225–264.

[328] Jin L, Myers S C. R2 Around the World: New Theory and New Tests[J]. Journal of Financial Economics, 2006, 79（2）: 257–292.

[329] Jiraporn P, Chintrakarn P. How Do Powerful CEOs View Corporate Social Responsibility（CSR）?: An Empirical Note[J]. Economics Letters, 2013, 119（3）: 344–347.

[330] Joe J R, Louis H, Robinson D. Managers' and Investors' Responses to Media Exposure of Board Ineffectiveness[J]. Journal of Financial and Quantitative Analysis, 2009, 44（3）: 579–605.

[331] John K, Litov L, Yeung B. Corporate Governance and Risk–Taking[J]. The Journal of Finance, 2008, 63（4）: 1679–1728.

[332] Johnson R A, Hoskisson R E, Hitt M A. Board of Director Involvement in Restructuring: The Effects of Board Versus Managerial Controls and Characteristics[J]. Strategic Management Journal, 1993, 14（S1）: 33–50.

[333] Judd C M, Kenny D A. Process Analysis. Estimating Mediation in Treatment Evaluations[J]. Evaluation Review, 1981, 5（5）: 602–619.

[334] Julio B, Yook Y. Political Uncertainty and Corporate Investment Cycles[J]. The Journal of Finance, 2012, 67（1）: 45–83.

[335] Jumreornvong S, Treepongkaruna S, Prommin P, et al. The Effects of Ownership Concentration and Corporate Governance on Corporate Risk–Taking: The Case of Thailand[J]. Accounting Research Journal, 2019.

[336] Kamiya S, Kim Y H, Park S. The Face of Risk: CEO Facial Masculinity and Firm Risk[J]. European Financial Management, 2019, 25（2）: 239–270.

[337] Karolyi G A. Corporate Governance, Agency Problems and International Crosslistings: A Defense of the Bonding Hypothesis.[J]. Emerging Markets Review, 2012, 13（4）: 516–547.

[338] Keltner D, Gruenfeld D H, Anderson C. Power, Approach, and Inhibition[J]. Psychological Review, 2003, 110（2）: 265.

[339] Kempf A, Ruenzi S, Thiele T. Employment Risk, Compensation Incentives and Managerial Risk Taking: Evidence from the Mutual Fund Industry[J]. Journal of Financial Economics, 2009, 92（1）: 92–108.

[340] Khan M, Watts R L. Estimation and Empirical Properties of a Firm–Year Measure of Accounting Conservatism[J]. Journal of Accounting and Economics, 2009, 48（2–3）: 132–150.

[341] Kim J B, Li Y, Zhang L. CFOs versus CEOs: Equity Incentives and Crashes[J]. Journal of Financial Economics, 2011, 101（3）: 713–730.

[342] Kim J B, Wang Z, Zhang L. CEO Overconfidence and Stock Price Crash Risk[J]. Contemporary Accounting Research, 2016, 33（4）: 1720–1749.

[343] Kim J B, Zhang L. Accounting Conservatism and Stock Price Crash Risk: Firm-level Evidence[J]. Contemporary Accounting Research, 2016, 33（1）: 412–441.

[344] King T H D, Wen M M. Shareholder Governance, Bondholder Governance, and Managerial Risk–Taking[J]. Journal of Banking & Finance, 2011, 35（3）: 512–531.

[345] Kini O, Williams R. Tournament Incentives, Firm Risk, and Corporate Policies[J]. Journal of Financial Economics, 2012, 103（2）: 350–376.

[346] Koerniadi H, Krishnamurti C, Tourani–Rad A. Corporate Governance and Risk–Taking in New Zealand[J]. Australian Journal of Management, 2014, 39（2）: 227–245.

[347] Koh P S, Reeb D M. Missing R&D[J]. Journal of Accounting and Economics, 2015, 60（1）: 73–94.

[348] Koirala S, Marshall A, Neupane S, et al. Corporate Governance Reform and Risk–Taking: Evidence from a Quasi–Natural Experiment in an Emerging Market[J]. Journal of Corporate Finance, 2020, 61: 101396.

[349] Kothari S P, Shu S, Wysocki P D. Do Managers Withhold Bad News?[J]. Journal of Accounting Research, 2009, 47（1）: 241–276.

[350] Kusnadi Y. Do Corporate Governance Mechanisms Matter for Cash Holdings and Firm Value?[J]. Pacific–Basin Finance Journal, 2011, 19（5）: 554–570.

[351] La Porta R, Lopez–de–Silanes F, Shleifer A. Corporate Ownership Around the World[J]. The Journal of Finance, 1999, 54（2）: 471–517.

[352] LaFond R, Watts R L. The Information Role of Conservatism[J]. The Accounting Review, 2008, 83（2）: 447–478.

[353] Lambert R A, Larcker D F, Weigelt K. The Structure of Organizational Incentives[J]. Administrative Science Quarterly, 1993: 438–461.

[354] Langenmayr D, Lester R. Taxation and Corporate Risk–Taking[J]. The Accounting Review, 2018, 93（3）: 237–266.

[355] Lee K W, Lee C F. Cash Holdings, Corporate Governance Structure and Firm Valuation[J]. Review of Pacific Basin Financial Markets & Policies, 2009, 12（3）: 475–508.

[356] Lemmon M L, Lins K V. Ownership Structure, Corporate Governance, and Firm Value: Evidence from the East Asian Financial Crisis[J]. Journal of Finance, 2003, 58（4）: 1445–1468.

[357] Lewellyn K B, Muller–Kahle M I. CEO Power and Risk Taking: Evidence from the Subprime Lending Industry[J]. Corporate Governance: An International Review, 2012, 20（3）: 289–307.

[358] Li J, Tang Y I. CEO Hubris and Firm Risk Taking in China: The Moderating Role of Managerial Discretion[J]. Academy of Management Journal, 2010, 53（1）: 45–68.

[359] Li K, Griffin D, Yue H, et al. How Does Culture Influence Corporate Risk–Taking?[J]. Journal of Corporate Finance, 2013, 23: 1–22.

[360] Lin C, Officer M S, Wang R, et al. Directors' and Officers' Liability Insurance and Loan Spreads[J]. Journal of Financial Economics, 2013, 110（1）: 37–60.

[361] Lin J Y, Cai F, Li Z. Competition, Policy Burdens, and State–Owned Enterprise Reform[J]. The American Economic Review, 1998, 88（2）: 422–427.

[362] Lipton M, Lorsch J W. A Modest Proposal for Improved Corporate Governance[J]. The Business Lawyer, 1992, 48（1）: 59–77.

[363] Liu Y, Jiraporn P. The Effect of CEO Power on Bond Ratings and Yields[J]. Journal of Empirical Finance, 2010, 17（4）: 744–762.

[364] Ljungqvist A, Zhang L, Zuo L. Sharing Risk with the Government: How Taxes Affect Corporate Risk Taking[J]. Journal of Accounting Research, 2017, 55（3）: 669–707.

[365] Lobo G, Wang C, Yu X, et al. Material Weakness in Internal Controls and Stock Price Crash Risk[J]. Journal of Accounting, Auditing & Finance, 2020, 35（1）: 106–138.

[366] Low A. Managerial Risk–Taking Behavior and Equity–Based Compensation[J]. Journal of Financial Economics, 2009, 92（3）: 470–490.

[367] Lu J, Wang W. Managerial Conservatism, Board Independence and Corporate Innovation[J]. Journal of Corporate Finance, 2018, 48: 1–16.

[368] Lumpkin G T, Dess G G. Clarifying the Entrepreneurial Orientation Construct and Linking It to Performance[J]. Academy of Management Review, 1996, 21（1）: 135–172.

[369] Luo W, Zhang Y, Zhu N. Bank Ownership and Executive Perquisites: New Evidence from an Emerging Market[J]. Journal of Corporate Finance, 2011, 17（2）: 352–370.

[370] Malmendier U, Tate G. CEO Overconfidence and Corporate Investment[J]. The Journal of Finance, 2005, 60（6）: 2661–2700.

[371] Malmendier U, Tate G, Yan J. Overconfidence and Early–life Experiences: The Impact of Managerial Traits on Corporate Financial Policies[J]. The Journal of Finance, 2011, 66（5）: 1687–1733.

[372] Marquis C, Tilcsik A. Imprinting: Toward a Multilevel Theory[J]. Academy of Management Annals, 2013, 7（1）: 195–245.

[373] Megginson W L, Netter J M. From State to Market: A Survey of Empirical Studies on Privatization[J]. Journal of Economic Literature, 2001, 39（2）: 321–389.

[374] Mehran H. Executive Compensation Structure, Ownership, and Firm Performance[J]. Journal of Financial Economics, 1995, 38（2）: 163–184.

[375] Mihet R. Effects of Culture on Firm Risk–Taking: A Cross–Country and Cross–Industry Analysis[J]. Journal of Cultural Economics, 2013, 37（1）: 109–151.

[376] Miller D. The Correlates of Entrepreneurship in Three Types of Firms[J]. Management Science, 1983, 29（7）: 770–791.

[377] Miller D, Le Breton–Miller I, Lester R H. Family Ownership and Acquisition Behavior in Publicly–Traded Companies[J]. Strategic Management Journal, 2010, 31（2）: 201–223.

[378] Miller G S. The Press as a Watchdog for Accounting Fraud[J]. Journal of Accounting Research, 2006, 44（5）: 1001–1033.

[379] Miller M H, Orr D. A Model of the Demand for Money by Firms[J]. Quarterly Journal of Economics, 1966, 80（3）: 413–435.

[380] Mishra D R. Multiple Large Shareholders and Corporate Risk Taking: Evidence from East Asia[J]. Corporate Governance: An International Review, 2011, 19（6）: 507–528.

[381] Mitra S, Jaggi B, Hossain M. Internal Control Weaknesses and Accounting Conservatism: Evidence From the Post–Sarbanes–Oxley Period[J]. Journal of Accounting, Auditing & Finance, 2013, 28（2）: 152–191.

[382] Morse A, Nanda V, Seru A. Are Incentive Contracts Rigged By Powerful CEOs?[J]. The Journal of Finance, 2011, 66（5）: 1779–1821.

[383] Moscovici S, Zavalloni M. The Group as a Polarizer of Attitudes[J]. Journal of Personality and Social Psychology, 1969, 12（2）: 125.

[384] Myers S C, Majluf N S. Corporate Financing and Investment Decisions when Firms Have Information that Investors Do Not Have[J]. Journal of Financial Economics, 1984, 13（2）: 187–221.

[385] Myers S C, Rajan R G. The Paradox of Liquidity[J]. The Quarterly Journal of Economics, 1998, 113（3）: 733–771.

[386] Nakano M, Nguyen P. Board Size and Corporate Risk Taking: Further Evidence from Japan[J]. Corporate Governance: An International Review, 2012, 20（4）: 369–387.

[387] Neamtiu M, Shroff N, White H D, Williams C D. The Impact of Ambiguity on Managerial Investment and Cash Holdings[J]. Journal of Business Finance & Accounting, 2014, 41（7/8）: 1071–1099.

[388] Nguyen P. Corporate Governance and Risk–Taking: Evidence from Japanese Firms[J]. Pacific–Basin Finance Journal, 2011, 19（3）: 278–297.

[389] Nicolosi G, Yore A S. "I Do": Does Marital Status Affect How Much CEOs "Do"?[J]. Financial Review, 2015, 50（1）: 57–88.

[390] O'Connor Jr J P, Priem R L, Coombs J E, et al. Do CEO Stock Options Prevent or Promote Fraudulent Financial Reporting?[J]. Academy of Management Journal, 2006, 49（3）: 483–500.

[391] Opler T, Pinkowitz L, Stulz R, et al. The Determinants and Implications of Corporate Cash Holdings[J]. Journal of Financial Economics, 1999, 52（1）: 3–46.

[392] Ozkan A, Ozkan N. Corporate Cash Holdings: An Empirical Investigation of UK Companies[J]. Journal of Banking & Finance, 2004, 28（9）: 2103–2134.

[393] Pablo A L, Sitkin S B, Jemison D B. Acquisition Decision-Making Processes: The Central Role of Risk[J]. Journal of Management, 1996, 22（5）: 723-746.

[394] Palmer T B, Wiseman R M. Decoupling Risk Taking from Income Stream Uncertainty: A Holistic Model of Risk[J]. Strategic Management Journal, 1999, 20（11）: 1037-1062.

[395] Parrino R, Poteshman A M, Weisbach M S. Measuring Investment Distortions When Risk-Averse Managers Decide Whether to Undertake Risky Projects[J]. Financial Management, 2005, 34（1）: 21-60.

[396] Pástor L', Veronesi P. Political Uncertainty and Risk Premia[J]. Journal of Financial Economics, 2013, 110（3）: 520-545.

[397] Pathan S. Strong Boards, CEO Power and Bank Risk-Taking[J]. Journal of Banking & Finance, 2009, 33（7）: 1340-1350.

[398] Piotroski J D, Wong T J, Zhang T. Political Incentives to Suppress Negative Information: Evidence from Chinese Listed Firms[J]. Journal of Accounting Research, 2015, 53（2）: 405-459.

[399] Rajan R G, Wulf J. Are Perks Purely Managerial Excess?[J]. Journal of Financial Economics, 2006, 79（1）: 1-33.

[400] Rajgopal S, Shevlin T. Empirical Evidence on the Relation Between Stock Option Compensation and Risk Taking[J]. Journal of Accounting and Economics, 2002, 33（2）: 145-171.

[401] Rau P R, Xu J. How Do Ex-Ante Severance Pay Contracts Fit into Optimal Executive Incentive Schemes?[J]. Journal of Accounting Research, 2013, 51（3）: 631-671.

[402] Richardson S. Over-Investment of Free Cash Flow[J]. Review of Accounting Studies, 2006, 11（2）: 159-189.

[403] Roussanov N, Savor P. Marriage and Managers' Attitudes to Risk[J]. Management Science, 2014, 60（10）: 2496-2508.

[404] Ryan Jr H E, Wiggins III R A. Who is in Whose Pocket? Director Compensation, Board Independence, and Barriers to Effective Monitoring[J]. Journal of Financial Economics, 2004, 73（3）: 497-524.

[405] Sah R K, Stiglitz J E. The Quality of Managers in Centralized versus Decentralized Organizations[J]. The Quarterly Journal of Economics, 1991, 106（1）: 289-295.

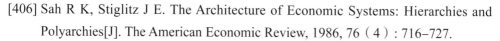

[406] Sah R K, Stiglitz J E. The Architecture of Economic Systems: Hierarchies and Polyarchies[J]. The American Economic Review, 1986, 76（4）: 716–727.

[407] Sanders W G. Behavioral Responses of CEOs to Stock Ownership and Stock Option Pay[J]. Academy of Management Journal, 2001, 44（3）: 477–492.

[408] Sanders W G, Hambrick D C. Swinging For the Fences: The Effects of CEO Stock Options on Company Risk–Taking and Performance[J]. Academy of Management Journal, 2007, 50（5）: 1055–1078.

[409] Saunders A, Strock E, Travlos N G. Ownership Structure, Deregulation, and Bank Risk Taking[J]. The Journal of Finance, 1990, 45（2）: 643–654.

[410] Serfling M A. CEO Age and the Riskiness of Corporate Policies[J]. Journal of Corporate Finance, 2014, 25: 251–273.

[411] Shleifer A, Vishny R W. Large Shareholders and Corporate Control[J]. Journal of Political Economy, 1986, 94（3, Part 1）: 461–488.

[412] Siepel J, Nightingale P. Anglo–Saxon Governance: Similarities, Difference and Outcomes in a Financialised World[J]. Critical Perspectives on Accounting, 2014, 25（1）: 27–35.

[413] Sitkin S B, Pablo A L. Reconceptualizing the Determinants of Risk Behavior[J]. Academy of Management Review, 1992, 17（1）: 9–38.

[414] Smith C W, Stulz R M. The Determinants of Firms' Hedging Policies[J]. Journal of Financial and Quantitative Analysis, 1985, 20（4）: 391–405.

[415] Sobel M E. Asymptotic Confidence Intervals for Indirect Effects in Structutural Equation Models[J]. Sociological Methodology, 1982, 13: 290–312.

[416] Srairi S. Ownership Structure and Risk–Taking Behavior of Conventional vs. Islamic Banks: Evidence from MENA Countries[J]. Borsa Istanbul Review, 2013, 13（4）: 115–127.

[417] Stulz R M. Golbalization, Corporate Finance, And The Cost Of Capital[J]. Journal of Applied Corporate Finance, 1999, 12（3）: 8–25.

[418] Tran Q T. Economic Policy Uncertainty and Corporate Risk–Taking: International Evidence[J]. Journal of Multinational Financial Management, 2019, 52: 100605.

[419] Van Essen M, Otten J, Carberry E J. Assessing Managerial Power Theory: A Meta–Analytic Approach to Understanding the Determinants of CEO Compensation[J]. Journal of Management, 2015, 41（1）: 164–202.

[420] Wang C J. Board Size and Firm Risk-Taking[J]. Review of Quantitative Finance and Accounting, 2012, 38（4）: 519–542.

[421] Wiersema M F, Bantel K A. Top Management Team Demography and Corporate Strategic Change[J]. Academy of Management Journal, 1992, 35（1）: 91–121.

[422] Williams J. Perquisites, Risk, and Capital Structure[J]. The Journal of Finance, 1987, 42（1）: 29–48.

[423] Wiseman R M, Gomez-Mejia L R. A Behavioral Agency Model of Managerial Risk Taking[J]. Academy of Management Review, 1998, 23（1）: 133–153.

[424] Wright P, Ferris S P, Sarin A, et al. Impact of Corporate Insider, Blockholder, and Institutional Equity Ownership on Firm Risk Taking[J]. Academy of Management Journal, 1996, 39（2）: 441–458.

[425] Wright P, Kroll M, Krug J A, et al. Influences of Top Management Team Incentives on Firm Risk Taking[J]. Strategic Management Journal, 2007, 28（1）: 81–89.

[426] Xu N, Li X, Yuan Q, et al. Excess Perks and Stock Price Crash Risk: Evidence from China[J]. Journal of Corporate Finance, 2014, 25: 419–434.

[427] Yang T, Hou W. Pay-Performance Sensitivity and Risk-Taking Behaviors: Evidence from Closed-End Funds[J]. Emerging Markets Review, 2016, 29: 274–288.

[428] Yermack D. Higher Market Valuation of Companies with a Small Board of Directors[J]. Journal of Financial Economics, 1996, 40（2）: 185–211.

[429] Yermack D. Remuneration, Retention, and Reputation Incentives for Outside Directors[J]. The Journal of Finance, 2004, 59（5）: 2281–2308.

[430] Yermack D. Flights of Fancy: Corporate Jets, CEO Perquisites, and Inferior Shareholder Returns[J]. Journal of Financial Economics, 2006, 80（1）: 211–242.

[431] Yu H C, Sopranzetti B, Lee C F. The Impact of Banking Relationships, Managerial Incentives, and Board Monitoring on Corporate Cash Holdings: An Emerging Market Perspective[J]. Review of Quantitative Finance & Accounting, 2015, 44（2）: 353–378.

[432] Zahra S A. Goverance, Ownership, and Corporate Entrepreneurship: The Moderating Impact of Industry Technological Opportunities[J]. Academy of Management Journal, 1996, 39（6）: 1713–1735.

[433] Zahra S A, Covin J G. Contextual Influences on the Corporate Entrepreneurship–Performance Relationship: A Longitudinal Analysis[J]. Journal of Business Venturing, 1995, 10（1）: 43–58.

[434] Zajac E J, Westphal J D. Who Shall Succeed? How CEO/Board Preferences and Power Affect the Choice of New CEOs[J]. Academy of Management Journal, 1996, 39（1）: 64–90.